社区社会工作实务

主 编 郑 轶 史金玉
副主编 王 茜 刘 炯

西南交通大学出版社
·成都·

图书在版编目（CIP）数据

社区社会工作实务 / 郑轶，史金玉主编. -- 成都：西南交通大学出版社，2025.6. -- ISBN 978-7-5774-0465-3

Ⅰ. D669.3

中国国家版本馆 CIP 数据核字第 202533U0G0 号

Shequ Shehui Gongzuo Shiwu
社区社会工作实务
主编 郑 轶 史金玉

策划编辑	黄庆斌 孟秀芝
责任编辑	邵莘越
责任校对	左凌涛
封面设计	原谋书装
出版发行	西南交通大学出版社 （四川省成都市金牛区二环路北一段 111 号 西南交通大学创新大厦 21 楼）
营销部电话	028-87600564　028-87600533
邮政编码	610031
网　　址	https://www.xnjdcbs.com
印　　刷	成都中永印务有限责任公司
成品尺寸	185 mm × 260 mm
印　　张	14
字　　数	300 千
版　　次	2025 年 6 月第 1 版
印　　次	2025 年 6 月第 1 次
书　　号	ISBN 978-7-5774-0465-3
定　　价	39.80 元

课件咨询电话：028-81435775
图书如有印装质量问题　本社负责退换
版权所有　盗版必究　举报电话：028-87600562

前 言
PERFACE

　　社区社会工作作为社会工作三大直接工作方法之一，在推进社区治理、开展社区建设、提供社区服务中发挥了重要作用。为了深入贯彻落实习近平总书记在党的第二十次全国代表大会上提出的"推进以党建引领基层治理""增强城乡社区群众自我管理、自我服务、自我教育、自我监督的实效""不断实现人民对美好生活的向往"重要精神，本书编写团队结合丰富的教学经历和大量的实践经验，编写了这本实务教材，为职业本科学生、高职高专学生、社区工作者、社会服务机构一线社工学习社区社会工作知识，内化社区社会工作价值，掌握社区社会工作方法提供参考。

　　本书包括七个项目。项目一概述了社区社会工作的内涵、发展历程和价值原则，项目二至项目七围绕社区社会工作实务流程，详细介绍了进入社区、社区分析、选定社区社会工作模式、制订社区社会工作计划、实施社区社会工作计划、评估社区社会工作这六个环节的工作内容和重点、工作方法和技巧。

　　本书能顺利出版，得益于编写团队的通力合作，在此表示感谢。编写团队分工如下：

　　项目一：王茜（重庆城市管理职业学院）。

　　项目二：郑轶（重庆城市管理职业学院）、蒋国庆（长沙民政职业技术学院）、黄凤娟（重庆医科大学附属第一医院青杠老年护养中心）。

　　项目三、七：郑轶（重庆城市管理职业学院）。

　　项目四：刘炯（重庆城市管理职业学院）、何春燕（重庆市合川区三好社会工作服务中心）。

　　项目五：史金玉（重庆城市管理职业学院）、张九丽（深圳市福田现代社工事务所）、刘运（深圳市福田现代社工事务所）、姜英（深圳市福田现代社工事务所）。

项目六：史金玉（重庆城市管理职业学院），陈义双（深圳市宝安区尚德社会工作服务社）、肖丽怡（深圳市龙华区家缘社会工作服务中心）、郭明仁（深圳市宝安区尚德社会工作服务社）、任海瑛（深圳市宝安区尚德社会工作服务社）、朱丽萍（深圳市宝安区尚德社会工作服务社）、黄小芳（深圳市光明区社联社工服务中心服务）、文静（深圳市社联社工服务中心）、李德亭（深圳市社联社工服务中心）、谢祥玉（深圳市北斗社会工作服务中心）、黄德超（深圳市北斗社会工作服务中心）。

由于学识有限，书中难免存在疏漏之处，真诚地希望专家、学者、同人不吝赐教，也希望使用本书的师生、社区工作者和一线社工能给予批评指正。

编　者

2024 年 12 月

目 录
CONTENTS

项目一　认识社区社会工作 …………………………………………………… 001
　　任务一　理解社区社会工作的内涵 ……………………………………… 002
　　任务二　了解社区社会工作的发展 ……………………………………… 009
　　任务三　坚持社区社会工作的价值观与基本原则 ……………………… 012

项目二　进入社区 ……………………………………………………………… 024
　　任务一　做好事前准备 …………………………………………………… 025
　　任务二　开展社区探访 …………………………………………………… 031
　　任务三　建立发展关系 …………………………………………………… 039

项目三　分析社区 ……………………………………………………………… 053
　　任务一　社区问题分析 …………………………………………………… 054
　　任务二　社区需求评估 …………………………………………………… 061
　　任务三　社区资源评定 …………………………………………………… 069

项目四　选定社区社会工作模式 ……………………………………………… 085
　　任务一　地区发展模式 …………………………………………………… 086
　　任务二　社会策划模式 …………………………………………………… 093
　　任务三　社区照顾模式 …………………………………………………… 101

项目五　制定社区社会工作计划 ……………………………………………… 112
　　任务一　确定社区社会工作目标 ………………………………………… 113
　　任务二　设计社区社会工作方案 ………………………………………… 119

项目六　实施社区社会工作计划 …………………………………… 140
　　任务一　组织居民活动 ……………………………………………… 141
　　任务二　发展社区支持网络 ………………………………………… 158
　　任务三　建立社区组织 ……………………………………………… 172

项目七　开展社区社会工作评估 …………………………………… 189
　　任务一　过程评估 …………………………………………………… 190
　　任务二　结果评估 …………………………………………………… 198

参考文献 …………………………………………………………………… 217

项目一　认识社区社会工作

【项目导学】

社区社会工作作为 20 世纪六七十年代发展起来的一种直接的社会工作方法，目前在我国社会工作实践领域应用得非常广泛。从 20 世纪二三十年代的乡村建设运动，到 20 世纪 80 年代我国政府开始推行社区建设、社区发展、社会管理创新，社区社会工作方法的地位和作用在中国社会工作领域日益凸显。社区社会工作区别于个案工作和小组工作方法的微观视角，是站在结构性的宏观视角，并致力于为整个社会带来改善与变化的社会工作实务方法。

本项目从社区社会工作的定义、社区社会工作的目标、社区社会工作的特点这三个方面阐述社区社会工作的内涵，介绍西方和我国社区社会工作的发展历程，对我国社区社会工作价值观与基本原则进行一般概括和分析，并强调社区社会工作的价值观和要遵守的基本原则。

【思维导图】

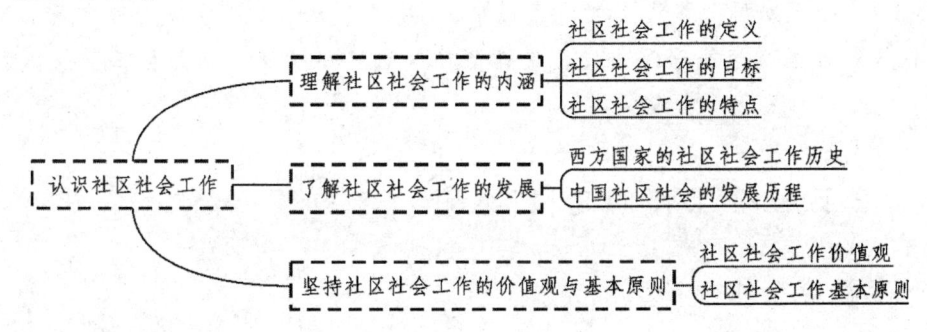

```
                    ┌─ 理解社区社会工作的内涵 ─┬─ 社区社会工作的定义
                    │                          ├─ 社区社会工作的目标
                    │                          └─ 社区社会工作的特点
认识社区社会工作 ───┼─ 了解社区社会工作的发展 ─┬─ 西方国家的社区社会工作历史
                    │                          └─ 中国社区社会的发展历程
                    └─ 坚持社区社会工作的价值观与基本原则 ─┬─ 社区社会工作价值观
                                                           └─ 社区社会工作基本原则
```

【学习目标】

● 掌握社区社会工作的定义，理解社区社会工作的目标与特点。

● 了解社区社会工作的发展历史、现状与发展趋势。

● 理解社区社会工作的价值原则，并在工作中坚守社区社会工作的价值与伦理。

任务一 理解社区社会工作的内涵

【任务卡】

任务情境

又快到毕业季了,社会工作专业学生开始在社工机构实习。他们选择或者被安排来到一个新的实习点,需要尽快熟悉所在服务点以便于工作的开展,服务点涉及一个小区、一个村居,甚至一个街道等。新手社工在这里服务,需要进一步了解服务的对象是谁、如何开展社工服务。社区社会工作中较重要的就是人与人之间的关系,从专业角度来说就是服务者与服务对象的关系建立,作为刚刚入行的新手社工,我们如何在社区中快速与社区居民建立服务关系?

任务要求

- 理解社区的定义,了解认识社区的方法。
- 明确社区社会工作的定义、内涵,熟悉社区社会工作的内容。

【必备知识】

在学习社区社会工作时,理解"社区"的概念是每一个学习者认识社区社会工作的起点。在社会工作实践中,社区的定义取决于社区社会工作的内涵特征。在"社区组织""社区建设""社区发展"等许多实践领域中,"社区"被赋予不同的内容和意义,本任务单元将从对社区概念的理解出发,使读者能够进一步了解社区社会工作及其目标与功能。

一、社区社会工作的定义

(一)社会工作中社区的定义

社区的定义是和社会福利制度的发展历史以及社会工作职业的历史紧密相连的,在历史发展过程中,那些强调社会问题的根源来自社会的社会工作者着重强化政府的责任,促进社区发展以满足穷人所需,鼓励社会福利的改革和完善,而那些认为社会问题来源于个人的社会工作者则转向发展和运用心理学理论和治理途径。对于社会问题来源认识的不同持续影响着社会福利的相关理念、社会工作的方法以及对社区定义。

每一门社会科学学科对社区的定义往往都不同,例如,地理学强调社区的空间定义,经济学强调社区在市场经济中的位置,社会学强调社区的社会交往功能和人际关系与网络。社会学科中对社区定义的不确定性同样反映到了社会工作对社区的定义,在社会工作领域中通常的定义是:"社区是一个共享的地理空间,在这个空间中,居民参与到社会交往中并由此保持一个分享的社区身份。"[1] 有些社会工作教材把社区的定义分成传统定义和非传统定义,传统定义上的社区主要以地理位置区分,如城市、镇、村和任何可确定的地理单位都可称为社区。这种定义下的社区主要包括居民、共享的居住空间,以及社区内满足居民需要的商业机构。非传统定义下的社区主要是指那些不以地理位置区分的社区,例如贫困社区、移民社区。这些社区又被称为"可确定社区"。其社区成员因分享共同的兴趣,有和地理社区的成员类似的功能。例如,社会工作者社区给其成员提供了一种归属感、支持感和对工作价值的认同感,同样地,地理社区也在不同程度上为其成员提供了同样的感受。社会工作者往往从社会工作实践的角度来定义社区,主要体现在以下四个层面:社区是要改变的目标;社区是大量社会关系相互交织的场所;社区是权力分配的地方;社区是要解决的问题。

(二)社区社会工作

社区社会工作被普遍认为是社会工作的三大方法之一,其余两种方法为个案和小组。相对于个案与小组工作,社区社会工作比较晚才获得确认,成为社会工作的一种介入方法。要定义社区社会工作并不是容易的事情,我们在现存的文献中抽取了一些比较有代表性的定义,并从中找出它们的共通点,帮助读者更全面地理解社区社会工作。

(1)高本汉基金(Karlgren Trust)。在英国的文献中,较早期的社区社会工作定义见于1968年由慈善团体"高本汉基金"委任的一个研究小组所写的《社区社会工作与社会变迁》报告书。该报告书给社区社会工作的定义是:主要涉及影响社会转变,透过社会情况的分析及不同群体建立关系的两个过程,带来适切的社会转变。其目的是让市民参与决策的制订,使市民对社区建立认同感及向市民提供所需服务。不过该定义较笼统,主要强调社区社会工作与社会转变的关系。这个定义被批评过于空泛及宽泛,过分注重将各方面都纳入社区社会工作范围之内。

(2)哥信斯(George W. Goetschius)。哥信斯在1971年提出了社区社会工作与社会工作的关系。社区发展被认为是社会工作的一种方法,社区小组通过工作人员的协助,运用这种方法以达成有效用及有效率的关系。这种方法强调运用适当的资源去完成居民自己选择的目标,并对小组及社区生活作出贡献。这个定义开始指出社区社会工作是社会工作的一种方法和一个过程,也提出了居民自决的目标。

(3)罗斯(Murray G. Ross)。在美国,罗斯较早给出了社区社会工作的定义:社区组织是一个过程,通过这个过程,一个社区确定其需求,确立优先事项,树立行动的信心,并最终实现合作解决问题。与英国的定义一样,罗斯也强调社区社会工作是一个过程,在于满足社区的需要,所不同的是较注重社区的合作及整合。

---

[1] Kirst-Ashman, Karen K. & Hull, Grafton H., Jr(2001). Generalist Practice with organzations and Communities. Nelson-Hill, Inc. p. 260.

（4）邓肯（Harold D. Duncan）。他认满足社区的需要、参与、自决、合作及权力分配应该是社区社会工作的重要元素。他指出社区组织必须实现需求与资源之间、参与与能力之间、权威与责任之间的三重平衡。邓肯的定义获得广泛的采用。

（5）我国民政部。在社区内进行基层组织工作，在中国已经有相当悠久的历史。但是，社区社会工作一词并不常用，在近十年才开始出现。在中国，社区社会工作常被称为社区服务。社区服务的定义是指在特定的区域内，受人民政府的指导和资助，依赖街道办事处和居民委员会有组织地动员社会各方面的力量，包括动员居民群众，尊老爱幼及互相帮助的精神，因地制宜兴办各种小型福利设施，开展各种服务活动，为社区居民，特别是有困难的家庭和居民，提供各种服务。这个定义十分强调政府的领导及控制，注重在社区内由官方及居民组织共同参与，运用社区本身的资源，强调居民自力更生解决社区问题，更强调居民的互助关怀，社区内的群体互相照顾。

通过梳理以上各种不同的定义，发现社区社会工作有如下共通点：
（1）是社会工作的一种介入手法；
（2）是一项有计划的行动；
（3）是一个过程；
（4）是运用集体行动的方法；
（5）强调居民自助、互助及自决的精神；
（6）能找出及满足社区的需要，解决社区问题，培养社区归属感和认同感，推动社区整合，改善社区生活素质；
（7）能发展居民能力加强其自主性；
（8）能促进社会转变。

结合上述共通点，我们将社区社会工作定义为：以社区为服务对象的社会工作介入方法。它通过组织社区内居民参与集体行动，去界定社区需要，合力解决社区问题，改善社区环境及素质；在参与过程中，社区居民建立对社区的归属感、培养助人自助的精神；加强社区居民的社区参与及影响决策的能力和意识，发挥社区居民的潜能，培养社区优秀人才，以构建更公平、正义、民主与和谐的社会。

二、社区社会工作的目标

（一）社区工作目标的分类

1. 任务目标

所谓任务目标，是指解决一些特定的社会问题，包括完成一项具体的工作和服务，满足社区需要，达到一定的社会福利目标等，如修桥铺路、解决老旧小区停车难问题、安置无家可归者、照顾贫穷孤寡残障人士等。这些活动给社区及其居民所带来的改善是具体而实在的。

2. 过程目标

所谓过程目标，是指在达到任务目标的过程中实现的中间目标，主要是指培养社区居民的一般能力，包括增强居民解决社区问题的能力、信心和技巧，提升其对公民权利和义务的认知能力，培养居民与社区邻里交流、协商与合作的能力，发掘和培育社区骨干的领导能力等。

（二）社区工作的具体目标和实践原则

1. 以人为中心促进社区居民的成长和进步

以人为中心，促进社区居民的成长和进步，是社区工作的重要目标和实践原则。社区工作的任务目标是解决社区问题，而过程目标是强调人的发展，即发展居民之间的相互关心和合作态度，培养居民解决社区问题的能力和信心。由于社区工作处理的问题较为宏观，每个居民在其中的利益和立场不完全一致，有些未必与所有社区成员都息息相关，所以社区工作任务目标与过程目标会出现不能完全契合的情况，社会工作者有时在工作实践中也感到难以兼顾。在这类情形下，社会工作者需要经常提醒自己：社区工作的最终理想是要帮助社区建立集体能力，通过群策群力的方式，促进社区的根本改变。社区居民的成长和进步是核心和长远的任务。只有社区居民共同关注社区事务，有责任意识参与社区建设，才能形成社区的可持续发展。为此，社会工作者应始终重视培养居民的能力，通过参与式方法，帮助提高社会意识，培养参与精神，学习解决问题的方法，增强合作能力。

2. 推动社区居民参与，培养民主精神

社区工作者相信社区居民有能力解决影响其日常生活秩序和生活品质的各种问题，因此社会工作者认为，鼓励和推动社区居民参与，既有助于问题的解决，也有利于居民的自我成长。社区居民参与也是任务目标和过程目标双重实现的重要途径。社会工作者强调社区居民参与是基于以下的理由：首先，培养社区自决。社区工作者相信只有社区居民自己才最清楚社区问题和需要，外来人士对居民的处境和困难未必有深刻的了解和体会，所以，应该通过参与让居民界定自己的问题和需要，分析社区问题的表现和成因，并提出解决问题的策略。这样既可以形成有针对性的决策，又可以培养协商合作能力，更有利于社区发展目标的实现。其次，践行民主参与。社会工作者认为每个人都有参与公共事务的权利，因而要努力使社区居民有实践自己参与权利的机会，让社区居民通过实践学习民主技能，包括自由表达、充分交流、协商互谅、达成共识等。最后，激励个人成长。社区居民通过积极参与社区活动，发现自我潜能，积累经验，培养自助、互助和参与精神，建立支持网络。总之，社会工作者在推动社区居民参与集体行动的过程中，不断发现和挖掘居民的潜能，加强居民的自我引导能力，促进其自决和自立能力的提高。更重要的是提升居民的社区意识，增强居民对社区的认同感和归属感，促进社

区凝聚力的形成。

在促进居民参与的过程中，社会工作者应保持理性。一是要充分认识所要服务社区的具体状况，如社区既有的传统观念、居民的处事方式、行为习惯和能力等，按部就班地开展活动。即使在满怀热情引导社区演变的同时，也要理性考虑社区的状况，理解居民的困难与局限，尽量避免过分注重即时成效的倾向。二是社区居民所采取的一切行动和参与活动都应该是民主和理性的，不应受社区内任何既得利益群体的控制。社会工作者在制定工作目标和策划社区行动的过程中，应鼓励更多居民共同参与，通过民主程序探索问题，分析问题，形成理性决策。

3. 提高社区居民的社会意识，尊重社区自决

社区工作的一个重要任务是让社区居民认识到，反映和表达自己的意见是其拥有的权利，而每个居民都有责任履行自己的义务，关心社区问题，改善社区关系，促进社区资源和权力得到相对均衡的分配。社会工作者经常提醒居民认清个人面对困难和问题的本质，强调造成这些问题的原因并不完全是居民自身的局限性，而是与整个环境系统的政治、经济、文化及阶层结构有关。

4. 尊重社区自决，让社区居民自己选择和决定

社区的改变方式和行动方案是十分重要的。尊重社区自决，要求社会工作者不能居高临下地指挥、命令居民为其所认定的目标而努力，而应尽最大努力让居民明白具体情况，与居民一起讨论和互相交换意见，使居民对社区事务有客观的了解，并让居民作出合乎自己愿望的决定。社会工作者应时时提醒自己，在社区工作实践中无论对人、对事都不应肆意支配和控制，也不应勉强居民接受自己的意见和看法。但也需要注意，不要走向另一个极端，即对社区问题采取袖手旁观的态度，不给予意见或者不引导居民作出决策。那种认为社区居民无须社区工作者的协助，也能清楚界定社区需要，并且能够独立解决有关问题的想法，是理想主义的。社区工作者所追求的不是纯粹的居民自决，而是要尽最大可能体现一种"尊重社区自决"的工作信念和态度。

5. 善用社区资源，满足社区需求，培养相互关怀和社区照顾的美德

社区工作强调社区资源的充分挖掘，既包括辖区内商业机构、政府机构和非营利机构等资源，也包括社区成员的人力资源。社区工作的一个主要目标是使社区需要与社区资源互相协调配置，即一方面使资源能够得到充分运用，避免重复和浪费；另一方面也使社区居民能够尽快得到有效服务，并不断改善和提高服务质量。在政策方面，社区工作强调其规划、分析和改变的过程应以满足社区需要为基本前提。

社区工作的重要目标是促进社区居民之间的沟通、交流和互动，进而建立信任友善关系，推动互惠和互助行动，并体会相互帮助和群策群力的重要性。这样一方面可以减少社会急剧变迁所产生的疏离感，使人们可以找到归属，更好地把握个人的命运，对

自己、家庭和工作负责；另一方面逐渐开始关心他人，贡献社会，行"举手之劳"，关怀和照顾身边邻里，积极参与社区公益活动和志愿服务，促进相互关怀社区的形成。

三、社区社会工作的特点

社区工作是社会工作的三大工作方法之一。要完整地理解社区工作，不仅要将它视为一种服务，还要强调它是一种方法。作为一种工作方法的社区工作是有其独特性的，其与个案工作和小组工作的区别主要有以下几方面。

（一）分析问题的视角更为结构取向

社区工作认为，问题的产生并不完全是个人自身的原因，而是与社区周围的环境、社会制度及整个社会有密切的关系。因此，社区工作者应重点考虑社区环境及制度如何影响人的社会功能，如何限制人的能力。它的视角是结构取向的，而非个人取向的。

例如，当前我国农村社区普遍存在的留守老人、儿童和妇女现象，影响了家庭功能的正常发挥，造成家庭关系疏离。社区工作者根据相关研究认识到，这一问题主要与家庭成员外出打工有关，但也与城市化发展趋势、社会流动加剧等社会结构调整和社会变迁有关。

（二）介入问题的层面更为宏观

社区工作方法认为，解决问题的责任不应完全在于个人，政府、社区均有责任提供资源，协助处理和解决问题。因此，社区工作较多涉及社会层面，牵涉社会政策分析以及政策的改变，注重资源和权力的分配。在社区工作者看来，上面所谈的农村留守老人、儿童、妇女等问题，国家和政府都是有责任的。因此，社会工作者一方面运用倡导手段，呼吁政府出台相关政策，保护脆弱群体；另一方面整合政府和社会的多方资源开展专业服务，改善家庭关系，促进家庭凝聚。

（三）具有一定的政治性

社区工作的工作内容会涉及政治范畴，因为从广义上看，凡关系到资源和权力分配的都可视为政治。与个案社会工作和小组社会工作相比，社区工作的内容较为政治化。

社区工作者关心社区居民，有时候会采取多种行动为社区居民争取合理的资源。例如，社会工作者在城乡结合部地区为外来务工人员及其子女开展的多元化服务，既包括个人、家庭和群体的能力提升，也包括以维护权益为中心的政策倡导工作。

（四）富有批判和反思精神

社区工作善于从社会结构、社会政策、制度和资源分配角度分析和处理个人问题，加上社会工作专业本身就关注在社会急剧变迁中困难群体的权利，所以社区工作总是在关注问题，并且试图从根本上找出问题的症结，由此引发出对现存社会结构和政策的反思。

【典型案例】

案例资料

某社区是典型的城镇型社区，社区本地人口两千八百余人、流动人口两千七百余人，本地人口和流动人口比例接近 1 比 1。目前社区居民（包括本地和流动）主要从事个体经营，社区网格内商户七百多家，其中九小场所（小商店、小餐饮场所、小旅馆等）四百余家，商户普遍存在物品摆放超出门面、油烟排放不规范等不规范经营现象；商户经营者对社区认同感不强，与社区居民之间互动联系稀少，商户之间频繁有矛盾产生，融合度低。入驻该社区的社会工作者根据社区社会工作的目标内容，结合该小区的实际问题与需求，拟定服务计划的目标。

操作流程与步骤

1. 社区问题

（1）商户经营秩序问题：物品占道和排放违规。

（2）社区融入困境：认同薄弱，商户经营者与社区黏性低；互动缺失，商户-居民、商户-商户间联结断裂；矛盾频发，商户竞争引发日常摩擦。

（3）治理基础薄弱：400余家小型业态治理复杂度高，主体参与真空，缺乏商户自组织与共治机制。

2. 服务目标

（1）规范基础：促进商户规范经营，融入社区群体；增强商户对社区的认同感与归属感。

（2）创新治理：成立商户自管会，推动多元主体参与社区治理；完善社区治理制度，构建参与性社区。

（3）长效赋能：激发商户参与社会事务活力，强化主人翁意识；发挥社会组织优势，搭建多元主体共治平台。

3. 服务内容

（1）文明共建行动：开展文明商户评选，推动规范化经营；组织商户参与新时代文明实践流动站点建设。

（2）自治能力培育：挖掘商户骨干，试点商户自管会；设计商户参与社区治理的常态化机制。

（3）治理生态构建：联动社会组织搭建共治平台，优化多元主体协作流程，提升社区宜居性。

任务二　了解社区社会工作的发展

【任务卡】

任务情境

民政部办公厅下发《民政部办公厅关于组织开展2023年社会工作主题宣传活动的通知》，该通知提出，为深入贯彻落实习近平总书记关于民政工作的重要指示批示精神和党的二十大精神，进一步宣传社会工作专业作用，展示社会工作发展成果，推动创新社区与社会组织、社会工作者、社区志愿者、社会慈善资源的联动机制，做好"五社联动"，助力未成年人保护和老年人服务试点工作，民政部将于3月下旬组织开展2023年社会工作主题宣传活动。本次宣传活动主题为"推进'五社联动'，关爱'一小一老'"，活动时间为2023年3月21日至31日。为配合民政部关于2023年社会工作宣传活动的文件要求，作为社会工作专业学生的你也将为宣传周活动献策献计，关于本次宣传活动，你有什么好主意吗？

任务要求

- 了解中西方社区社会工作的发展历程。
- 了解推进社区社会工作发展的应对策略。

【必备知识】

社区社会工作的发展历史如何？我国的社区社会工作又是如何兴起的？本节首先探讨社区社会工作在西方社会的起源，之后介绍我国社区工作的发展情况。

一、西方国家的社区社会工作历史

社区工作的起源可以追溯至19世纪末期，1869年第一个慈善组织在英国成立。社区工作被视为一种组织机构层面的工作，目的是协调社区救济穷人的服务。同时期，安置所运动亦在英美一些城市内的贫民区发展起来。第一个安置所于1884年在伦敦诞生，组织及教育居民争取环境的改善及改变穷人文化。社会工作在20世纪30年代开始专业化，当时以个案工作为主流，社区工作只是一种协调机构、发展服务和管理的间接服务方法，以支持主流的个案工作。个案工作的兴起逐渐取代了以改革为主的安置所运动，工作重点亦因此偏重个人对环境的适应。20世纪初几个有特色的社区工作包括：防止青少年犯罪的芝加哥计划；以抗议行动为组织方法的亚伦斯基社会行动计划；

居民参与提供服务的辛西纳社区组织试验计划。

20世纪60年代是美国社区工作发展的黄金时期。民权运动、学生运动、反越战浪潮与福利权斗争形成复合推力,叠加联邦政府主导的"反贫困计划"(市区重建、青少年犯罪干预、失业治理)及市民参与政策,共同重构社区工作内核。社区工作突破传统服务范畴,发展成为社会矛盾缓冲器与结构性改革载体,在协调多元利益、培育基层自治等方面形成独特方法论。1962年,美国社会工作教育委员会(CSWE)正式将社区工作列为继个案工作、小组工作后的第三大专业方法,标志着其正式成为专业系统化干预手段之一。

二、我国社区社会工作的发展历程

虽然社区工作是近代工业社会的产物,但我国古代社会的社会福利和社会救济思想非常丰富,由此衍生的实践以村庄或城市某一区域为单元进行,可视为我国社区工作的起源。到了近代,涌现出一批积极的知识分子,他们的乡村建设运动,不仅在传播社会学和社会工作上起到了十分重要的作用,而且对社区工作的实践进行了许多有益的探索。

目前,以国家政策为引领、地方政策为支撑、标准规范为基础的社区社会工作制度框架已经初步形成。国家层面,2013年,民政部、财政部联合印发《关于加快推进社区社会工作服务的意见》(民发〔2013〕178号),充分强调了加快推进社区社会工作服务的重要性和紧迫性,提出了加快推进社区社会工作发展的总体要求和主要任务。将加强社会工作专业人才队伍建设纳入城乡社区协商、农村社区建设试点、国家新型城镇化规划、社区减负增效等方面法规政策范围,为社区社会工作发展提供了有力制度保障。2016年,民政部发布《社区社会工作服务指南》(MZ/T 071—2016)推荐性行业标准,对社区社会工作的服务范围、推进原则、内容与要求、流程与方法等进行了规范,是第一个综合性社区社会工作服务标准,为各地开展社区社会工作服务、开发设置社区社会工作岗位、规范社区社会工作者服务行为、评估社区社会工作成效、建立社区社会工作行业公信提供了依据。地方层面,河北、山西、吉林、江苏、上海、浙江、福建、山东、湖南、重庆、陕西、甘肃、宁夏、新疆等16个省(自治区、直辖市)联合相关部门出台了加快发展社区社会工作的实施意见。天津、黑龙江、广西、云南、湖北等地将发展社区社会工作纳入社区发展、社会治理、社会建设重大政策和规划。北京、上海等地在社区青少年事务、社区禁毒、社区矫正等领域,制定了相应的支持措施,建立了多部门协同发展社区社会工作的推进机制。

近年来,各地围绕提升社区社会工作服务能力,开展了"人才+平台+保障"三位一体系统建设,夯实了社区社会工作服务基础,取得了重要进展。一是服务队伍不断壮大。目前,全国持证社会工作专业人才中三分之二以上在社区工作,他们已经成为开展社区服务、建设和谐社区的骨干力量。北京、江苏、浙江等地对社区工作者掌握运用专业社会工作知识与方法提出了刚性要求。广东、四川、重庆、陕西、新疆等地通过以考促建的方式，鼓励社区工作人员参加全国社会工作者职业水平考试，逐步提升他们的专业能力。二是服务平台不断拓展。截至2017年的统计数据，全国社区社工岗位已经突破7万个，以社区居民为主要服务对象的民办社工机构达3000余家，为广大社工开展社区服务提供了良好载体。三是服务设施不断完善。青岛、厦门、沈阳等地在街道或社区探索设立家庭综合服务中心，为开展社区社会工作服务提供场地、配备设施。长沙、成都、温州等地将社区社会工作服务设施建设纳入社区设施建设总体规划。山东、甘肃、宁夏等地明确要求社区面向社会工作服务组织和专业社工开放资源，确保开展社区社会工作服务有场地、有设施、有保障。四是服务投入不断加大。大连等地将社区社会工作服务纳入政府购买服务目录，利用财政性资金支持开展社区社会工作服务项目。深圳、成都等地探索设立社区发展基金，通过公益招投标撬动社会资金参与社区社会工作服务，逐步建立了以财政性资金为主体、社会性资金为补充的多元投入机制。

"三社联动"是推进社区社会工作发展初期应运而生的新机制，其核心理念是以群众需求为导向，以社区为基础，社会组织为载体，社工人才为支撑的基层社会治理和社会服务模式。"三社联动"机制创新，从根本上是为了更好地激发社会活力、完善社区服务体系，更加有效地回应广大群众日益增长的多样化个性化服务需求，合力营造管理有序、服务完善、文明祥和的社区生活共同体，不断促进基层社会治理体系和治理能力现代化。2021年4月，民政部办公厅印发了《关于加快乡镇（街道）社工站建设的通知》，要求各地加紧制定政策，将乡镇（街道）社工站建设纳入民政重点工作。同月，中共中央、国务院出台《关于加强基层治理体系和治理能力现代化的意见》，提出创新社区与社会组织、社会工作者、社区志愿者、社会慈善资源的联动机制，由"三社联动"升级为"五社联动"，并且把社区社会工作的内涵由兜底民生保障、打通为民服务"最后一米"，延伸到社区公益慈善事业。

【典型案例】

案例资料

李婆婆，80岁，独居，丧偶15年，农村低保户，患有高血压、心脏病等慢性疾病，需依靠辅助设施行走；家庭居住环境阴暗、少阳光，通风情况较差，探访时正值雨季，房屋漏水严重，家中电线老化，存在极大安全隐患；屋门外部台阶较高，极大阻碍其外出，长期封闭导致李婆婆语言功能出现退化；李婆婆生活无规律，一天基本生一次火，仅上午和下午两顿饮食；运用社工量表从生理、心理和社会支持三个维度测量服务对象状况，皆不理想，得分偏低。请结合"五社联动"模式，制定服务策略。

操作流程与步骤

服务策略：

（1）服务对象居家安全网络建设——以社区+社工+志愿者+社区慈善资源的方式构

建生命安全支持网络介入服务对象。发挥社区党委和社区网格引导协调作用；发挥社工需求评估和资源整合等专业作用；发挥志愿者社区治理骨干作用；发挥社区慈善资源助力社区治理作用。解决服务对象居家安全问题——即漏雨、用电、外出安全问题，在五社体系下整合社区慈善资源，为服务对象解决安全隐患，避免安全事件发生。

（2）服务对象心理健康支持网络建设——以社区+社工+社区组织的方式构建心理健康支持网络介入服务对象。发挥社区居委主导作用；发挥社工个案跟进和活动实施等专业作用；发挥社区组织重要力量作用。解决服务对象心理健康问题——即家庭和社区邻里交际需求，在五社体系下整合社区组织开展活动和发动邻里，增加人际交往和朋辈群体。

（3）服务对象生理健康支持网络——以社区+社工+社区慈善资源的方式构建生理健康支持网络介入服务对象。发挥社区协调作用；发挥社工资源整合对接作用；发挥社区医疗慈善资源作用。解决服务对象慢病问题，在五社体系下整合社区医疗卫生单位，提升服务对象慢病管理能力。

任务三　坚持社区社会工作的价值观与基本原则

【任务卡】

任务情境

某"村改居"社区的居民们对新社区生活产生种种不适应，居民的生活习惯仍然停留在原来的农居文化中，如楼道里放泡菜坛子，社区空地晾晒玉米，甚至拔了社区花坛的花草，在花坛中改种蔬菜。生活单调枯燥，如三餐之后居民除了打麻将还是打麻将，也使居民的消极情绪不断增长和蔓延。

请问，上述资料中的社区有哪些特性？你作为一名社区社会工作者，应该如何看待居民浓厚的农耕文化的生活习惯？社会工作者在开展社区社会工作的过程中应该坚守怎样的专业价值观和原则呢？

任务要求

● 理解社区社会工作价值观的内涵。
● 理解社区社会工作实务中的基本原则。

【必备知识】

一、社区社会工作价值观

社会工作作为一门服务他人、帮助他人的专业，受特定的专业价值观约束。这些价值观是在专业或职业范围内形成和发展起来的一整套对人、对事和对专业的总体判断和核心理念，它对树立专业使命、规范专业行为和保护服务对象的权益发挥着重要的作用。社区社会工作价值观源于或承袭社会工作价值观体系。目前，国际社会工作领域把社会工作价值观归纳为以下六个方面：①服务大众。社会工作者应当将服务社会中有需要的困难人群作为自己的首要责任，为社会大众提供专业的社会服务。②践行社会公正。社会工作者应该从改革和发展的角度努力推动社会变革，在服务中与服务对象一起工作，了解他们的问题和需要，在社会政策的推行过程中倡导和寻求积极的社会变革。③强调服务对象个人的尊严和价值。社会工作者对每一位服务对象都给予关心和尊重，充分认识和理解服务对象个体在生理、心理和社会文化等各方面存在的差异，同时对文化和种族的多元性保持开放与敏锐的意识。④注重服务中人与人之间关系的重要性。社会工作者应充分认识到人与人之间关系的重要性，包括设身处地为他人着想、建立积极和良性的沟通交流关系、帮助服务对象建立积极的人生观以及彼此分享和相互帮助。⑤待人真诚和守信。社会工作者应该坦诚地对待服务对象，并敢于认识自身的不足，能真诚地分析自我的问题和需要，坚持专业的使命、价值观、伦理原则与标准，并有效地运用它开展服务。⑥注重能力培养和再学习。社会工作者要不断地提升自我的专业能力，并保持一种开放的心态和好学的精神，坚持在实践中再学习和再教育的理念，在新观念、新知识和新技能的学习中不断提升专业实践的效率和效果，提升服务对象和社会大众的幸福指数。

要建立和发展社区社会工作价值观，不仅应该借鉴国际社会工作的发展经验，而且要考虑本土社会工作实践的经验以及本土化的文化特色，尤其是具体的国情、社情和民情，只有把这些价值观与本土的社会风情、风俗、人际关系等实际情况结合，才能顺利地在社区开展好社会工作。因此，我们将社区社会工作价值观总结为以下内容。

（一）人的价值和尊严

社会工作是一个以信念为引导的专业，从人的尊严和价值出发，为各种有需要的困难人群提供专业的助人服务，并强调在服务中增强服务对象的自尊、自信和自强，是社会工作最核心的目的。因此，人的价值和尊严也是社区社会工作的核心价值。事实上，社区工作相信，人的价值和尊严要在一个有足够支持、关怀和机会，以及重视个人发展和以人为考虑中心的社会制度下才能实现。

人的价值和尊严可以从以下两个方面具体阐释：①人的价值。社会工作者要坚信每一个人都有尊严和价值，每一个人都应该受到尊重。这里的尊重不仅体现在对服务对象保持符合社会文化习俗的礼节和称谓，更重要的是要认识到服务对象自身的生命价值和其他基本权利，充分保障他们获得基本的资源和可靠的专业服务的权利，帮助他们解决困难，满足他们生存和发展的需要。在服务过程中，社会工作者应该始终保持对服务对象尊重的态度，采取相应的方法。例如，和服务对象共同分享与服务内容有关的感受和经验以及对有关问题的看法，提供解决问题的建议，并且尊重服务对象所表达的观点、意见或决定。同时，社会工作者不将自身的价值观强加于服务对象，不指责、不评判服务对象的言行、价值观，不直接或间接地强迫服务对象接受社会工作者提出的意见或建议，不向服务对象发泄自己的负面情绪。②人的潜能。社会工作者坚信人有能动性、具备改变的潜能，并始终相信在经过专业服务与干预后，服务对象在心理、情绪、沟通技巧和社会适应能力以及学习技巧等方面都会获得不同程度的提高，进而可以促进服务对象建立自信，帮助他们提升解决自身问题的能力。除以上两点外，社区社会工作更强调以注重集体利益为取向的人的价值和尊严，因为社区工作以"社区"为介入单位和对象，它所关注的始终是社区的共同利益，不同于个案工作以个体满足和成功为前提来实现人的价值和尊严，社区工作强调通过社区实践和社区环境的改善来实现每个人的价值和尊严。

（二）社会正义

社会工作价值观中的社会正义常常指的是分配性正义，因为社会工作的目标不仅是帮助有困难或需要的对象，解决现实生活和发展中的困难，改善他们的社会功能，促进他们融入社会，更重要的是致力于通过制度建设和政策改革，推动社会进步、促进社会发展、实现社会平等和公正。所以，社会正义的价值观要求社会工作者应该首先关注失业者、受歧视的人和其他形式的社会不平等现象，努力奋斗以确保所有人能够得到其所需要的信息、服务和资源，获得机会的平等和对决策的有意义参与。

与社会工作价值观一致，社区社会工作也重视社会制度对社区居民提供的平等机会和福利责任，即机会平等和社会福利是居民的基本权利，如消除社会歧视、实现义务教育和提供公共医疗服务等。例如，在留守儿童现象较多的农村社区，因为父母常年不在家导致亲子关系疏离，家庭功能不能正常发挥。留守儿童问题的产生虽然与其父母外出打工的个人选择有关，但不能忽视城市化不平衡发展、社会流动加剧等社会结构调整和社会变迁的影响。所以，在上述案例中，社会工作者既要服务于社区中的家庭，运用专业知识改善家庭关系、促进家庭凝聚，更要运用倡导的手段，呼吁政府出台相关政策。

（三）以发展为导向的助人关系

助人关系是助人工作的基石，社区社会工作的实践建立在专业的工作关系基础上，它要求社会工作者与服务对象相互理解与合作，形成有效的工作关系，共同面对问题，共同寻找问题的解决途径和方法。

以发展为导向的助人关系可从互助和自助两个方面来解释：①互助。社会工作者应注重社区居民、团体和组织之间的互动交往，强调居民邻里关系、强化互相照顾、建立和谐社区的重要性。社会工作者认为，当人的社会角色弱化时，便对他人和社区公共事务态度冷淡，进而出现社会解体、越轨和个体异化现象。而建立社区内居民的互助网络，通过文化教育和社会活动，促进居民对他人的正面态度，提高对他人和社区环境的关心，可使居民获得更大的归属感和安全感，亦可减轻上述问题的发生。②自助。长期以来我国社区居民在面对自身状况以及其他社区问题时往往有一种依赖的心理。社会工作的助人并不代表社会工作者要无私、无偿地奉献于服务对象，亲力亲为地为服务对象解决问题，而是要求社会工作者通过运用专业的知识和技巧，帮助服务对象发掘自身的潜力，提高服务对象自己解决问题的能力。

事实上，"自助"的理念与中国传统文化的"自力更生"不谋而合，自尊感使得个人都希望自食其力。发展社区居民的优势和潜能，促进居民能力的提高，不仅能让他们更有尊严地生活，而且能让居民认识到自身和社区所拥有的资源、能力与技术，以及自身的优势，使居民不再仅仅聚焦于自身的不足和问题，而是更愿意积极地参与社区事务。

（四）服务

服务是社会工作本质的体现，社会工作者的专业服务，其目的不在于满足自身利益，而是本着以人为本、为服务对象着想的态度，真诚地对待服务对象的问题和需求，并通过自身的专业服务来帮助服务对象摆脱目前的困境，提升将来解决类似问题的能力，推动社会环境的改变。社区工作是社会工作的一种特定服务，其价值也表现在帮助社区居民解决问题，从而达到社区发展的目的。值得注意的是，在提供服务的过程中，社会工作者应该充分尊重每个服务对象的个体差异，不应当采取统一的服务方式回应他们的独特需求。此外，服务的意义不仅在于对外（社区）提供帮助，对内（社会工作者）也有重要的意义：社会工作者可以获得肯定个人工作的尊严；从服务他人的工作中获得履职感和充满意义的感觉。

（五）信用责任

信用责任可以理解为社会工作者应该具备的值得服务对象信任的能力：①社会工作者无论是承担个案工作、小组工作，还是承担社区工作，都应该不断致力于提升自己的专业知识和技能，并将之付诸社会工作实践中。②社会工作者应当知道自己的局限性，以可信赖的方式输出服务，并且在自己的能力范围内开展工作。③社会工作者应该坚持不做伤害服务对象的事情。社会工作者是社会福利的传递者，有了能力的要求，才能保障其专业权威和社会信任度。若社会工作者的专业能力水平较低，素质和能力跟不上专业期望，既不能满足服务对象的需求，不能改善服务对象的社会功能，更会直接影响大众对社会工作的评价，对社会工作专业服务产生怀疑。

二、社区社会工作基本原则

早在20世纪50年代，联合国在其《通过社区发展促进社会进步》的报告中提出了社区发展的"基本要素"：①应采取符合社区基本需求的社区活动，服务方案的设计应当针对社区居民所表达的需求；②可以通过各个实践领域的分散活动实现社区环境的整体改善；③工作实施之初，改变社区居民的态度与改善社区的物质环境同等重要；④社区发展旨在改善和促进居民对社区事务的参与，建立新的、高效的地方行政；⑤社区发展的基本目标还包括发现、鼓励和训练地方领导人才；⑥社区妇女和青年的参与应被特别重视，以扩大参与为基础，保证社区的长期发展；⑦政府广泛的协助才能使社区自助计划得到充分的成效；⑧实施全国性的社区发展计划，需要有稳定的政策、专门的行政机构，选拔与训练工作人员，动用地方和国家资源，并进行研究、实验和评估；⑨在社区发展计划中，应充分运用地方、全国和国际的志愿性非政府组织的资源；⑩地方层次的社会经济进步，须与国家的全面发展相互配合[1]。

基于联合国组织有关社区发展的"基本要素"，各国学者对社区社会工作基本原则的总结和各国社区发展的经验，可以对社区工作的基本原则概括为以下几个方面。

（一）以社区发展的需求为主要目标

社区社会工作以整个社区和社区中的居民为服务对象。与个案工作和小组工作比较微观的分析视角和介入层面不同，社区工作重点考虑社区环境及制度如何影响人的社会功能、如何限制人的能力的发挥。因此，社会工作较多地涉及社会层面，牵涉社会政策分析及政策的改变，注重资源和权力的分配，提倡政府、社区均有责任提供资源，协助处理和解决社区问题。在社区工作实践中，以社区发展的需求为主要目标的原则体现为以下具体的策略：①帮助社区居民，提供社会服务。社区工作的最大价值在于提供辅助的和后备的福利服务，如社区教育、职业服务、志愿者服务等，以缓解社区问题，改善社区居民的生活。②以集体增权为目标，增强社区的一致性。这里的增权主要产生于社区居民之间，包括居民所获得的相互责任感，或通过社区集体行动而增加的社区联系、归属感和义务感。同时，社会工作者相信社区居民的共同利益是多于分歧的，集体增权也有助于社区减少摩擦，包括减少居民之间的摩擦和缓解居民与当地基层政府之间的矛盾，以此促进社区的一致性。③注重社区能力建设，发展社区内生力。社区能力建设是社区工作的新视角、新策略。美国学者克雷茨曼和麦克奈特在其出版的《社区建设的内在取向：寻找和动员社区资产的路径》一书中最早提出社区内生力建设的概念。书中描述，很多社区并不相信自己能够改变自身的命运或者改善社区的情况，它们更愿意相信自己是时代发展和环境变化的受害者；同样，学者、专家也悲观地认为它们

---

[1] 殷妙仲、高鉴国：《社区社会工作——中外视野中的交流》，中国社会科学出版社，2006年版，第27-28页。

是"有困难"且"需要帮助"的社区。而事实是当一个社区只被看作"有需求"及"有问题"的，那么它就是一个"空虚"的社区；只有当一个社区被描述为一个资源丰富的社区，居民才有动力并将其技能用于社区的建设或解决问题。因此，从内生力的建设角度来看，社区能力建设应该是通过增加社区资产，提升居民能力，提高社区生活质量的有计划的过程。这种发掘社区内部资源、动员社区内部力量的过程，即社区系统自我强化、社区内生力建设的过程。区别于长久以来社区问题靠政府包办的解决思路，社区内生力建设强调社区内部资源的探索与利用，激活社区居民的行动能力，重视社区与社团组织、公共机构的联系，提升社区自我发展的内驱力和能力。

（二）以人为中心，促进社区居民的成长和进步

社区工作中，人的发展比社区的物质建设更加重要，因为只有社区居民共同关注社区事务，有责任意识参与社区建设，才能形成社区的可持续发展。为此，社会工作者应该始终重视培养居民的知识素质、参与精神，学习解决问题的方法，增强合作能力。在社区居民能力素质的培养过程中，对社区骨干人才的培养是不可或缺的重要任务之一。加强社区骨干人才的培养可以采用以下策略：①鼓励积极参与，加强社区骨干人才队伍建设。这里的参与主要指把一般居民发展成为社区骨干。社会工作者应该主动寻找和利用有潜质的居民参与负责社区工作，包括青年人，让具有不同特长的人介入不同类型的活动计划中，并对他们的良好表现给予充分的肯定和鼓励。②提升社区骨干人才当家做主的意识。社会工作者应培养社区骨干人才的"主人翁"意识，帮助他们建立自主和自立的意识，减少对外界的依赖性。甚至可以在条件成熟的情况下，提供一些让居民独当一面处理社区事务的机会。③增强社区骨干人才的个人能力。社会工作者可以通过各种途径教授他们与领导能力有关的知识和技巧，例如领导风格的培养、人际交往技巧、组织活动的方法等。总之，以人的发展为目标，不仅是社区工作的重要目标和实践原则，而且是社区工作的核心和长远任务。

（三）强调社区居民参与，培养民主精神

居民参与既是社区发展的重要目标，也是社区发展的基本手段。鼓励和推动社区居民参与，既有助于问题的解决，也有利于居民的自我成长：一方面，社区居民广泛、直接地参与和治理，才能逐步培养社区归属感、认同感和现代社区意识，使社区的各种资源得到最有效的整合和最充分的利用，进而更有效率地解决社区问题；另一方面，社区居民可通过积极参与社区集体活动，达到激发潜能，积累经验，培养自助、互助和参与精神，建立支持网络的目的。在鼓励居民参与的过程中，社会工作者要注意不断发现和挖掘居民的能力，促进居民的自决和自立能力的提高，并不断提升居民的社区意识，增强其对社区的认同感和归属感，促进社区的凝聚力。详细地说，社区中的居民参与有以下五个功能：①增强参与意识和能力。居民参与能促使居民之间密切合作，是居民学

习自由发言、表达意见、参与表决、分享权利与义务的重要途径。除非居民有上述的积极参与机会，否则无法提升他们的民主态度和能力。②促进政策的改革。居民积极参与除了可以确保决策能够符合社区的需求和利益外，而且能减少日后居民对决策的反感，同时增强合作的可能，进而可促成政策目标有较大的实现机会。③激发个人成长，提升解决社区问题的能力。通过参与社区事务，能提高居民个人的潜能，特别是对社区问题的分析能力及领袖才能。这些能力包括搜集社区意见、表达意愿、界定社区问题和需要、运用资源等。因此，居民积极参与社区活动不仅是开发人力资源的有利条件，而且是提升整体社区自助能力的要素。通过社区工作和社区参与，居民对影响自身的社区事务和问题能有更多的认识，以及能为自己积累更多的实际经验、开拓更多的资源网络。④满足个人较高层次的需求。通过社区及社会参与（如分享、互助、合作、商议、共同行动等），可以获得如马斯洛所提出的需求层次中的归属感、爱、个人成就等需求的满足。⑤意识提升。社会工作者认为人应该了解其身处的社会是如何运作的，以及人是如何被影响和塑造的，这样才可以增强个人的自主性，使自身不仅成为适应社会的客体，而且更是参与社会、改造社会的主体。

社区居民参与可分为动员式参与和自主式参与两种形式。实现居民参与的具体过程包括根据居民的意见自下而上地制订工作计划；由居民组织或负责社区发展相关活动；将社区居民的参与度、认同感和服务满意度作为评估的基本指标，等等。在鼓励居民参与的过程中，社会工作者要注意时刻保持理性、清晰的分析：一方面是对居民自身能力的客观评估，如居民的处事方式、行为习惯和能力等，理解居民的困难与局限，不盲目地鼓动居民参与；另一方面是保证居民采取的一切行动和参与活动都是民主的和理性的，不受到社区内任何既得利益的控制。社会工作者可在制定社区工作目标和工作方法策划的阶段鼓励、邀请居民参与，通过民主程序讨论问题、分析问题，从而形成理性的决策。

（四）尊重社区自决

尊重社区自决有两个基本含义：一是由社区组织和居民自主选择或确定社区的发展方式和行动策略；二是由社区自主管理社区范围内的事务。社区具有特定的主体地位和权利，任何外部组织不能以自己的价值观控制社区居民的行动；同时，只有听取社区组织和居民的意见，才能了解社区成员的真实需求和具体利益，依靠民主动员开发社区资源。社区自决的关键在于是否真正把权利还给社区居民，当社区居民面对社区问题，不仅有执行和监督的义务，而且拥有表决权、决策权时，社区才算实行了真正的自决。在实现社区自决的过程中，社会工作者扮演怎样的角色，承担怎样的工作呢？我们可以总结如下：①真正的社区自决建立在社区居民一定程度的社会意识上，因此，社会工作者的一个重要任务就是让社区居民认识到，反映和表达自己的意见是他们拥有的权利，每个社区居民都有责任履行自己的义务，并主动关心社区问题，改善社区关系，促进社区资源和权利得到相对均衡的分配。②社会工作者不可居高临下地指挥、命令居民为其所认定的目标而努力，而应尽最大努力让居民了解具体情况，与居民一起讨论和交换意见，使居民对社区事务有客观的了解，并让居民做出合乎自己愿望的决定。③社会工作者既不能勉强居民接受自己的意见和看法，也不能对社区问题采取袖手旁观的态度，更不可不给予意见或者不引导居民做出决策，社区自决不代表对社区问题置之不理，认为居民无须社会工作者的帮助也能解决社区问题是理想主义的幻想。

（五）善用社区资源，开展广泛合作

社区工作强调对社区资源的充分挖掘，既包括社区内商业机构、政府机构和非营利机构等资源，也包括社区成员的人力资源，如此，社区才能协力解决非少数人所能解决的问题。资源的善用既包括对社区需求与社区资源之间的协调配置，即如何使资源得到充分的使用，不浪费、不重复；也包括让社区居民能够尽快得到有效的服务，并不断改善和提高服务质量。社区团结合作是实现资源善用的具体策略。这里的团结合作不但包括与社区组织和居民之间的合作、协调，以及与社区内政府部门的合作，而且包括社区与外在环境的协调。因此，社会工作者需要从社区的共同利益和需求出发，有计划地引导社区居民积极参与社区事务，合理地利用社区的资源和外来援助。社区团结合作的实质在于异中求同，使不同的构成要素在达到一致的基础上结合成一个整体，合作既是对社区组织关系的一种重建，也意味着对社会资源的分享，社会工作者应该积极组织工作和社会服务，推动团结合作，将相对分散存在的组织力量和资源汇成合力，加速社区整合和发展的进程。

【典型案例】

案例资料

社区走访是社区社会工作者的一项基础工作，社工在进驻社区时通过社区走访了解社区的人口、地域、文化、资源等基本情况，进而确定社区的服务需求与定位。入户探访是社区走访的一种形式，是社工与服务对象建立关系和了解需求的重要途径。很多新手社工都会有关于入户探访的诸多困惑，如探访时不能很好地打开话题，或不知道怎么维持话题，当服务对象提出的期望超出社工能力范围时不知如何回应等。作为即将毕业走进社区的社工，你会如何准备入户探访这项工作呢？

操作流程与步骤

1. 有明确的探访目的

为什么做探访？社工在每一次探访前都要思考这个问题。是为了宣传社工服务，还是与服务对象建立关系？是为了收集资料了解需求，还是跟进服务提供的成效？带着明确的目的去探访，可以让社工在探访过程中更加从容地展开话题，同时不会因为话题过于分散或偏离而导致探访效果不佳。确定了目的后，需要做好充足的准备工作，包括确定访谈对象、拟定访谈提纲、预约访谈的时间与地点、确定随行人员与职责分工、准备好相关的物资如宣传册等。此外还需要做好心理上的准备，抱着一颗平常心，不要害怕被服务对象拒绝或误解。随着经验的累积，每一次的探访技巧都会比上一次更为成熟。

2. 保持真诚的态度

社工在探访中要秉持助人自助的价值理念，真诚地关心服务对象，不因服务对象个人文化、素质、观念、信仰等不同而区别看待。真诚是基石，尤其在初次探访时，社工留给服务对象怎样的第一印象，将直接影响服务对象是否愿意与社工持续接触甚至袒露心声。即使社工是带着收集资料的目的前往，也要在真诚关心服务对象的基础上通过谈话内容自然而然地了解相关信息。

3. 善于观察，与服务对象同频共振

日常工作中社工可通过走访观察、查找资料或访谈重要人士等途径了解当地的文化习俗与过往服务经验等，在入户探访时就可以此为话题与服务对象展开交谈。探访中注意观察服务对象家中环境与布置风格，如整齐的摆设、大幅的刺绣、优雅的植物等，都可以作为话题的切入口。同时要善于观察服务对象个人特点，如性别、年龄、神态、言语、肢体语言等，找到合适的对话方式。如观察到服务对象对某些话题比较忌讳，就要立即停止此话题，切忌哪壶不开提哪壶。

4. 运用开放式问题，并适当地回应

在访谈过程中，社工往往需要收集资料或深入了解某一问题，这时候应多使用开放式问题，引导服务对象多说多谈。在提问时有意识地把"是/否"换成"是什么""怎么样"，可以帮助服务对象更好地思考和表达，以便进行深入的探讨。在对话过程中，社工要进行适当的回应，运用专注、倾听、同理心与鼓励技巧，使服务对象感受到被理解和支持；运用澄清、对焦与摘要技巧，使会谈内容更加清晰具体。同理心技巧的运用是社工与服务对象建立信任关系的关键，需要不断地学习与实践。

5. 具备优势视角，善于发现资源

在探访特殊困难服务对象时，社工常听到服务对象表达自身困难，对此许多社工感到同情且无力。实际上社工更应该具备优势视角，在服务对象表达困难的同时，看到服务对象在此过程中所做出的努力，发掘服务对象自身的能力及潜能，激发其改变的动力，并引导其发现身边的资源，协助其搭建支持网络，提升解决问题的能力。

6. 要了解相关政策

社工作为增强民生福祉的重要服务力量，在扎实提供服务的同时，要主动了解国家政策，熟悉当地民政、计生、养老、低保、特困救助等相关政策。在入户探访时，针对符合条件的服务对象，帮助其了解和申请相关福利或救助，是社工应该具备的能力。此外要善于整合资源，多方合力为有需要的服务对象提供服务。

知识与技能拓展

中国传统文化与社区工作

传统中国的社会以家庭为中心,而血缘聚居亦成了乡村的普遍现象,家族是社会的基层组织。历代以来,政府的行政系统都只能达到县城层面,因此,一般乡村都是依靠一些地主、乡绅进行自我管治。

古代中国政府已把邻里组织起来,以便进行人口登记、征兵、防犯罪案、社会教育、调解纠纷、执行纪律、惩罚违法的人等工作。事实上,保甲制度自宋朝实行以来,一直沿用至民国。现今中国的街道办事处及居民委员会,其发挥的功能与传统的组织相似。农村的自给自足经济要求各人守望相助,而村组织亦拥有土地及资产,以执行一些公共建设,如修路、水利、教育及救济工作。

【巩固与提高】

一、单项选择题(每题的备选项中,只有1个最符合题意)

1. 下列属于社区的社会参与功能的是(　　)。
   A. 社区满足居民的衣食住行的最基本需求
   B. 社区能够给成员灌输知识、信息和价值观
   C. 社区提供人们表达自己社会需求和兴趣的渠道
   D. 社区可以满足社区居民在感情上的需要

2. 社区工作的目标可分为过程目标和任务目标,下列行动属于实现过程目标的是(　　)。
   A. 增强居民处理社区事务的能力
   B. 改善社区的卫生状况
   C. 建立社会支持机构
   D. 加强社区的安全巡逻

3. 下面哪个描述更符合社区社会工作价值观中"以发展为取向的助人关系"(　　)。
   A. 社会工作者建立社区内居民的互助网络,通过文化教育和社会活动,促进居民对他人的正面态度,提高对他人和社区环境的关心,从而使居民获得更强的归属感和安全感
   B. 社会工作者掌握解决问题的专业知识和技巧,因而在服务中要求居民必须完全按照自己的服务计划配合工作
   C. 社会工作者遵守服务对象自决的实践原则,对居民提出的疑惑置之不理
   D. 社区居民对社会工作者产生了强烈的依赖心理,感觉只有社会工作者可以解决自己的问题

4. 下面的描述不属于社区社会工作的基本原则的是（　　）。

　　A. 强调社区居民参与，培养民主精神

　　B. 以人为中心，促进社区居民的成长和进步

　　C. 以社会工作服务机构的发展需求为主要目标

　　D. 善用社区资源，开展广泛合作

5. 关于社区社会工作的专业价值观的说法，正确的是（　　）。

　　A. 社会工作者应追求社会公正，推动社会进步

　　B. 社会工作者应在保障自身获益的前提下提供专业服务

　　C. 社会工作者应该平等地对待每位服务对象，忽略他们在各方面的差异

　　D. 社会工作者应在服务过程中保持专业性，不能向服务对象提供任何建议

二、多项选择题（每题的备选项中，有 2 个或 2 个以上符合题意）

1. 下列（　　）属于社区的特征。

　　A. 有统一的行动

　　B. 具有许多共同的服务

　　C. 有相同的生活方式和文化

　　D. 有多种共同需要

　　E. 具有多方面的共同利益

2. 某社会工作服务机构进入一个农村社区为留守儿童提供服务，该机构列出的下列工作目标中属于社区工作过程目标的有（　　）。

　　A. 开展留守儿童生活状况和服务需求的问卷调查

　　B. 建立社区留守儿童活动中心

　　C. 协助社区链接服务留守儿童的外部资源

　　D. 培育居民关爱留守儿童的社区文化

　　E. 推动社区建立留守儿童的亲属支持网络

3. 关于社区社会工作基本原则的说法，正确的有（　　）。

　　A. 以社区发展的需求为主要目标

　　B. 强调社区居民参与，培养民主精神

　　C. 重视人的价值和尊严

　　D. 以人为中心，促进社区居民的成长和进步

　　E. 善用社区资源，开展广泛合作

三、判断题（判断下列描述是否正确，正确的打"√"，错误的打"×"）

1. 社区的地域要素无关紧要，最重要的要素是人口要素和文化要素。（　　）

2. 居民参与是社区工作的灵魂，参与必然导致更好的结果。（　　）

3. 社区提供让人们表达自己对社区的需求和兴趣的渠道，这体现的是社区的社会控制功能。（　　）

4. 因为社区社会工作原则要求尊重社区自决，所以社会工作者应该对居民的疑惑置之不理。（　　）

5. 社会工作者通过对服务对象的服务可以获得肯定自身工作的尊严，从服务他人的工作中可以获得履职感和充满意义的感觉。（　　）

四、实训题

某社区比邻城中商业中心，最近商业中心内一大厦进行外墙施工改造，随着工程的不断扩大，施工噪声越来越大，已经严重影响社区内居民的生活。个别居民不堪其扰，找到大厦施工工人理论，结果双方因言语冲突而大打出手。无奈，社区居民来到社区社会工作服务站寻求帮助。

根据案例，请回答以下问题：

1. 如果你是该社区社会工作服务站的社会工作者，接到居民的求助后，你的介入计划是什么？

2. 在计划、组织实施的过程中，应该注意哪些问题，这些问题体现了怎样的社区社会工作价值观？

【参考答案】

一、单项选择题

1. C　2. A　3. A　4. C　5. A

二、多项选择题

1. BCDE　2. BCD　3. ABDE

三、判断题

1. ×　2. √　3. ×　4. ×　5. √

四、实训题

略

项目二　进入社区

【项目导学】

进入社区是开展社区社会工作的起点,在这个环节,工作者主要有三方面的工作内容:

一是做好事前准备。社区社会工作者在进入社区之前,要做好充分的准备,包括工作准备、心理准备和认识所工作的社区,并选用合适的方式进入社区。

二是开展社区探访。在做好充分的准备并进入社区后,社会工作者往往会通过社区漫步、观察访谈等方式,了解社区的地理位置、自然环境、人文氛围、基础设施、居民生活等,初步掌握社区的基本情况,形成对社区的基本认识,为下一步开展社区分析奠定基础。

三是建立良好关系。建立良好的互动关系是社区社会工作得以顺利开展的必要手段,也是社会工作者在社区层面开展工作要达成的重要目标。因此,工作者在进入社区后,还需重视与社区居民、社区居民委员会、辖区单位、当地政府部门等建立良好的互动关系。

【思维导图】

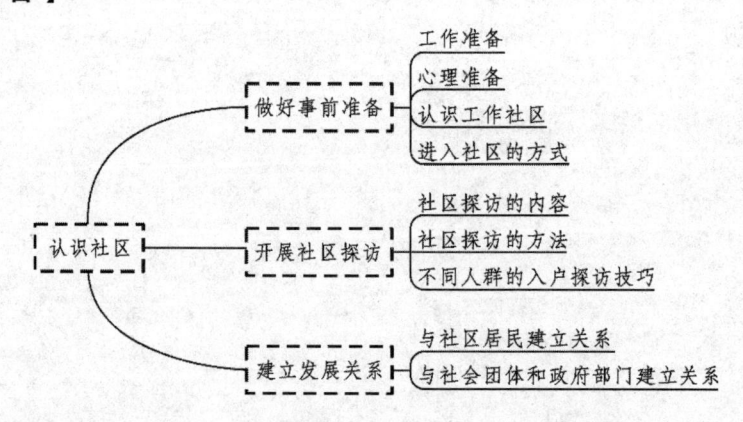

认识社区
- 做好事前准备
  - 工作准备
  - 心理准备
  - 认识工作社区
  - 进入社区的方式
- 开展社区探访
  - 社区探访的内容
  - 社区探访的方法
  - 不同人群的入户探访技巧
- 建立发展关系
  - 与社区居民建立关系
  - 与社会团体和政府部门建立关系

【学习目标】

- 描述进入社区的事前准备事项。
- 遵守进入社区开展探访和建立关系的相关规则。
- 尝试开展社区探访,并与社区建立良好关系。

任务一　做好事前准备

【任务卡】

任务情境

阿乐如何打开工作局面

2016年，阿乐从某高校社会工作专业毕业。经过深思熟虑，阿乐选择到社会工作发展较好的广东省工作。经过多次面试和选择后，阿乐选择了广东A社会工作服务机构工作。A社会工作服务机构是一家立足本土、承接多个家庭综合服务中心、残障人士康复、企业社会工作服务的机构。阿乐选择到该机构B家庭综合服务中心工作。

B家庭综合服务中心建筑面积约4 000平方米，占地面积约2 300平方米，楼高2层半。中心共设有24个功能室，配有专职服务人员8名。中心充分利用服务功能室，为社区老年人、儿童和青少年、问题家庭开展多样化的服务。主要服务内容包括咨询服务、心理咨询及沙盘游戏辅导、小学生课余学习支援服务（四点半学堂）、老人日间照料、旧区老人关怀服务、妇女个人兴趣发展服务、婚姻家庭辅导及亲子活动、青少年兴趣培训、教育活动、志愿者发展及服务、社区社会组织孵化与培育、文体康艺、主题性活动、发展性小组、预防性小组、治疗性小组等。B家庭综合服务中心所在的社区是一个村改居的社区，该社区于2004年实行"村改居"，辖区面积1.69平方千米，常住人口1 425人，暂住人口10 000多人。社区现有工厂、企业68间，生产的毛织品、时装、电子、玩具、机械、五金、鞋类等产品大部分销往我国港澳地区以及欧美地区。同时，社区公共服务设施完善，有图书馆、村史馆、文化广场、篮球场、游泳池、健身设施等。

请帮阿乐出出主意，阿乐进入B家庭综合服务中心要做哪些工作准备？如何在B家庭综合服务中心开展社区工作？

任务要求

- 熟悉进入社区的事前准备事项。
- 掌握进入社区的方法。

【必备知识】

对一名社区社会工作者而言，在进入社区开展工作时，总会面临如下挑战：我是否做好充分的准备做一名社区社会工作者？我能否应用专业所学，准确评估社区需要并开展相关工作？我能否赢得社区居民的信任，并与相关单位建立良好的工作关系？我能否充分发挥专业优势，服务社区居民？要回答这些问题，不仅需要社区社会工作者具备良好的专业素质和专业能力，更需要对进入社区环节的工作内容和工作方法有充分了解。在本任务中，我们先来学习在进入社区之前，需要做的事前准备工作都有哪些。

一、工作准备

社区社会工作者在进入社区之前要对自己的工作有基本的了解，做好工作准备。主要包括了解自己任职的机构、了解机构分工和自己的职责以及认识同事。

（一）了解自己任职的机构

社区社会工作者在社区开展工作时的支持主要来自任职机构。因此，每一名社区社会工作者在工作开展前，要充分了解自己所任职的机构。社区社会工作者可以通过机构入职培训、机构宣传资料、机构档案资料、向同事询问等方式了解自己所任职的机构。结合社区工作的需要，社区社会工作者需要了解任职机构以下方面的情况。

1. 了解任职机构的使命

机构的使命反映了机构创办的目的与存在的理由，反映了机构如何实现其远大的愿景，反映了机构组织活动职能和服务对象，反映了机构"做什么、为什么做"。通过对机构使命的认识，可以准确地理解任职机构的目标。机构的目标反映了该组织执行其使命时预期达到的成果，是组织前进的"路标"。社会工作者要清楚地认识任职机构的长期目标和短期目标的具体内容，以及用以衡量两类目标的指标。在充分认识和理解机构的使命和目标后，可使自己在开展社区工作时不会失去方向和工作动力。

2. 了解机构的服务理念

机构的服务理念反映了机构的基本立场和倾向性。机构的服务理念主要表现为机构的价值取向，并直接影响着实践行动。比如，如果机构重视的是具体服务的提供，那么在工作方法上就会倾向于通过专业人员的派遣和专业技术的提供来为社区解决问题；如果机构重视的是社区能力的提升，那么在工作中会更加注重调动居民积极性、发动居民参与和发掘社区资源，与社区一起解决问题。

3. 了解机构的公共关系

社会工作者还要了解自己所在的机构与社区其他组织和团体、与社区居委会、与政府部门之间的关系，以及机构在社区的知名度、影响力和声誉如何，把握机构在社区的地位，并清楚地认识在开展社区工作中可动用的关系资源，以便未来在工作中能采取适宜的策略与其他组织打交道。

4. 了解任职机构的发展规划

机构的中长期发展规划对机构的长足发展和赢得社会信任均具有积极意义。同时，社区社会工作者也应当了解任职机构的中长期发展规划，并结合自身学业发展和生涯规划做好自身职业发展规划和职业晋升准备。

在任务情境中，阿乐首先要做的工作准备是了解 A 社会工作服务中心的使命和服务理念，思考 A 机构所服务的老年人、儿童和青少年、问题家庭是否是自己所专长的服务人群和服务领域，确定自己的服务对象。要在 A 机构开展多类服务，确定自己的服务内容。同时，阿乐要主动询问机构负责人，交流自身对机构使命和服务理念的认识和理解，求证自己的理解是否偏离机构的原意，同时也表达自己的态度，寻求机构负责人对自己的深入认识，为自己在 B 社区开展社区社会工作奠定"人缘"基础。

（二）了解机构分工和自己的工作内容

每家机构一般会设有不同的部门，有些从功能领域角度分工，有些从地理区域角度分工，有些从项目团队角度分工，总之，机构会通过分工给工作人员安排任务，并要求其承担相应的职责。社区社会工作者在进入社区之前，要认识自己在机构分工中所处的位置，明确自己的岗位职责，清楚自己在机构中的工种、职务、职称等，从而准确地把握自己的工作范围、权利范围、责任范围及上下级关系。同时，还应弄清自己主要的工作内容有哪些，自己的职责权限范围有多大，哪些事务可以自行处理，哪些事务必须向上级报告或经过上级同意之后才可以采取行动。

此外，社区社会工作者在进入社区之前，还有必要根据自己的年龄、阅历、专业背景、能力局限等选择符合自己当前工作能力的工作内容，并根据所选工作内容的任务要求，做好知识补充的准备。例如，本项目任务情境中 A 机构的服务内容有 15 项之多，这些服务内容对工作人员的专业能力要求有很大的不同。对刚入职的社区社会工作者而言，如果选择治疗性小组、心理咨询服务、婚姻家庭辅导等工作内容，可能会面临不能胜任的问题；如果选择社区社会组织孵化与培育，则要求社区社会工作者掌握社会组织能力建设、内部治理等方面的知识。对任务情境中刚从大学毕业的阿乐而言，作为刚入职的一线社会社区工作者，选择妇女个人兴趣发展服务、发展性小组服务、文体康艺、应节性及主题性活动等作为自己刚入职的工作内容，可让其较快地适应工作。

（三）认识同事

社区社会工作以社区为服务领域，解决社区群体性问题。因此，社区社会工作服务均以团队合作形式开展工作。刚入职的社区社会工作者必须与工作同事互相了解，建立默契，形成有效的沟通模式，工作中互相合作、互相支持。首先是要认识项目点负责人，对其专业背景、工作经历、做事风格、擅长领域等进行全面认识，为自己建立良好的上下级关系做好准备。其次是认识项目点同事，同样要了解每个同事的专业背景、工作经历、做事风格、擅长领域，为自己建立良好的团队关系做好准备。

二、心理准备

（一）建立职业角色身份认同

对刚入职的社区社会工作者来说，建立职业角色身份认同是其进入社区工作事前心理准备的第一要务，即要从专业学习者向专业服务者转变，从学生身份向社区社会工作者身份转变。建立职业角色身份认同要在心理上做好以下准备：

一是责任意识。作为一名社区社会工作者，在工作开始后，无论面对有能力解决的问题还是没有能力解决的问题，都要积极、主动地想办法回应，勇于承担责任。

二是行动意识。作为一名社区社会工作者，要建立遇到问题就要想办法解决问题的行动意识。

三是专业意识。作为一名社区社会工作者，要应用专业知识开展工作，即入职后要开始养成从专业角度分析问题、用专业方法解决问题、以专业要求评估服务的职业习惯。

四是职业意识。社区社会工作者是一种职业，有着严格的职业道德、职业伦理和职业规范。作为一名社区社会工作者，要爱岗敬业、诚实守信、尊重服务对象、遵守各项职业要求。

（二）树立工作自信

工作自信源自专业自信，专业自信主要体现为专业认同和职业认同。作为一名刚入职的社区社会工作者，建立专业自信有利于社区工作的开展。

首先要建立专业认同。专业认同是自我认同和自我发展的重要内容，是个体在职业生涯发展历程中逐步树立起来的。一般而言，专业认同包括两个层面，一是社会对该专业的认同，二是从业者对该专业的认同。其主要体现为从业者对自己将会拥有或已经拥有某一专业成员身份的明确认识；对所学专业、所属群体所持有的态度和情感；对所从事专业的忠诚度和胜任力；为获得专业成长而自主地学习；在工作中表现出的专业行为。对社区社会工作者而言，专业认同主要表现为对专业价值的认同；认为自身有能力胜任社区社会工作；清楚地知道在社区社会工作中要坚持的专业价值；能够遵守社区社会工作职业伦理；熟练地掌握开展社区社会工作的方法。

其次要建立职业认同。职业认同是指个体对所从事的职业的肯定的评价。职业认同一般是在长期从事某种职业活动的过程中形成的，包括个体对该职业活动的性质和内容、职业的社会价值和个体意义，以及对工作方法、职业环境、职业用语和职业习惯等的熟悉和认同。职业认同是人们努力做好本职工作，达成组织目标的心理基础。

任务情境中，阿乐要做好树立工作自信的心理准备，其核心是梳理自己的专业认同，为进一步树立职业认同做好准备。对阿乐而言，可以通过温格（Wenger）提出的认同的五个纬度来进一步梳理自己的专业认同。即认同是一种经历；认同是群体的成员资格；认同是学习轨迹；认同是多个成员资格的联结；认同是微观与宏观之间的一种关系。就此而言，阿乐可以使自己的专业认同进一步清晰化，即"我是一名有社会工作专业学习经历，入职到社会工作服务机构，即将从事机构家庭综合服务中心服务的社区社会工作者"。

（三）坚定服务信念

对社区社会工作者而言，坚定服务信念是其开展工作的动力源之一，也是处理工作中面临两难问题选择时的方向标准。社区社会工作的服务信念包括社区问题的解决需要社区居民的参与，社区发展的重要手段是社区组织建设，社区是一个整体，等等。

任务情境中，阿乐要去工作的社区是一个"村改居"社区。其面临社区成立时间短、社区困境较多、群众矛盾复杂等现实。阿乐在进入工作领域之前，心理上要清楚地认识到这些困境，并坚定服务信念，相信自己的介入可以在社区社会工作者专业层面有效地处理这些问题。

三、认识工作社区

（一）对工作社区特质的认识

社区是指以地区为范围，人们在地缘基础上结成的互助合作的群体，用以区别血缘基础上形成的互助合作亲属群体。其由地域要素、人口要素、组织结构要素、文化心理要素组成。对社区社会工作者而言，社区是其工作领域。为此，每一名社区社会工作者在进入社区之前，要对自己的工作社区进行全面的认识和了解。

以任务情境中的 B 社区为例，该社区的典型特质为：一是"村改居"社区；二是暂住人口是常住人口的 7 倍多；三是劳动密集型产业多；四是公共服务设施完善。

对阿乐而言，基于 B 社区呈现的四个典型特质，要做以下几方面的工作准备：一是要补充学习"村改居"的相关政策文件及研究文献。目前，关于"村改居"概念的说法，主要的政策文件依据是 2008 年国土资源部发布的《城乡建设用地增减挂钩试点管理办法》。在这个文件中，"城乡建设用地增减挂钩"的说法是人们一般通俗所说的"村改居"的正确说法。"村改居"并不是政策或规范依据中所使用的标准说法，而是一个抽象的政策概念物化后的说法，这与政策文件的初衷或最初的愿望状况存在一定的偏离。阿乐要有效地回应在服务过程中"村改居"的遗留问题，主要的政策依据就是这个文件。二是要深刻地认识"村改居"产生的原因。"村改居"现象的产生与我国的经济、政治、文化、历史发展等方面均有一定的关系，如与我国土地管理体制的变革有关、与我国创收性政府定位有关、与我国地方政府扩大财政收入有关。阿乐对"村改居"产生原因的认识，可以帮助其客观地分析"村改居"社区产生的社会问题和社会矛盾的社会结构性因素，也可以令其在解决这些问题时，有宏观的社会结构层面的视角，扩大解决问题的思路和深度。三是要清楚地认识"村改居"社区的典型特点和面临的主要问题。"村改居"社区一般都会面临集体经济发展瓶颈、组织关系不顺、社区自治能力不强、公共服务滞后等问题。其特点表现为大多数"村改居"社区位于城市城郊结合带，从传统的农业主导向第二、第三产业转变；"村改居"社区居民存在因文化差异而带来身份认同的困扰；"村改居"社区的人口结构复杂、流动性强；"村改居"社区一般为城市流动人口集中聚居区，常住人口与流动人口之间容易产生矛盾和冲突。

阿乐通过对工作社区的认识，在开展社区社会工作时，才能够做到心中有数、心中有底。

（二）对工作社区服务内容的认识

在任务情境中，A家庭综合服务中心在B社区开展的服务内容有15项之多，而且服务内容对工作者的专业背景和专业能力有不同的要求。对刚刚从大学毕业的阿乐而言，在15项中可以选择能够发挥其社会工作专业能力的服务内容，比如亲子活动、青少年兴趣培训、旧区老人关怀服务、志愿者发展及服务等。但这只是一定工作时期的选择，阿乐要谋求在A机构有较大的发展空间，必须补充学习该机构开展各项服务所需要的知识。

四、进入社区的方式

社区工作的对象是整个社区，因此社会工作者进入社区之初的首要任务是让社区中的居民、团体和组织认识和熟悉自己，了解自己的角色和职责，接受自己来社区开展工作，与社区建立良好的专业关系。社会工作者可以通过以下几种方式进入社区，并让社区认识和熟悉自己。

（一）积极参与社区重要活动

如参加社区在节假日举办的活动或在社区已形成传统的活动，尽量在这些活动中争取亮相的机会。这类活动通常来参加的居民比较多，社区各团体和组织（如物业公司）也会派代表出席，因此是广泛认识相关人员的好机会，可以借此让大家逐渐了解和熟悉自己。

（二）主办社区活动

社会工作者所在的机构可以出面主办一些社区活动，邀请居民和其他社区团体参加，主动营造与社区其他成员互动的机会，借此机会宣传介绍自己和所在机构的服务。

（三）积极介入社区事务

社会工作者应积极参与讨论社区事务，出席相关的会议，提供意见和建议，并在力所能及的范围内提供适当的帮助。通过这一方式，社会工作者有机会向社区内的居民、团体和组织更深入地展示自己所在机构的使命和服务理念、资源状况和服务内容，为今后进一步合作打下基础。

【典型案例】

案例资料

重庆××社会工作服务中心于2011年3月经重庆市民政局批准注册，属于民办非企业单位，主要依托重庆大学、重庆城市管理职业学院、重庆科技学院等高校社会工作专业力量。该机构设有理事会、财务部、行政部、宣传部、项目部、研发部等。同时，建立了相应的人事管理制度、项目管理制度、财务制度等。现有总负责人1名，专业督导5名，员工27名，社会工作专业毕业或具有社工证的社工18名，其中高级社会工作师2名。2011年至今，重庆××社会工作服务中心通过承接、运营各级政府、群团组织、企事业单位购买服务和全社会筹资的方式，承接、运营社会救助社会工作、企业社会工作、儿童青少年社会工作、老年社会工作、社区社会工作等项目200余个，服务三十余万人次，年均运营经费近500万元。

张社工刚刚从大学毕业，已应聘成功入职该社会工作服务机构，即将进入该中心服务的农村社区。请问，张社工在进入社区之前要做好哪些准备？

操作流程与步骤

（1）张社工要做好的工作准备包括了解自己所入职的机构、了解机构分工和自己的工作内容、认识同事。

（2）张社工要做好心理准备。

（3）张社工要做好认识工作社区的准备，认识工作社区的特质等。

任务二　开展社区探访

【任务卡】

任务情境

阿美毕业后入职湖南A社会工作服务中心工作，其主要负责B社区老年人服务项目。B社区是一个老旧单位社区，单位改制后，许多下岗职工在经济上面临很大困难。该社区残障、孤寡、失独等弱势群体比较多。据调查了解，B社区共有老年人2 053人。其中，低龄老年人622名、中龄老年人1 200名、高龄老年人231名、残障老年人 32 名、失独老年人 14 户、空巢老年人 22 名。目前，该社区又面临老旧房拆迁的问题。

入职后，阿美为尽快开展工作，开始进行社区探访，入户了解残障老年人、失独老年人、空巢老年人的情况。请问，阿美进行社区探访需要了解哪些内容？阿美可以通过哪些方式、方法进行社区探访？

任务要求

- 了解社区探访的内容。
- 掌握社区探访的方式、方法。
- 熟悉不同人群的入户探访技巧。

【必备知识】

在开展社区社会工作时，社区探访是社会工作者在做好进入社区的准备之后，采取工作行动的第一步。对每一名刚入职的社区社会工作者而言，在社区探访行动开始时，常常会面临如下困扰：社区居民会不会对自己的身份不信任？入户时居民会不会将自己拒之门外？与居民聊天时应该聊些什么？自己是否能够满足居民提出的需要、解决他们面临的问题？社区社会工作者在进行社区探访时，能够想到这些，说明其已经对社区探访有了心理方面的准备。当然，要做到在社区探访时，不慌不乱、有的放矢，社区社会工作者就要了解社区探访的内容和社区探访的方法，了解针对不同社区人群入户探访的技巧。

一、社区探访的内容

（一）了解工作社区的基本情况

1. 社区地理环境

关于社区地理环境的资料一般可以通过区政府、街道办事处和社区取得，也可以通过走访观察获得直观的体验和感受。社区地理环境主要包括社区的行政范围和地理边界、环境、土地使用、基础设施、交通、社会服务、商业服务和经济生产等。

2. 社区人口特质

社区人口特质，包括人口性别比例、年龄分布、居住群体特征、流动人口等情况，这些资料可以通过当地居委会、派出所、统计局取得。但因每个社区均面临人口流动的情况，因此，这些数据与实际情况通常存在一定的偏差。社区社会工作者也可以采取社区调查的方式，了解社区的实际人口情况，或者了解自己工作目标群体的实际人口情况。掌握社区人口特质，对社区社会工作者而言，既可以对社区有一个整体的认识，也可以分析社区居民的需要及可以用于工作的人力、物力、财力等资源信息，还可以进一步了解社区居民之间的关系状况。

3. 社区资源情况

一般而言,社区资源主要是指社区里的公共设施、驻区单位、社会组织、金融机构、商议场所等。社区社会工作者要熟悉这些资源的分布以及这些资源对社区居民日常生活的影响,了解社区居民利用这些资源的情况。通过对社区资源情况的了解,社区社会工作者就可以分析工作社区社会服务情况,以及这些服务通过什么方式输送给社区居民,这些服务是否满足社区居民的需要。

4. 社区权力结构

社区权力结构呈现出一个社区的人际关系状况、资源获取情况和组织与组织关系情况。了解社区权力关系,对社区社会工作者选择推动社区组织和社区动员策略具有重要意义。社区社会工作者可以通过已有资料和社区探访,对社区内的各种组织之间的关系、人际关系状况进行权力结构分析。

5. 社区文化特质

文化特质是一个社区的象征性符号,反映了一个社区的发展痕迹及生产、生活习惯。社区社会工作者在社区探访中要深入体察工作社区中有哪些文化信念,这些文化信念对社区居民产生怎样的影响;要深入了解工作社区所有共同的习俗和集体活动。社区社会工作者对社区文化的了解,对其塑造社区意识,以及激发居民参与热情意义重大。

阿美刚入职A社会工作服务中心,在进行B社区探访时,需要通过对以上五个方面的了解,基本掌握B社区的基本情况。熟悉工作社区的地理环境、人口特质、资源情况、权力结构及文化特色。

(二)了解工作社区的需要及社区问题

了解工作社区的需要及社区问题是社区探访的另一项工作内容。阿美在了解B社区基本情况的过程中,虽然对社区的需要及社区问题有一定的了解和认识,但对于社区社会工作专业而言,要全面地认识某社区的需要及社区问题,就要在对社区基本情况的分析基础上,进行专门的评估分析。

社区社会工作者进入某一个社区开展专业服务,均因本地社区群体存在迫切的需要。所以,社区社会工作者要精准、迅速地评估分析工作社区存在哪些方面的需要。在项目三中,我们将详细地阐述社区需求评估的内容和做法,在此不再赘述。

(三)了解工作社区社会服务机构情况

了解工作社区社会服务机构情况是社区探访工作的又一项工作内容。因为社区社会工作者主要提供专业的社会服务，所以了解工作社区已有的社会服务机构情况，可以避免资源重叠，有利于资源整合。

社会服务机构是指由政府、社会团体或个人兴办的，通过社会福利从业人员，包括专业社会工作者、其他专业的服务人员、辅助工作人员等，为特定的、有需要的对象提供专业服务的非营利组织。其目的是提高服务对象的社会功能，协助他们面对社会问题、解决社会问题，并促进其发展。按照国际标准，社会服务机构主要包括政府主管社会保障（福利）事务的行政机构和从事公共服务、公益服务的机构。我国的社会服务机构主要包括民政部门、人力资源和社会保障部门、群团组织、社会服务类民间组织。

阿美在对B社区进行社区探访时，要了解该社区社会服务机构的现况，尤其是社会服务类机构存在的问题，对这些服务机构的服务内容、服务范围、服务对象均要有清楚的了解，为自己今后开展工作做好资源储备。

二、社区探访的方法

社区探访的方法是多元的。根据社区探访的内容不同，社区社会工作者要采取不同的社区探访方法，具体如表2-1所示。

表2-1 社区探访的内容与相应的探访方法

社区探访的内容	相应的探访方法
了解社区基本情况	● 政府部门文件、地区出版物 ● 拜访社区居民骨干 ● 社区调查 ● 家庭访问 ● 文娱活动接触居民 ● 社区漫步
了解社区需求	● 社区调查 ● 个别拜访 ● 居民小组和居民大会 ● 社会指标法 ● 参考政策规定 ● 设定参照群体
社区问题分析	● 问题树分析法
了解社会服务机构	● 实地走访

表2-1中所列举的社区探访的方法，对社区社会工作的学习者而言，大多数是比较熟悉和容易操作的，此处只具体介绍社区漫步和社会指标法这两种。

（一）社区漫步

社区漫步是指社会工作者在社区中行走，用脚步去丈量社区、用眼睛去观察社区。社区漫步是社会工作者认识社区、接触社区的一种方式，可以直观了解社区的地理位置、基础设施、人居环境以及社区中的各类文化、资源、信息和人群。社区漫步并不是在社区里随意走动，而是要带着清晰明确的目标去认识社区。通常，可以按照以下步骤来开展。[①]

第一步，事先了解。在开展社区漫步前，通常要先进行文献查阅和资料收集，事先了解所处社区的特点。对此，我们可以在网络上搜索地方志、地图、资料手册等相关资料，也可以通过官方网站上的动态新闻、微信公众号推送的文章、媒体报道等，分析了解近阶段该社区的重要发展方向，以便于做好初步的社区情况整理。

第二步，交流访谈。通过资料收集形成对社区的初步印象后，接下来，社会工作者可以拜访社区居委会工作人员，了解社区的发展历史、人口结构、共建单位、服务现状、特色文化等，也可以与原本就在该社区服务的"前辈们"交流讨论，了解他们眼中的社区是什么状态，有什么特征，进而形成对社区的间接印象。

第三步，初绘地图。在与社区工作人员和"前辈们"沟通之后，社工可以初步绘制简单的社区地图，掌握社区的地形分布、街道建筑以及功能分区，以便在开展社区漫步时更加有方向和目的，更顺利地推动社区漫步的落实和开展。

第四步，街头闲谈。社工有必要重视身边每一个社区参与者的实地经验，因此在开展社区漫步时，可以与路上碰到的居民主动聊天，了解他们对社区的整体认识以及对邻里关系、社区服务等方面的主观感受。也可以和社区里的保洁人员、保安、快递员、物业人员等群体交流，由于他们常年在社区服务，对社区情况较为熟悉，能对社区状态做出自己的判断，有利于社工掌握更丰富全面的信息。

第五步，敏锐观察。社区漫步需要用脚步感受社区，只有去实地走走看看，认真观察、用心感受，才会找到想要的答案。在社区漫步时，可以拍照记录周边的资源信息，如重要的建筑物、人文风景、社区独有的文化气息等，了解社区中重要场所（超市、医院、银行、学校、寺庙、篮球场、广场、体育馆等）的数量、分布和人流量，以及这些重要场所在社区中起到的作用；还可以实地了解社区中的交通状况、基础设施、资源状况、社区历史、经济政治、文化组织等。

第六步，信息记录。社区漫步结束后，对于看到的、听到的、了解到的、感受到的信息，需要及时整理记录下来。做记录的时候可以从社区的历史背景、位置交通、基础设施、人文特点、人群特征等方面进行梳理，再根据这些内容展开对社区的总体评估，比如你对社区的初始印象，初步的判断分析该社区在服务方面可能存在的需求。

社区漫步是直接接触社区的服务方式，也是社工感受社区状态的重要手段。作为

---

① 根据《济南社工》微信公众号文章《新手社工"社区漫步"6步骤》整理。

社区社工，在进入某个社区开展工作的时候，一定要重视社区漫步。当然，在社区开展工作的过程中，也时常可以用到这个方法，在不同的季节、不同的时间（比如工作日和周末节假日、白天和夜晚），都会有不一样的发现。

（二）社会指标法

社会指标指反映社会现象的质量、数量、类别、状态、等级、程度等客观特性和社会成员的感受、愿望、倾向、态度、评价等主观状态的项目。社会指标具有以下特点：可感知性或具体性，即社会指标不能是抽象的、一般的概念，而必须是具体的或可直接被感知的项目；可量度性或计量性，即社会指标不能是数量不清、界限不明的概念，而必须是可以用数字、符号进行量度的项目；代表性或重要性，即社会指标不能是次要的、说明不了问题的概念，而必须是对反映某种社会现象具有关键意义或代表性的项目；时间性，即社会指标不能是没有时间界限的概念，而必须是有明确时间规定的项目。

1. 社会指标的类型

（1）客观指标和主观指标。客观指标，是指反映客观社会现象的指标，如人均居住面积、义务教育普及率等。主观指标也称感觉指标，是指反映人们的感觉、愿望、态度、评价等主观状况的指标。客观指标是反映社情的指标，主观指标是反映民意的指标。

（2）经济指标和非经济指标。经济指标，是指反映社会经济生活状况的指标。非经济指标，是指反映经济领域之外的社会生活状况的指标。

（3）描述性指标和评价性指标。描述性指标，是指反映社会现象实际情况的指标。描述性指标是独立存在的，一个指标反映一种情况。评价性指标也称为分析性或诊断性指标，是反映社会发展某些方面利弊得失的指标。评价性指标通常是在某种理论的指导下，用两种或两种以上社会现象相比较或计算来说明某些社会问题，如人口城镇化率、人均财政收入等。

（4）肯定指标、否定指标和中性指标。肯定指标也称正指标，是指反映社会发展、进步等社会现象的指标。否定指标也称逆指标或问题指标，是指反映社会落后、倒退等社会问题的指标。中性指标，是指反映与社会发展和倒退、进步和落后没有直接联系的社会现象的指标，如国土面积、人口数、人口的民族构成等。

（5）投入指标、活动量指标和产出指标。投入指标，是指反映投入社会过程的人力、财力、物力资源的指标。活动量指标，是指反映社会过程的工作量、活动频率、承担次数等状况的指标。产出指标，是指反映社会过程结果的指标。一般来说，产出指标具有特别重要的意义，因为它往往是社会发展、进步的具体反映。投入指标与产出指标的区分是相对的，它主要取决于该指标反映的社会现象在某一特定社会过程中所处的地位和所起的作用。

2. 社会指标的功能

（1）反映功能。反映功能是社会指标的最基本功能。社会指标对社会现象的反映总是以一定的研究假设为指导，而且有较强的选择性和浓缩性，即选择那些最重要、最有代表性的侧面来反映社会现象，力求把复杂的社会现象浓缩在有限的社会指标内。

（2）监测功能。监测功能是反映功能的延伸，是动态的反映功能。监测功能有两类：一是对社会运行情况的监测；二是对社会政策、社会计划执行情况的监测。

（3）比较功能。当用社会指标来衡量两个或两个以上认识对象的时候就具有了比较功能。比较功能可分为两类：一类是横向比较，即对同一时期不同认识对象的比较；另一类是纵向比较，即对不同时期同一认识对象的比较。

（4）评价功能。评价功能是反映功能、监测功能、比较功能的深化和发展。反映功能、监测功能、比较功能属于社会指标的基础功能，评价功能属于社会指标的核心功能。

（5）预测功能。预测功能是在评价功能的基础上，对社会现象的未来发展趋势的预先测算。预测功能包括两个方面：一是社会发展预测，即对推动社会发展的社会现象的预测；二是社会问题预测，即对阻碍社会发展的社会现象的预测。

（6）计划功能。计划功能是预测功能的延伸。计划功能可分为两类：一是发展的计划；二是防止或克服社会问题的计划。

三、不同人群的入户探访技巧

入户探访是社区探访的重要方法之一。在实际工作中，因入户探访的对象不同，社区社会工作者需要掌握和熟悉的技巧各有不同，但无外乎要掌握好探访前、探访中、探访离开三个时间段的注意事项和探访技巧，具体如表2-2所示。

表2-2 入户探访的注意事项和工作技巧

探访前	探访中	探访离开时
● 邀请社区工作人员带领或邀请社区工作人员致电探访对象 ● 借助已有的资料，了解服务对象的基本情况 ● 准备好身份证明文件 ● 确定入户探访目标	● 主动与服务对象打招呼，并出示相关身份证明文件，自我介绍 ● 让服务对象说出自己喜欢别人如何称呼他 ● 切勿随意翻看服务对象家的东西 ● 多采用开放式问题展开话题 ● 从日常生活琐事开始聊天，切记在没有建立信任关系前，不要谈及服务对象私密的事情 ● 告知服务对象此行目的和大约需要的时间	● 预约下次见面时间 ● 与服务对象互留电话号码

【典型案例】

案例资料

清华大学社会学系的社区研究及社区干预始于 2005 年。研究的社区类型广泛，基本覆盖老旧街区、保障房小区、商品房小区等。2014 年，清华大学社会学系研究团队正式进入大栅栏地区，进行社区建设研究与干预。

大栅栏有一个典型特征：是北京的老旧街区，是北京作为历史文化名城的核心部分。北京从 1993 年就开始注重历史文化的保护，迄今北京共有 43 片历史文化保护区，其中有 33 片分布在城区。2015 年，全国开始设立历史文化街区。不过，北京只有三片进入了全国历史文化街区名单。大栅栏就是其中一个，而像大家比较熟悉的什刹海、南锣鼓巷等，都因为商业气氛太浓落选。而大栅栏是北京老旧街区传统平房院落生活区的典型代表。在大栅栏，我们还可以看到传统的院落、胡同，以及其中的居民生活。

大栅栏街道占地 1.26 平方千米，共有 9 个社区。当地户籍人口是 5 万，但是其中有一半已经不在大栅栏居住，剩下的本地人大概有两万多人。同时，大栅栏街道还有大量涌入的外地人，所以常住人口接近 4 万。

为什么大栅栏能成为历史文化街区？清朝时期，汉族人不能进到内城，所以在这个地方聚集起来，使这里成为北京底层民众市井商业文化的聚集地。其文化传统主要有三：第一，徽班进京后，大栅栏地区作为诸多京剧名家的居住地和演出地，蕴含了丰富的梨园文化；第二，从清代中叶开始，北京城内最具代表性的钱庄、票号、银行大都聚集在大栅栏地区，形成了大栅栏地区的金融文化；第三，许多商业老字号也聚集于此，形成独特的商业文化。在大栅栏街区，还有一些相关历史建筑遗存，例如钱庄、青云阁商场等。不过这些传统文化，现在被许多商品旅游业遮盖了。

而现今，大栅栏街区呈现社区衰败的现状。经过调研，清华团队将其总结为四个方面：一是本地人群多弱势；二是胡同里有近半数的外地人口；三是住宅破旧，居住拥挤；四是公共环境脏乱差。这四方面使得当地社会关系更加紧张。邻里关系，包括本地人和外地人、外地人和外地人之间的关系都非常紧张，人们常常遇上一点小事就吵得不可开交。

在这种情况下，社区建设该如何开展呢？

操作流程与步骤

清华团队在前期（2014 年年初至 2015 年上半年）做了详细的社区调查，并建构了基础数据库。该调查分为两类：一是基本普查，二是深度调查。

1. **基本普查**

基本普查包括 9 个社区的院落信息普查、房屋信息普查和人口信息普查，在此基础上团队建立了基础数据库。基于房屋信息普查，可以了解房屋产权情况、房屋管理情况等。基于人口信息普查，可以动态了解当地人口年龄结构、性别结构、工作情况、政治面貌等。由于当地半数以上本地人为老年人，所以团队特别建立了老年人口数据库。针对占常住人口比例较高的流动人口，团队专门建立了流动人口数据库，并基于数据进行了一些深入分析。

2. 深度调查

深度调查包括以下三部分：

首先，2014年对耀武胡同进行深度访谈，访谈内容包括四个面向：①居民类型和生命史；②居民对街区改造工作的看法、对整个社区的期待、对未来生活的想法；③居民对房屋建筑的想法、对公共空间的看法、平移意愿；④居民内部自组织的资源和可能性。

其次，2015年春，团队针对大栅栏传统手工业与历史文化资源开展了调查。尽管大栅栏的历史文化资源丰富，但工业化使大栅栏的传统产业集群慢慢消散，该行业已经慢慢没落，后继无人的状况非常严重。虽然调查阻力重重，但团队已经通过街道办事处和居委会既有的人脉关系寻找手工艺人，并借助他们的个人人脉寻访更多手艺人，对其作品和技艺进行文字或影像的记录。

最后，2015年5月，团队招募高校学生志愿者，对三井社区进行了一次大规模入户调查，共完成有效问卷372份，其中本地人问卷242份，外地人问卷130份。在了解社区人口结构、民生问题、日常生活等基本情况的基础上，此次调查着重了解居民对社区社会组织的参与意愿与所需类型、被调查者的人际关系网络、社区动员模式和不同人口对社区事务的参与程度与参与需求。对上述问题的调查结果将为团队后续社区自组织培育工作提供依据。

案例来源：沈原、李阿琳：《大栅栏经验——老旧街区的社区建设研究》，出自《协商自治·社区治理：学者参与社区实验的案例》，社会科学文献出版社，2017年版。

任务三　建立发展关系

【任务卡】

任务情境

阿强是山东A社会工作服务中心驻B社区的社区社会工作者。经过一段时间的社区探访，他已经对B社区的基本情况、社区需求和问题有了清楚的认识和了解。B社区是一个较为典型的工厂单位社区，社区居民均来自该社区原来的纺织厂。社区老党员较多，还有5个党小组。住房为原单位统一修建的单位集体住房，因年久失修，房屋存在很多问题。另外，社区没有物业公司，社区环境卫生很差。社区没有较大的地面停车场和地下停车场，社区内车辆乱停现象严重。为较好地开展工作，阿强要尽快与社区居民、社区组织及当地政府部门建立工作关系。

请帮帮阿强：阿强如何与社区居民建立关系？如何与社区团体和政府部门建立关系？

任务要求
- 掌握与社区居民建立关系的方式、方法。
- 掌握与社区团体和政府部门建立关系的方式、方法。
- 掌握与社区社会服务类机构建立关系的方式、方法。

【必备知识】

在开展社区社会工作服务中，建立良好的工作关系是社区工作有效开展的保障。对于社区社会工作者而言，工作关系主要包括与社区居民之间的关系、与社区团体和政府部门的关系、与社区社会服务类机构之间的关系。因为三种关系在开展社区社会工作服务中，所处的位置和发挥的作用不同，所以，社区社会工作者要采取不同的方式方法，以便建立不同的工作关系。工作关系的建立是一个目标指向的活动，社区社会工作者为了一个目标的实现或特定任务的完成，要有计划、有准备地建立各种工作关系。

一、与社区居民建立关系

社区居民不仅是社区工作的资源，而且是社区工作的落脚点。社区居民是社区工作者开展社区工作的依靠对象、服务对象。与社区居民建立关系，可以是正式的，也可以是非正式的；可以是一对一的，也可以是群体的；可以通过集体活动、电话、入户、电子媒体宣传等不同方式进行。

（一）与社区居民接触

为了与社区居民建立良好的工作关系，社区社会工作者就要与社区居民广泛接触。与社区居民接触时，社区社会工作者要清楚接触的初衷，即增加对社区居民和社区的了解，为制订工作计划做准备；与社区居民建立良好的工作关系，提高社区居民对社区工作的参与热情，协助社区社会工作者工作的开展。为此，在与社区居民接触时，社区社会工作者在态度和行为上要注意以下要素：用自身人格魅力去影响和感染社区居民，以真诚、热情、认真、开放的态度，保持与社区居民良好、顺畅的沟通，用心去聆听社区居民的想法，全身心与社区居民接触，在接触过程中要善用肢体语言和非肢体语言，以便克服与社区居民交流中的沟通障碍。用专业的视角引发与社区居民深度的互动沟通，通过社区社会工作者的反映，让社区居民对自身习以为常的生活环境和面临的问题有深刻的反省，反思自己不同的选择和行动带来的不同结果，激发社区居民与社区社会工作者一起开展社区工作。

（二）与社区居民交谈

能否与社区居民顺畅地交谈，将会直接影响与社区居民良好关系的建立。我国香

港学者甘炳光[①]归纳出二十四点能够帮助社区工作者与群众交谈的方法,具体如下:

- 说一些你相信他们会感兴趣的事物。
- 在屋内找些可以谈及的东西引起话题。
- 用他们的水平和他们沟通。
- 了解你自己。
- 知道何时聆听及何时说话。
- 在同一时间内只说一件事情。
- 让他们说。
- 感知他们的感受。
- 让他们知道,他们对你和这个社区都是重要的。
- 让他们的念头涌现。
- 发问。
- 肯定和表扬他们。
- 不要和他们争辩。
- 不要强迫他们用你的方法去思考。
- 聆听多于说话。
- 多提问,像你和他商量一件事一样,而非搜集资料式或盘问式提问。
- 不要答应一些你不能遵守的承诺。
- 如你不知道答案,交由他们讨论或迟些告诉他们结果。
- 或者让他迟些再联系你。
- 运用电话做跟进工作。
- 知道自己的限制。
- 忠于自己。
- 知道怎样将责任交托出去。
- 安排下次探访时间。

(三)与居民建立关系的活动形式

1. 举办全区性活动

与社区居民建立关系,首先是要让社区居民认识自己,认识自己的机构。所以,要在短时间内以最便捷的方式,让较多的社区居民认识自己,举办全区性活动是不二的选择,如举办综合性节庆晚会、电影晚会、嘉年华会。在节目中设计亮相环节,介绍机构的工作、工作团队,建立工作团队的形象,以便减少社区居民由于不认识产生的抗拒感,与社区居民相互认识,为进一步建设与社区居民个体之间的关系迈出第一步。

---

① 甘炳光等编:《社区工作理论与实务》第三版,香港中文大学出版社,1998年版。

2. 举办普惠性的活动

普惠性的活动，不仅让参与的社区居民获得文化娱乐上的享受，而且让参与对象得到实质性的物质享受。比如，针对社区老年人举办中秋品月饼赏月活动、为空巢老年人举办集体庆生活动、组织行动不便的老年人游玩当地知名公园等。这类活动的开展，不仅可以让社区社会工作者与具有共同特质的服务对象建立关系，而且因参与的人数相对有限，在活动过程中，社区社会工作者还可以与参与对象建立初步的个人层面的关系。因为普惠性的活动对参与对象有物质奖励，所以服务对象的参与热情和积极性较高。

3. 举行街头咨询站

举行街头咨询站也是与较广泛的社区居民建立关系的方法之一。以便民服务为出发点，社区社会工作者让参与其中的服务对象在街头咨询站得到便捷服务，进一步建立工作关系，如社区医保宣讲、社区公共医疗服务咨询等。

4. 介入社区事件

以社区事件作为与社区居民建立关系的切入点。比如，在任务情境中，针对即将进入的社区，阿强可以从社区卫生状况差、车辆乱停等社区事件入手。当然，阿强刚从学校毕业，选择这两类事件作为工作切入点，可以赢得居民的关注，但如果事情不能得到妥善处理，反而不利于与社区居民关系的建立。

二、与社会团体和政府部门建立关系

（一）与社会团体和政府部门建立关系的重要性

社区社会工作者要回应社区居民群体性的需要和共同的问题。无论是需要的满足还是问题的解决，均需要大量的资源。社会工作机构只是大量资源中的专业资源，仅靠单一的专业资源很难有效地回应需要和解决共同问题，这就要求社区社会工作者广泛地整合资源。在社区，社会团体和政府部门是核心的资源。为此，社区社会工作者要主动、积极地与社会团体和政府部门建立良好的工作关系。其重要性主要体现为：一是为工作开展的需要建立资源途径；二是与当地社会团体和政府部门保持良好的合作关系；三是为工作转介储备公共关系资源。

（二）与社会团体和政府部门建立关系的方法

1. 社会团体层面

社会团体主要包括驻区单位、驻区企业组织、社区社会组织等。主要的方法有联合开展主题活动，协助开展宣传活动，争取单位或企业的支持开展专项服务，积极参与这些组织开展的活动，邀请其参与机构的年终汇报会等。

2. 政府部门层面

在社区开展社区社会工作服务，主要要与社区居委会、街道办事处、区民政局、区残疾人联合会、区妇女联合会等部门建立良好的关系。主要的方法有定期进行工作汇报、定期送递工作总结、邀请部门负责人现场考察，等等。

【典型案例】

案例资料

阳光社区卫生服务中心针对社区居民对免费医疗认识不够的问题，计划在社区开展免费医疗咨询日活动。如果你工作的社会工作服务机构也在阳光社区，为了与阳光社区卫生服务中心建立良好的合作关系，你计划与阳光社区卫生服务中心合作一起开展免费医疗咨询日活动。

请结合以活动方式与社区居民建立关系的方式，设计一份《阳光社区卫生服务中心免费医疗咨询日活动方案》。

操作流程与步骤

第一步，拜访阳光社区卫生服务中心此次活动的负责人，表达合作意向。在达成合作意向后，了解阳光社区卫生服务中心咨询日活动方案。

第二步，通过阳光社区卫生服务中心咨询日活动方案，结合社工机构参与咨询日活动的需要，制订《阳光社区卫生服务中心免费医疗咨询日活动方案》（内容包括活动名称、活动时间、活动地点、活动参与单位、活动内容、活动需要物资、活动人力安排、活动成效评估、经验预算等）。

第三步，与阳光社区服务中心咨询日活动负责人再次深入沟通活动方案的细节，明确各自分工，完成活动实施。

知识与技能拓展

节选自《社区社会工作服务指南》

1 范围

本标准给出了社区社会工作服务的总则、内容与要求、流程与方法、质量管理和服务保障要求。本标准适用于在城乡基层开展的社区社会工作服务。

2 规范性引用文件

下列文件对于本文件的应用是必不可少的。凡是注日期的引用文件，仅注日期的版本适用于本文件。凡是不注日期的引用文件，其最新版本（包括所有的修改单）适用于本文件。

GB/T 20647.1-2006 社区服务指南第1部分：总则

MZ/T 059-2014 社会工作服务项目绩效评估指南
社会工作者职业道德指引 2012-12-28 民政部
城市社区档案管理办法 2015-11-23 国家档案局、民政部

3 术语和定义

GB/T 20647.1-2006 和 MZ/T 059-2014 界定的以及下列术语和定义适用于本文件。

3.1 社区社会工作服务 community social work service

秉持助人自助的价值理念，运用社会工作专业方法，以社区为平台，以统筹社区照顾、扩大社区参与、促进社区融合与社区发展、参与社区矫正和社区戒毒社区康复等为主要任务的专业活动。

3.2 社区社会工作者 community social worker

专职从事社区社会工作服务的专业人员。

3.3 社区照顾 community care

社区社会工作者采用个案管理、资源链接等方式，为有需要的社区居民提供的生活照料、精神慰藉、康复护理、权益维护、社会支持等服务。

3.4 社区融合 community integration

社区社会工作者通过整合社会资源，建立社会网络，促进社区居民平等享有民主权利、公共服务及相关社会福利，促进社区居民参与政治、经济、文化及社会生活，增强社区认同，促进社区团结，形成社区和睦相处、和谐共进的状态。

4 总则

4.1 需求为本

社区社会工作者应深入调查分析社区问题、居民需求和潜在资源，设计和实施社区社会工作服务项目，最大化满足社区居民多样化、个性化服务需求，以社区居民需求的满足程度为检验社区社会工作服务成效的标准。

4.2 多方联动

社区社会工作者应在社区党组织的领导和社区居民自治组织的指导和支持下，组织引导相关社会组织、社区社会组织、驻社区单位、志愿者和社区居民等多方力量参与、支持社区建设和社区治理，推动实现社区共建共享。

4.3 专业引领

社区社会工作者应推动将社会工作专业理念、方法、技巧融入到社区建设的各领域、各环节，逐步用社会工作专业理念丰富社区服务工作理念，用社会工作专业规范完善社区服务管理制度，用社会工作专业方法提升社区服务管理水平，促进社会工作与社区建设的融合发展。

4.4 跨界合作

社区社会工作者应根据社区居民个性化问题和多样化需求，协助组织跨专业合作团队，提供系统性、专业化、适切性社会服务；应重视发掘社区内部资源、支持具有专业技能的社区居民参与，依靠社区自身力量解决社区问题。

5 服务内容与要求

5.1 统筹社区照顾

主要包括：

—— 为社会救助对象提供社会融入、能力提升、心理疏导等专业服务，解决社会救助对象因心理行为偏差引发的个体和社会问题；

—— 为老年人，特别是留守、空巢、失独、病残、失能、高龄老年人提供生活照顾、精神慰藉、情绪疏导、危机干预、关系调适、社会参与等服务；

—— 为儿童青少年，特别是农村留守儿童和其他困境儿童青少年提供生活照料、救助保护、学业辅导、情感关怀、成长支持等服务；

—— 为农村妇女提供安全教育、技能培训、能力提升、关系调适等服务；

—— 为残疾人提供生计帮扶、家庭支持、社区康复和社会融入等服务；

—— 及时报告家庭暴力或疑似家庭暴力案件，为家庭暴力受害人提供紧急救助、临时庇护、情绪疏导、资源链接和社会支持等服务；

—— 协助做好社区居民健康管理以及医院转介患者的社区治疗与康复服务；

—— 为因遭突发事件、意外伤害、丧葬事宜等需要帮助的社区居民提供生活照料、情绪疏导、哀伤辅导、危机干预、资源链接等服务。

5.2 扩大社区参与

主要包括：

—— 协助社区党组织和社区居民自治组织开展社区需求调查，参与策划、执行、评估社区服务项目与活动；

—— 协助社区党组织和社区居民自治组织，动员和组织社区居民参与社区协商；

—— 培养社区居民参与社区公共事务的意愿、提升参与能力、拓展参与空间、建立参与机制；

—— 协助社区党组织和社区居民自治组织培育社区社会组织和社区骨干，提供咨询、培训、能力建设等服务；

—— 组织策划社区志愿服务项目，引导社区居民参与社区志愿服务，协助社区党组织和社区居民自治组织开展社区志愿者动员、招募、培训、使用、登记注册、服务记录与证明等工作。

5.3 促进社区融合

主要包括：

—— 协助社区党组织和社区居民自治组织建立本社区与相关政府部门、社会组织、驻区单位、业主委员会和物业公司等单位之间的良好协作关系；

—— 参与建立社区居民的互助团体和支持网络，组织社区居民进行互助和自助，推动形成理性平和、宽容接纳、诚信友爱、平等尊重的居民关系；

—— 帮助外来人口适应社区环境，促进户籍居民接纳外来人口，增进社区团结；

—— 帮助拆迁安置、棚户区改造、政策移民、灾后重建等新建社区内的社区居民适应新环境，建立支持性社区关系网络；

——参与社区居民矛盾调解，预防、化解社区矛盾。

5.4 推动社区发展

主要包括：

——协助社区党组织和社区居民自治组织发动社区居民参与制定、实施社区发展规划；

——培育社区共同体精神，开展社区居民文化素质与家庭美德、公民道德教育，形成社区居民积极向上的人生观、价值观、世界观及生活态度和行为规范；引导社区居民共同参与社区建设，建立健全社区支持网络，加强社区居民能力建设，增强社区归属感和认同感；

——开展社区通用性培训，举办面向社区居民的文化、教育和科普等活动，提高社区居民文化素养；协助举办农技推广培训等农业社会化服务活动，增强农村社区居民致富能力；

——协助完善城乡社区基础设施布局、选址和建设方案，广泛吸纳各方意见，合理利用社区公共空间；

——协助发掘乡土资源和特色资源，支持发展农村社区特色产业，组织农村社区居民生产互助，促进农村社区可持续发展，积极参与农村扶贫开发。

5.5 参与社区矫正

主要包括：

——疏导社区服刑人员心理情绪、纠正思想行为偏差，促进社区生活融入，恢复和发展社区服刑人员社会功能；

——修复社区服刑人员与家庭和社区的关系，重建社会支持网络；

——促进社区服刑人员就业，协助符合条件的社区服刑人员申请享受相关就业扶持政策，为社区服刑人员提供就业指导和职业介绍等服务；

——协调并督促未成年社区服刑人员的法定监护人，帮助其接受义务教育，鼓励有就学意愿的社区服刑人员接受社区教育；

——配合司法行政机关对拟适用社区矫正的被告人、罪犯进行社区影响调查、家庭和社会关系评估等工作；

——协助社区居民自治组织帮助生活困难、符合条件的社区服刑人员及其家庭依法获得相关社会救助政策资源，链接社会资源对其进行帮扶救助。

5.6 参与社区戒毒社区康复

主要包括：

——协助社区禁毒工作机构组织开展毒品预防教育，特别为处于失学、失业、失管状态的青少年提供就业帮助、心理咨询和毒品预防教育等服务；

——为社区戒毒康复人员提供心理辅导、行为矫正、社会支持等服务，巩固戒毒康复效果；

——为社区戒毒康复人员链接就业资源，协助其接受职业技能培训和职业指导；

——协助社区居民自治组织帮助生活困难、符合条件的社区戒毒康复人员及其家庭纳入最低生活保障范围或依法接受其他社会救助，链接社会资源对其进行帮扶救助。

5.7 提供其他服务

协助在社区居民健康教育、社区群众文化、社区环境改善、社区防灾减灾等方面提供专业服务。

6 服务流程与方法

6.1 服务流程

6.1.1 需求评估

需求评估主要包括：

——在社区党组织和社区居民自治组织的指导和支持下，走访社区各类组织和社区骨干，调查、分析社区的地理环境、经济状况、人口结构、文化特色、资源优势等基本情况；

——描述和界定社区问题，对社区社会工作服务的介入层面和类型进行分析；

——分析社区内公共设施、教育机构、医疗单位、社区组织、商业场所等单位和组织的数量、位置、运作情况、对居民的影响、使用状况等，全面了解潜在社区服务资源状况；

——分析社区党组织和社区居民自治组织成员、社区专职工作者、社会组织工作人员以及社区志愿者、社区居民骨干、社区各类专业人员等社区服务人力资源状况。

6.1.2 服务策划

服务策划主要包括：

——明确界定社区社会工作服务项目的目标与任务，包括服务目标群体、主要问题、服务内容、服务方式、预期成效等；

——掌握服务对象的特点、能力、兴趣、生活方式、社区关系状况等；

——评估服务机构或社区社会工作者能力，设计切实可行的服务计划；

——制定工作进度表，明确各阶段工作任务及时间期限，合理安排每个阶段的服务内容；

——根据服务目标和任务，安排服务场地（环境）、人员、财务等服务资源。

6.1.3 服务执行

服务执行主要包括：

——确定服务过程的所有环节，进行人员分工，明确各自职责；

——把握服务推进策略、方法和节奏，进行经费、资源、进度和服务质量管理；

——应对服务过程变动，做好服务中的危机处理；

——开展过程评估，及时进行服务调整；

——对服务过程和结果进行记录，建立工作档案。

6.1.4 服务评估与改进

社区社会工作服务成效评估工作应按 MZ/T 059-2014 规定执行。应加强服务评估结果的应用,总结有效方法,分析问题和困难,对社区社会工作服务进行持续改进与完善。

6.2 服务方法

6.2.1 社区分析评估方法

6.2.1.1 资料收集

调动社区居民参与,采用走访、观察、问卷、焦点小组等方法收集相关信息,分析社区状况、评估社区需求和风险。

6.2.1.2 基线评估

通过对社区初始状况的研究及测量,建立基线并据此评估介入前后的社区变化,判断社区社会工作者介入成效。

6.2.1.3 社区优势和劣势(SWOT)分析

分析社区自身优势、不足以及外部环境对社区带来的机遇和挑战,将社区发展与社区内部资源、外部环境有机结合起来,在此基础上选择介入策略。

6.2.2 社区资源链接方法

6.2.2.1 资源整合法

在本社区内,通过协商、合作等方式,共享工作条件、互通服务信息、联合决策和行动,共同满足多样化社区服务需求。

6.2.2.2 资源共享法

在本社区与其他社区之间,通过协商、合作,发挥各自优势,共享服务资源,协同开展服务,提升彼此社区服务水平。

6.2.2.3 资源配置法

根据社区资源的不同特征,通过计划、组织、培训、咨询、协调、合作、控制、评估等手段,管理配置好各类服务资源,开展社区服务。

6.2.3 社区参与方法

6.2.3.1 社区动员法

通过告知、倡导、鼓励、示范等方式,邀请服务对象和社区居民参与到社区各项活动和事务中。

6.2.3.2 共识建导法

通过引导社区居民主动参与,充分表达意愿等,汇集社区居民思想,促进社区居民达成共识。

6.2.3.3 参与式社区会议法

在社区公共议题的设计与讨论中,引导社区居民参与,由社区居民提出问题,共同探讨解决方案,达成一致意见和行动。

6.2.4 社区支持网络建设方法

6.2.4.1 正式支持网络建设

通过组织、协调、培训等方式,建立由政府、工作单位、学校、社区组织以及其他社会服务机构、志愿服务组织等所组成的社会支持网络。

6.2.4.2 非正式支持网络建设

通过组织、协调、培训等方式，建立由家庭、亲属、朋友、邻里等组成的社会支持网络。

7 质量管理

7.1 建立质量管理体系

建立社区社会工作服务质量管理体系，该体系应包括以下内容：

—— 社区社会工作服务质量方针和目标；

—— 社区社会工作服务质量手册；

—— 社区社会工作服务质量所需的文件，包括制度和记录等；

—— 服务过程中工作人员明晰的职责、权限及其相互关系。

7.2 服务质量过程控制

7.2.1 社区社会工作服务的提供过程应严格遵循社区社会工作服务质量手册和相关流程。

7.2.2 社区社会工作者应识别、分析对服务质量有重要影响的关键过程，并加以控制。

7.2.3 应真实、全面、及时、准确记录社区社会工作服务情况。

7.3 建立督导制度

社区社会工作服务中，应建立与质量管理体系相适应的督导制度，督导制度应符合以下要求：

—— 保障督导目标的实现，督导的主要目标是确保服务质量，提升专业服务能力，监察被督导者工作表现，识别被督导者持续教育和培训需求；

—— 保障督导的持续性，督导是一个与服务/项目同步进行的专业过程，应具备持续性和连贯性；

—— 保障督导的覆盖面，服务/项目实施机构应确保为全体员工提供充分、恰当督导；

—— 保障督导程序清晰明确，阐明督导的目的、督导的频次、督导者和被督导者的角色、督导的职责范围、督导功能、督导记录、督导保密要求、督导与员工评估考核的关系；

—— 保障督导制度落实，督导制度应公开告知，方便查询，确保督导工作开展。

7.4 建立风险管理制度

社区社会工作服务中，应建立与服务内容相适应的风险管理制度，确保服务对象和服务人员处于安全的环境，风险管理制度应符合以下要求：

—— 应掌握与服务内容相关的最新法律法规和政策标准要求，确保服务/项目的各项管理和实施程序符合所有要求；

—— 应与服务内容和环境条件相适应，定期、及时检讨和修订已制定的风险管理制度，并保证所有员工了解和遵守这些制度；

——应做好风险事故和处理方法的记录，凡是在服务/项目实施机构的责任服务场所或涉及服务/项目实施机构工作人员的意外或伤害事故及其处理方法，均需完整记录在案。

7.5 投诉与争议处理

7.5.1 应建立畅通的渠道，收集与服务质量相关的投诉和改进建议。

7.5.2 应对收到的投诉和建议予以及时回应和反馈。

7.5.3 应根据意见和建议，采取有效的纠正或预防行动，持续改进服务质量。

8 服务保障

8.1 社区社会工作者要求

8.1.1 社区社会工作者应具备以下资质之一：
——获得国家颁发的社会工作者职业水平证书；
——具备国家承认的社会工作专业专科及以上学历。

8.1.2 社区社会工作者在开展具体工作中，应遵守以下要求：
——应遵守《社会工作者职业道德指引》；
——应掌握涉及社区有关的法律、法规、政策；
——应具备开展社区社会工作服务所需的基本知识；
——应接受社会工作专业继续教育，不断提高职业素质和专业服务能力；
——应推动多学科合作，与其他专业人士相互尊重、共享信息并有效沟通。

8.1.3 社区社会工作岗位设置应符合下列要求：
——每个社区应根据居民数量、构成情况、服务重点、服务复杂性等因素进行社会工作岗位设置和人员配备；大型社区宜依托社区综合服务设施设立社会工作站（室），或者引入提供社会工作服务的机构；
——每个城市社区至少配备一名社区社会工作者，每个农村社区宜配备一名社区社会工作者。

8.2 设施设备要求

8.2.1 社区社会工作服务场所应设置开展社会工作服务所必需的个案工作室、小组工作室、多功能活动室等场所。

8.2.2 社区社会工作服务场所宜配备计算机、录音、录像、音响等硬件设备，保障社会工作者提供服务的需要。

8.2.3 社区社会工作服务场所布置应安全、舒适、温馨，并能满足特殊服务对象的需要。

8.3 信息化建设与档案管理要求

8.3.1 在需求评估、服务推介、服务实施、资源链接、成效反馈、宣传推广等环节应用信息化手段，扩大社区社会工作服务覆盖范围，减少社区社会工作服务成本，提升社区社会工作服务效率。

8.3.2 依托社区公共服务综合信息平台等，建立社区社会工作服务信息系统，对社区居民、社区组织、社区志愿者等服务数据进行采集、管理、分析、运用，建立社区社会工作服务数据库。

8.3.3 依托社区公共服务综合信息平台等，实现社会工作服务站点或机构内部的人力资源、财务、服务、督导、评估等管理流程和程序的信息化。

8.3.4 应根据《城市社区档案管理办法》的相关要求，对服务对象信息、服务过程记录、服务质量监控记录、服务转介和跟踪记录等服务档案进行管理，对档案进行信息化转化、保存和应用。

【巩固与提高】

一、单项选择题（每题的备选项中，只有 1 个最符合题意）

1. 下列哪个选项不属于进入社区前心理层面的准备（　　）。
   A. 责任意识　　　　　B. 行动意识
   C. 专业意识　　　　　D. 树立自豪感
2. 下列哪个选项不属于社区基本情况范畴（　　）。
   A. 社区地理环境　　　B. 社区品牌
   C. 社区资源　　　　　D. 社区人口
3. 下列选项不属于社区探访内容的是（　　）。
   A. 了解工作社区基本情况
   B. 了解工作社区的需要及社区问题
   C. 了解入职机构基本情况
   D. 了解工作社区社会服务机构情况
4. 自助小组是由有共同需要、面临共同问题与（　　）的个人组成的小组。
   A. 心理问题　　B. 困难　　C. 贫困　　D. 边缘

二、多项选择题（每题的备选项中，有 2 个或 2 个以上符合题意）

1. 下列哪些选项可用于了解社区需求（　　）。
   A. 社区调查　　　　B. 个别拜访　　　　C. 居民小组和居民大会
   D. 新闻媒体报道　　E. 地方志
2. 下列哪些选项属于与居民建立关系的活动形式（　　）。
   A. 举办全区性活动　　B. 举办普惠性的活动
   C. 举行街头咨询站　　D. 介入社区事件
   E. 举办新闻发布会
3. 社会指标的预测功能包括（　　）。
   A. 社会发展预测　　　B. 社会问题预测
   C. 横向比较　　　　　D. 纵向比较
   E. 发展的计划

4. 了解社区基本情况的方法有（   ）。

　　A. 社区调查　　　　　　　　B. 家庭探访

　　C. 社区漫步　　　　　　　　D. 政府部门的相关文件资料

　　E. 社会指标法

5. 社会指标特点包括（   ）。

　　A. 可感知性或具体性　　　　B. 可量度性或计量性

　　C. 代表性或重要性　　　　　D. 空间性

　　E. 时间性

三、判断题（判断下列描述是否正确，正确的打"√"，错误的打"×"）

1. 工作自信源自专业自信，专业自信主要体现为专业认同和职业认同。（   ）
2. 客观指标是指反映客观社会现象的指标。（   ）
3. 社会指标最基本的功能是预测功能。（   ）
4. 能否与居民顺畅地交谈，将会直接影响与社区居民良好关系的建立。（   ）
5. 社区居民是社区工作的资源，也是社区工作的落脚点。（   ）

四、实训题

某社区是一个城中村，属于"三不管"地带。该社区由于租房便宜，于是成为很多外来务工人员临时落脚点。该社区大部分原居民已经搬迁。目前，该社区人口复杂，刑满释放人员比较多，社区环境脏乱差，乱搭乱建的各种违章建筑也很多，赌博现象也不少，治安隐患大。社区居民特别是外来务工人员及其子女对社区没有认同感和归属感，原住民也开始对生活了一辈子的社区产生疏离感，认为社区各方面都不如以前。无论是原住民，还是临时居住人员，对社区事务都不是很关心。

请问：如果你被派往该社区开展工作，你计划在社区探访中了解哪些情况？

【参考答案】

一、单项选择题

1. D　2. B　3. B　4. B

二、多项选择题

1. ABC　2. ABCD　3. AB　4. ABCD　5. ABCE

三、判断题

1. √　2. √　3. ×　4. √　5. √

四、实训题

略

项目三　分析社区

【项目导学】

在项目二的学习中,我们通过开展社区探访,与社区和社区居民建立良好的关系,从而收集到该社区大量的资料和信息,对社区的背景和社区居民的状况有了初步了解。接下来,我们在此基础上,对社区和社区居民存在的问题做进一步分析,评估他们的服务需求,并对社区和居民的解决问题的能力和资源进行评定,以便为下一步选定合适的社区社会工作模式,制订恰当的社区社会工作服务计划做准备。

本项目将从社区问题分析、需求评估、资源评定三个方面来讲解社区分析的内容和方法,并根据社区分析的结果,结合社区探访的相关情况,为下一步选用社区社会工作模式、制订社区社会工作计划奠定基础。

【思维导图】

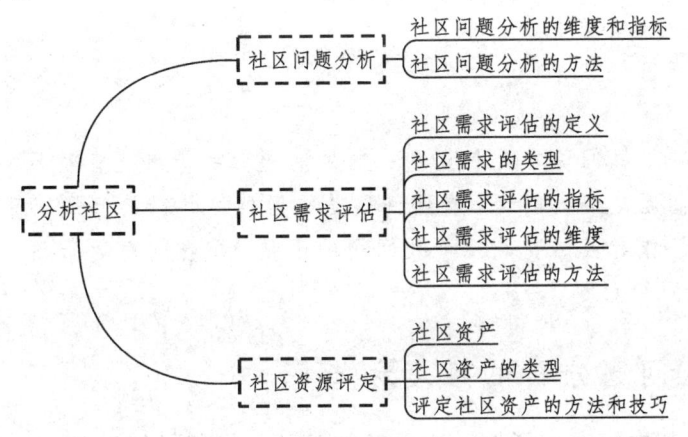

```
                    ┌─ 社区问题分析 ─┬─ 社区问题分析的维度和指标
                    │                └─ 社区问题分析的方法
                    │
                    │                ┌─ 社区需求评估的定义
                    │                ├─ 社区需求的类型
        分析社区 ───┼─ 社区需求评估 ─┼─ 社区需求评估的指标
                    │                ├─ 社区需求评估的维度
                    │                └─ 社区需求评估的方法
                    │
                    │                ┌─ 社区资产
                    └─ 社区资源评定 ─┼─ 社区资产的类型
                                     └─ 评定社区资产的方法和技巧
```

【学习目标】

- 理解社区分析的要素和内容。
- 掌握社区分析的方法和技巧。
- 明确社区分析的目的。

任务一　社区问题分析

【任务卡】

任务情境

某大型公租房小区里很多居民养狗，居民们遛狗时狗狗在小区里随地便溺，引起其他居民不满。同时，小区里高空抛物、随地乱扔垃圾、车辆乱停乱放等现象也随处可见，屡禁不止。社区工作者认为公租房居民行为习惯不好，因此引入了社会工作服务项目，希望通过社会工作者的努力，能够改变社区居民的意识和行为，提升居民素质，最终改善社区环境。

社工进驻该公租房小区后，开展了一系列教育宣传倡导、文明意识提升、文明行为塑造活动，可是效果不理想，居民也不愿意参与这些活动。

请你分析一下，社工的服务为什么没有取得效果，也没有得到居民的认可呢？社工应当怎样改进自己的工作呢？

任务要求

- 理解社区问题分析的四个维度。
- 掌握社区问题分析的方法技巧。

【必备知识】

开展社区分析，我们通常会从识别社区的问题入手。一般情况下，每个社区均存在一些问题，有些问题是个人问题，有些问题是社区群体共同的问题，而有些问题是社会问题。社区社会工作者虽然要关注个人问题的干预、社会问题的干预，但更为主要的是回应社区群体共同的问题。

一、社区问题分析的维度和指标

基于对社区基本情况的了解，社会工作者可以将资料加以整理，对社区的问题进行描述和界定，明确问题的范围、起源和动力，发现问题的关键所在，寻找介入社区问题的合适角度。具体而言，社区社会工作者可以从以下四个维度去认识和分析社区问题。

（一）描述问题

对问题的描述是认识问题的起点，意在弄清问题的表现或者问题的症状。任何社区问题都是客观事实与主观感知共同作用的产物，一方面社区中确实存在某种现象；

另一方面社区成员对这种现象表示了不满或担心,希望改变或消除这种现象。因此,社会工作者在描述问题时,不仅要详细地描述问题的客观情况和表象,还要关注社区成员对现状的感知和察觉,清楚居民对问题的认识和描述,理解居民对问题的体验和感受。

回到上述案例情境中,社会工作者进驻该公租房小区,从社区工作者那里了解到该小区存在宠物便溺、高空抛物、随地乱扔、车辆乱停等现象,那么对于这些现象,社区居民又是怎么看待的呢?他们会怎么描述这些现象?他们的描述和社区工作者的描述有何异同呢?这些现象有没有给社区居民带来影响?导致怎样的感受和压力呢?这些问题,都是社会工作者必须弄清楚的。

(二)界定问题

在弄清社区问题的表现之后,还需要对问题进行界定,以明确问题的性质,为解决问题提供方向。例如,不少城市社区都存在"停车难"的问题,通常表现为没有地方停车、乱停车等状况。但相似的表象背后可能反映的是不同性质的问题:有的社区可能是缺乏停车空间的问题,而有的社区可能是对停车位缺乏有效管理的问题,还有的社区可能是车主的素质问题等。

社会工作者在界定社区问题时,可以通过"六问"来界定问题的性质:

一问这种状况是如何产生的?

二问为什么它是一个问题?

三问谁认为它是一个问题?

四问解决办法有哪些?

五问什么样的办法可能被接受?

六问它背后还存在更大的问题吗?

另外,社会工作者还应意识到,不同立场的社区成员、社会工作者本人以及机构的价值观都会影响对社区问题的界定。例如,在上述任务情境中,对于社区呈现的宠物便溺、随地乱扔、高空抛物、车辆乱停等现象,社会工作者对此归因为居民素质低下,把社区遭遇的问题界定为居民的文化素质低、行为习惯差;而该社区的居民却认为,之所以社区存在这些现象,和社区公共资源短缺、外部监管不到位有关。社工进驻到该公租房小区后,没有对社区问题进行准确的分析和界定,只听取了社区工作者的说法,没有考虑到居民的感受,更缺乏自己独立专业的思考,因而没有取得居民的认可,服务效果也不佳。因此,社区社会工作者切忌仅从自己的观点出发看待社区事务,而应该站在不同的角度,尽量全面地去做分析。

再以上述"停车难"现象为例,在问题的界定中,我们要搞清楚这种现象是如何造成的。是因为停车位缺乏,车位管理不当,居民只图自己方便,还是其他什么原因造成的?它之所以被视作问题,是因为它对该社区及社区居民造成了怎样的影响呢?哪些人认为这是个问题呢？"乱停车"背后，更大的隐患是什么呢？是否存在消防通道堵塞、交通安全风险等情况？有没有解决车辆停放的可行办法？

（三）明确问题的范围

分析社区问题时还需要弄清楚问题的范围，以判断问题的影响范围和严重程度。为此，社会工作者有必要了解以下情况：

受到这一社区问题影响的居民人数有多少？
居民在社区生活的哪些方面受到了该问题怎样的影响？
该问题持续的时间有多久？
问题集中出现在哪些地点和哪些人群身上？
问题涉及哪些价值观冲突？
现状的改变会对居民个体和社区整体带来怎样的得失和影响？

回到任务情境中，社会工作者在明确问题的范围时，就需要考虑高空抛物、宠物便溺、随地乱扔、车辆乱停等现象持续的时间、出现的频率和严重程度，这些现象在哪些区域比较集中？哪些居民更容易做出这些行为？被这些现象困扰的居民有哪些？

（四）问题的起源和动力

社区社会工作者可以从社会结构、历史、政策等层面分析，找出导致社区问题产生、蔓延和加剧的原因，并进而发掘和思考解决这一问题的可能的动力因素。比如：

解决问题需要哪些人或机构介入？
在什么条件下可以改变？
社区居民愿意为解决问题做出多大的贡献或努力？

在此基础上，社会工作者可以初步形成有针对性的问题解决方案。例如，针对任务情境中描述的问题，社会工作者就需要去探究该小区高空抛物、宠物便溺、随地乱扔、车辆乱停等现象最早出现的时间，出现的原因，大家是怎么看待、对待这个现象的？有没有采取过解决措施？采取了什么措施？效果怎么样？这些现象为什么会延续到现在？要解决这些问题，涉及哪些部门和人员？社区居民愿意为问题的解决付出多大的努力？

二、社区问题分析的方法

（一）"5W1H"分析法

"5W1H"分析法又称六何分析法，是一种分析和思考问题的方法。"5W1H"是六个英文单词的首字母缩写，即 What（是什么）、Who（什么人）、When（什么时间）、

Where（什么地点）、Why（为什么）、How（怎么样）。当社会工作者运用"5W1H"分析法去认识分析社区问题时，可以进行如下提问和思考：

1. What

问题是什么？它有哪些具体的表现？它的影响范围和严重程度怎样？是向好的方向还是向坏的方向发展的？

2. Who

和问题相关的人都有哪些？哪些是制造问题的人？哪些是推动问题发展的人？哪些是受问题影响的人？问题的解决涉及哪些人？哪些人对问题的解决负有责任？

3. When

问题是什么时候发生的？持续了多长时间？问题是什么时候加剧的？问题发展变化的速度如何？

4. Where

问题是在哪里发生的？发生的环境要素是什么？

5. Why

问题出现的原因是什么？导致问题发展的原因是什么？

6. How

怎么做才能解决问题？

（二）鱼骨图

鱼骨图由日本管理大师石川馨先生所发明，又名石川图。因其形似"鱼骨"，是一种寻找事件原因的思考方法，因此也称为"因果图"。鱼骨图的特点是简洁实用，深入直观，在分析问题时能使追根究底的思维过程清晰化。鱼骨图有原因型、对策型、整理问题型三种，在分析现象成因、提出解决对策和梳理知识结构方面有着独特的效果。我们在这里只介绍原因型鱼骨图。

原因型鱼骨图主要用于对原因的深入探究，用来分析复杂事物和解释多个原因之间的关系。原因型鱼骨图可以帮助使用者在明确问题后，系统有序地思考出现问题的原因，找出原因之间的关联性，从而找出主要原因和次要原因。在原因型鱼骨图中，鱼头在右，鱼尾在左，鱼头代表问题，鱼骨代表产生问题的主要原因，如图3-1所示。

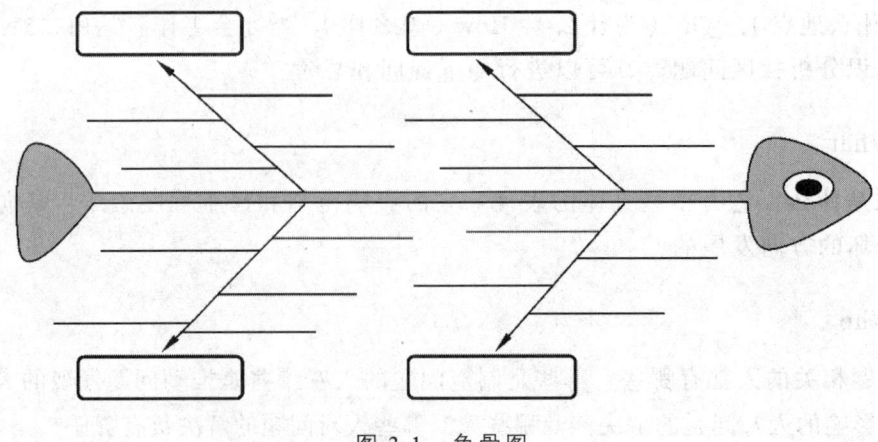

图 3-1　鱼骨图

制作原因型鱼骨图一般分为如下两个步骤：

第一步：分析问题产生的原因。

（1）针对问题点，确定大要因。在此环节，可以从"人、事、时、地、物"这几个方面来进行讨论，"人"指的是我们所面临的事物、问题或对象，不仅仅是自然人；"事"指发生了什么事，包括事件的性质、规模、程度等；"时"指时间因素，包括时间起始的跨度，也就是持续了多久；"地"是指氛围、场景、地域等相关因素；"物"指的是资源、人脉、人际关系。通常，大要因用中性词来描述，不表达好坏。

（2）进行头脑风暴，分别从"人、事、时、地、物"各方面找出所有可能导致问题出现的要素。

（3）将找出的各要素进行归类、整理，明确中要因、小要因。中要因跟特性值、小要因跟中要因间有直接的原因—问题关系，小要因应分析至可以直接下对策。如果某种原因可同时归属于两种或两种以上因素，以关联性最强者为准。

（4）分析选取重要因素。

（5）检查各要素的描述方法，确保语法简明、意思明确。通常，中、小要因须使用价值判断（如不良）。

第二步：绘制鱼骨图。

（1）查找确定要解决的问题。

（2）画出鱼头、主骨和鱼尾。鱼头在右，鱼尾在左。

（3）把问题写在鱼头上，按为什么不好的方式进行描述。

（4）与主骨呈 60 度角，画出五条大骨，填写大要因。这五条大骨就是分析问题的六个方面，"人、事、时、地、物"。

（5）画出中骨、小骨，填写中小要因。中骨与主骨平行。

（6）用特殊符号标识重要因素。

制作好的鱼骨图如图 3-2 所示。

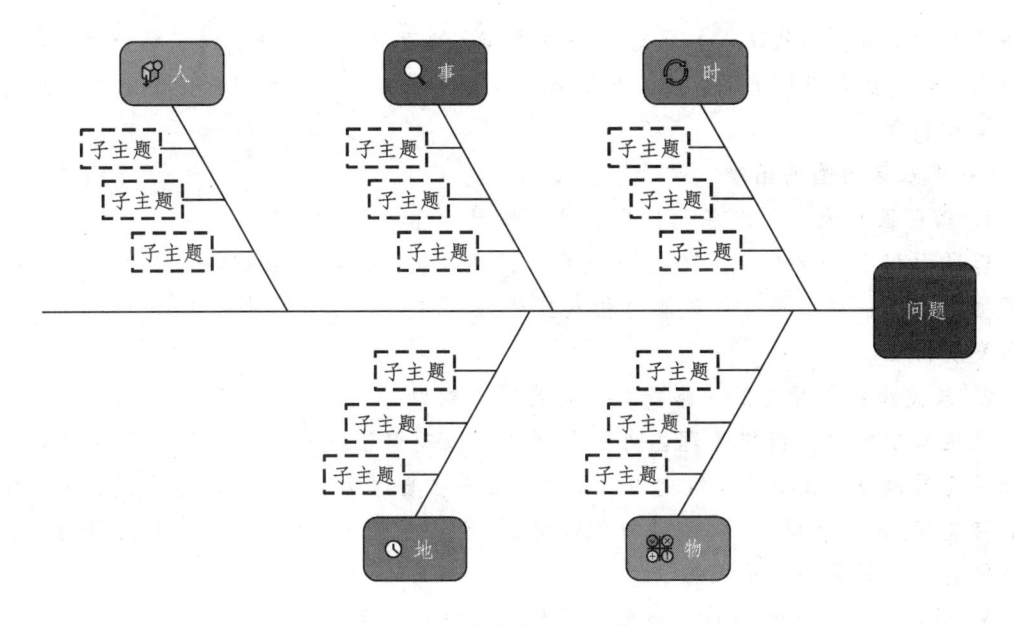

图 3-2 制作好的鱼骨图

【典型案例】

案例资料

新军街社区地处城乡接合部，紧邻新都货运火车站，曾经各类货运部随处可见，货运车辆昼夜不息；化工、水泥厂等标志性企业也坐落在该社区。随着城市化进程推进，产业转型升级，企业或是搬迁，或是破产改制，年轻人也随之外迁或搬离，各类单位家属区也逐渐成为老年人居住和外来人员租住型小区。

随着近年来城市化发展，新军街社区也由曾经的繁华转向老旧破败，"晴天一身灰，雨天一身泥"这句话成了社区相当长一段时间的真实写照。

2014年，为了有效解决社区环境问题，新军街社区"两委"引进成都市新都区××公益服务中心（以下简称中心），以居民最为关心的社区环境问题为切入点，开始开展与社区环境相关的志愿服务项目，由此拉开了新军街社区探索社区发展治理的序幕。

经过前三年志愿服务微项目实施，中心对新军街社区及社区居民有了一定的了解。2016年，成都市城乡社区可持续总体营造行动实施，中心联合社区成功申报"聚益新军"社区营造项目，该项目于2016年10月正式入驻社区。

操作流程与步骤

中心从不定期的志愿服务到长期驻扎社区开展志愿服务，一切都需要重新开始。新军街社区对于我们来说一切都还是陌生的，社区及居民对我们也是陌生的，怎么融入社区居民的生活中，在生活中找到社区及居民的实际需求，是我们首先要做的工作。

"你们一天都走不完社区。"这是社区主任对社工说的第一句话。由此开始了为期3

个多月的社区调查,从深入社区进行深度访谈,倾听居民的心声,到了解社区"两委"的需求,绘制社区资源地图,社工收集到了最基层的声音,对整个社区的基本信息进行了收集和整理。

(一)社区面临的困难

1. 辖区面积大、诉求多元,影响社区发展治理整体水平

辖区面积2平方千米,50个居民院落,难以统一议事、形成共识。各小区产权物业管理形式不一样,居民自治能力和人员结构不均。"一刀切"的工作方法已经不适应社区发展需要。

2. 居民组织化程度低,影响社区自我服务能力

社区原有的单位组织管理能力不断弱化,以政府治理为主导。社会协同多元参与的社区发展治理模式尚未成长起来,居民自组织、自服务、自管理、自发展、自监督能力有待提高。比如木材公司、粮站单位院落、过去物业管理、门卫人员都是由单位负责,如今需要院落居民个人承担等

3. 居民参与社区自治意识薄弱,难以发挥社区居民的主体作用

社区外来人口增加、院落邻里之间关系疏远,加之诉求多元,意见难统一、居民内部缺乏自治意识也无能力自治,发挥居民的主体作用更无从谈起。

4. 治理主体单一,无法有效形成多元主体协力治理的格局

社区"两委"仍然是社区治理的主要参与者、实施者,引进枢纽型社会组织、动员辖区企事业单位、居民参与社区治理事务尚未形成。

(二)社区居民的诉求

(1)院落老旧,基础设施破旧,希望可以完成老旧院落改造,增添基础的娱乐设施,打造公共活动空间,提升居住环境。

(2)外来人员多,结构复杂,社区治安需要更加关注。

(3)邻里互动活动不足。在走访调查中发现,居民希望节假日社区可以多开展文娱类活动,组织安全知识、老年人健康方面的讲座培训。

(三)社会组织面临的挑战

(1)初入社区,如何与社区"两委"、社区居民建立良好的互动关系,是我们的首要工作。

(2)通过什么样的方法,让更多的社区居民更容易认识我们,了解我们,认可我们,是我们必须要思考的。

(3)在众多的社区居民中发掘骨干成员,并协助其成立队伍,培养其成为社区营造的核心,也需要统筹规划。

案例来源:彭仕科、赵红艳:《"种子小组"走出一条单位破产改制院落治理路——成都市新都区新军街社区(原)》,出自《社区故事社区写——成都社区营造案例集》,社会科学文献出版社,2020年版。

任务二　社区需求评估

【任务卡】

任务情境

假设有10个人，他们面临的共同问题是饥饿，针对这个问题，社会工作者可以做些什么呢？是否需要想办法帮他们填饱肚子，并提升他们的相关能力以避免再次挨饿呢？其实不然！

首先，虽然这10个人面临的都是同样的问题，但这个问题发生在10个不同的人身上，他们的感受是不一样的。比如，有些人有胃病、低血糖或其他身体疾病，很不耐饿，肚子饿了给他们带来了如胃痛、头晕、全身无力等诸多身体症状，严重者甚至会晕倒；而另一些比较耐饿的人，虽然也会觉得肚子饿得不太舒服，但不会有太多身体上的不适。

其次，同样是饿肚子的问题，这10个人饿肚子的原因可能也不一样。比如：有人最近陷入了经济危机，没钱吃饭；有人这几天正遭受病痛的折磨，什么都吃不下；有人近日正在进行严格的饮食控制以期减轻体重；还有人可能是因为老伴去世，而自己又不会做饭。

那么这个问题怎么解决呢？有些人希望立即吃东西缓解饥饿，有些人则打算继续忍饥挨饿。当然，想要缓解饥饿的人期望采用的填饱肚子的方式可能也是不尽相同的。由此可见，人的需求是相当复杂的，只有对其进行科学的调查、分析，即对之进行评估，才能确定服务的任务和方向。

任务要求

- 识记社区需求评估的定义。
- 了解社区需求的类型。
- 分析社区需求评估的指标和维度。
- 掌握社区需求评估的方法和技巧。

【必备知识】

社区需求评估是社会工作者或社会服务机构对潜在的或实际的服务对象的需求进行的评判。对于社会工作者和社会服务机构来说，了解服务对象的需求是必需的，因为这是有效开展社会服务的前提，是社会工作和社会福利的出发点，也是其方案开发、计划执行和总结评估的基础。通过需求评估，可以了解人们所遇困难的性质和程度，进而可以确定社会工作者及社会服务机构是否应该和可以提供这些服务，使那些有需求者成为实际的服务对象。

一、社区需求评估的定义

在社会工作实务中,评估占有重要的地位。在英文中,assessment 和 evaluation 都有评估的含义,不过,前者基本上指事前评判,一般称为预估;后者指事后评估。而在中文中,"评估"一词包含上述两种含义,是指对某一现象进行测度和评价的过程。

需求评估在英文中称为"needs assessment"。其中,"needs"意指需求,"assessment"具有知晓、了解、评价、个别化和断定的含义,是运用于所有专业学科中的分析和判断的过程[1]。有关需求评估的概念较多,我们通过搜集、整理不同学者对社区需求评估的界定,作出如下定义:社区需求评估是指在社区社会工作服务开始前,采取科学的社区调查方法进行资料收集,以确定社区和居民遭遇的问题、测量他们的需求、评定他们拥有的资源以及面临的阻碍,从而形成下一步工作计划的过程。

二、社区需求的类型

(一)规范性需求

规范性需求是由社会福利服务的专业人员、专家学者或社会行政管理人员依据专业知识和现存规则制定的特定环境下需求内容的标准。例如,重庆市人民政府办公厅颁布的《重庆市社区居家养老服务全覆盖实施方案》规定:"街道养老服务中心建筑面积原则上不低于1 500平方米,应设置生活照料、托养护理、医疗康复、休闲娱乐、文化教育、人文关怀和运营管理等功能区域,其中托养护理区一般应设置20张以上养老服务床位。"当某街道的养老服务设施与功能区域不符合规定时,就存在规范性需求。

(二)感受性需求

当个人被问到对某种服务是否有需求时,其反应就是感受性需求,这种需求可以通过调查手段获取,是个人主观的感受。在社区中,当大部分社区居民感觉到某些需要和期望未能得到满足时,把它们说出来,那便是社区居民的感受性需求。感受性需求反映了社区居民接受服务的意愿,因此,在规划和设计服务时要充分考虑社区居民的感受性需求,以提高服务的针对性和使用率。

(三)表达性需求

表达性需求可以来自个人和团体,是感受性需求在行动中的体现和发展。例如,失

---

[1] 顾东辉:《社会工作评估》,高等教育出版社,2019年版,第8页。

业者积极求职，就业就成为其表达性需求；医院候诊室人满为患，扩大候诊室的面积就成为医院的表达性需求。表达性需求主要反映了社会服务数量上的需求，但不一定表示对服务质量的不满意。

（四）比较性需求

顾名思义，比较性需求是根据某种特征，与其他个人或社区相比较而产生的需求。例如，一些社区居民获得了服务，但另一些处境相似的社区居民没有得到同样的服务，后者知道了这些情况后便会产生新的需求。比较性需求可以由社区居民提出，也可以由专家提出。

综上所述，规范性需求源于强势人士（专家学者、行政人员）的界定，感受性需求来自需求对象对他人情况的回应，表达性需求源于需求主体自身，比较性需求基本上是整合服务标准与他人资源的结果。

如果强调规范性需求，以"实务人员界定的需求"为主，直接邀请社区工作方面的专家，依靠专家的专业知识与经验，对社区存在或可能发生的问题进行专业诊断，结合专业分析指出社区目前的需求，进而提出专家式的社区问题预防或解决方案，最后通过社区问题预防与解决方案的执行来满足社区整体需求，虽然这样可能在短时间内发现社区问题，使一些重大的社区问题能在第一时间得到解决或及早采取预防措施，但依靠专家诊断容易引起居民的依赖与被动心理，社区居民的社区需求难以充分表达，不利于社区深层次问题的解决，并且容易造成对社区的负面认知，忽视现有社区资源与社区居民能力，导致社区居民产生缺乏感与无力感。

而如果偏重感受性需求，较多地采用"社会成员界定的需求"，并且注重发掘社区资产，即社区中的个人、组织与机构所拥有的天赋、技巧和能力等，充分找出并利用社区内部的能够激发社区发展活力与动力的各种资源，引导、动员社区居民，通过提高社区的内在能力来提升社区生活质量，这样更能促进社区的可持续发展。

由此可见，社区需求界定者的身份对社区需求评估有重要影响，而采取怎样的策略去回应需求更直接影响社区的发展。因此，社区需求评估应该依托不同界定主体的视角，发现各自的需求评估结果。依托社会工作智慧对这些结果进行整合，是社会工作顺利开展的重要基础。而社区需求评估的重要结果是充分依靠社区的内部力量，制订有利于社区问题解决和可持续发展的服务计划。

三、社区需求评估的指标

社区需求评估就是面向社区所开展的社区调查和社区分析。由于服务对象是"社会人"，多元的身份、多维度的需求、在"人在情境中"的视角下进行评估、需求的复杂性和变动性、人的行为与环境的互动都要考虑进去[①]。因此，当社会工作者进入社区开展工作时，不仅要对社区居民的需求进行评估，还要对服务场域即社区的需求进行评估，具体评估指标如下。

（一）社区

首先，我们可以从以下方面收集社区的相关资料。

- 社区的类型或性质。
- 该地区的历史。
- 社区的地理位置及其周围的生态环境。
- 社区交通状况。
- 社区基础设施：供水、供电、社区卫生、排水系统、垃圾回收和处理、路灯照明、邮政通信、娱乐场地和设施等。
- 社会服务提供：
* 教育服务：有多少学校和幼儿园？如何分布？能否满足社区居民的入学需求？
* 健康服务：有多少医院和诊所？提供哪些服务？能否满足社区居民的就医需求？
* 社会福利服务：有哪些社会福利或服务机构？能否满足社区居民的需求？
* 志愿服务：有哪些民间组织和志愿服务活动？能否满足社区居民的需求？
* 经济和商业活动：有什么形式的商业服务和活动？能否满足社区居民的需求？

（二）社区居民

社区的需求归根结底体现在社区里的人即社区居民身上，因此，我们要详细地了解社区居民的人口构成情况，并从生理、心理和社会等方面进行宏观的评估。

- 基本资料：
* 人口构成：人口数量、性别比例、年龄结构、民族背景、受教育程度比例。
* 居住状况。
* 职业分布和经济状况。
* 身心健康。
- 价值观和传统。
- 非正式组织。
- 看法和评价：
* 对社区的优点、缺点的看法和评价。
* 社区居民对社区现有服务的看法和评价。

[①] 朱静君：《社会工作服务需求评估与解析》，广州市社会工作协会，2014年版。

（三）社区问题

社区问题是需求评估的重要内容，可以从以下指标进行评估。

- 社区内共性问题。
* 社区有什么问题存在？
* 居民对这些问题的看法是什么？
* 社区内部是否有严重的冲突？
* 社区内部与外部是否有严重的冲突？
* 如果社区存在问题和冲突，当前是如何处置的？
- 社区群体性问题。
* 包括社区中的老年人、青少年、妇女、残疾人、失业者和低收入者等群体，该群体的共同属性是什么？
* 人口的分布和人口的数量如何？
* 群体存在的问题是什么？
* 政府是否有相关政策扶持，内容如何？
* 民间和社区组织是否提供服务，内容如何？

（四）服务场域的硬件资源和使用情况

对服务场域的硬件资源的了解可以从以下方面开展。

- 服务场地以及使用情况。
- 服务场地能否满足服务需求。
- 用于服务的设施设备以及使用情况。
- 设施设备能否满足服务需求。

（五）服务对象的需求

我们不仅要评估服务对象的问题，更要了解服务对象解决问题的需求。

- 谁有需求？
- 需求是什么？
- 需要什么样的服务？
- 所需服务的规模有多大？
- 在什么时候需要？
- 为了将服务提供给服务对象，应该安排怎样的传输渠道？

四、社区需求评估的维度

需求评估是对评估对象的问题和需求展开的评估,评估者可以从以下六大维度对评估指标进行测量和分析。

(1)问题。评估对象面临的问题是什么?

(2)压力。问题带给评估对象的压力有哪些?具体而言,评估对象在生理、心理、行为等方面有哪些表现?

(3)期望。评估对象对问题的解决有何期望?

(4)能力。评估对象自身拥有哪些解决问题的能力?社会工作者团队和督导有哪些能力?

(5)资源。对于问题的解决有哪些外部资源可供利用?

(6)阻碍。影响问题解决的因素有哪些?

对此,我们可以运用资源评定表(也称助力阻力分析表)对服务对象进行本身优势(内在能力)与劣势(内在阻碍)的评估,以及外在环境优势(外在资源)与劣势(外在阻力)的评估。针对老年人个体层面的资源评定框架如图3-3所示,提供给大家以做参考。

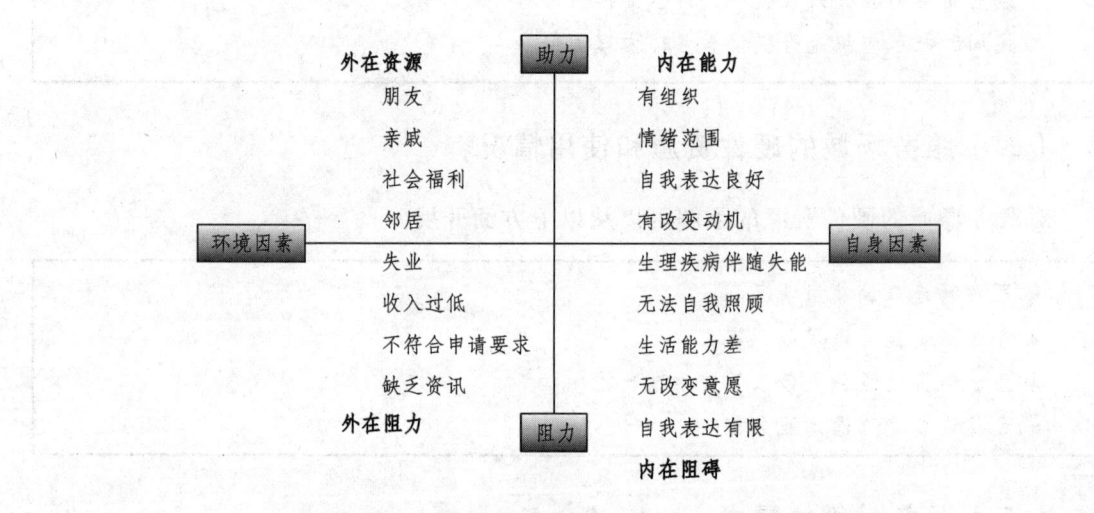

外在资源	助力	内在能力
朋友		有组织
亲戚		情绪范围
社会福利		自我表达良好
邻居		有改变动机
环境因素 ———————————————— 自身因素
失业		生理疾病伴随失能
收入过低		无法自我照顾
不符合申请要求		生活能力差
缺乏资讯		无改变意愿
外在阻力	阻力	自我表达有限
		内在阻碍

图3-3 针对老年人个体层面的资源评定框架[①]

举例来说,当我们对某位老人进行需求评估时,倘若根据个人生理、心理方面的评估指标,发现他因为疾病而导致失能,无法照顾自己、无法正常参与社会活动,进而在心理上产生了极强的挫败感、无用感和孤独感。那么,围绕上述六个维度,我们在对这位老人的其他指标进行评估时,就要充分考虑:

(1)问题:老人面临的生理、心理、社会方面的问题是什么?问题是怎么产生的?

(2)压力:老人如何看待这些问题?这些问题给他带来了怎样的影响和感受?

[①] 陈明珍:《老人社会工作》,华杏出版股份有限公司,2012年版。

（3）期望：老人希望这些问题怎样被解决？

（4）能力：老人曾经为解决这些问题做过哪些努力？效果怎么样？老人自身具备哪些解决这些问题的能力？

（5）资源：从老人的环境系统来看，有哪些可供利用的资源？

（6）阻碍：从老人自身及其外部环境来看，有哪些不利于问题解决的因素？

同时，绘制资源评定表，以此作为下一步制订服务计划的依据。

需要提醒的是，在实务工作中社会工作者可以根据以上指标和维度对服务对象的需求进行全面的评估，也可以根据项目的特点针对服务对象的某些特定需求进行评估。换句话说，假设社会工作者初次进入某社区开展工作，对该社区和居民的情况不太了解，因此可以通过开展全面的需求评估建立对服务对象的认识；如果社会工作者在社区要针对残障人士开设社区工作，那么就应当对残障人士所面临的各种问题和需求，以及影响这些问题解决和需求满足的内外部资源进行评估；如果社区要开展健康促进方面的服务计划，则需要对社区居民面临的身心健康问题和需求以及社区相应的资源和阻碍进行充分的评估。总之，社区需求评估可以是全面性的，也可以是针对性的。

五、社区需求评估的方法

社区需求评估就是一个不断收集资料，并对资料进行分析判断，从而评估社区的问题和需求的过程。社区需求评估主要体现在资料收集上，因此，社区需求评估可以采用社会调查研究中资料收集的方法。

（一）参与观察法

参与观察法是指观察者参与被观察者的工作、学习和生活，与被观察者建立比较密切的关系，在相互接触与直接体验中倾听和观察被观察者的言行。具体而言，就是评估者将自己融入所要观察的服务对象的生活中，在与他们的密切接触中通过观察描述、样本记录，获取各种有价值的资料。

一般而言，采用参与观察法开展社区需求评估时，评估者可以通过观察服务对象的身心状况、生活环境、与他人的沟通交往、对资源的利用等，以及社区的商店、游乐场所、医院的人流量和人员分布等，以此来分析服务对象可能面临的困境和需求。

（二）问卷调查法

问卷调查法就是采用自填式问卷或结构式访问的方法，系统、直接地从一个取自某种社会群体的样本里搜集资料，并通过对资料的统计分析来认识社会现象及其规律的社会研究方式。问卷则是调查研究中用来搜集资料的重要工具，它在形式上是一份精心设计的问题表格，用途是用来测量人们的行为、态度和状态特征。

我们通常会通过问卷调查来搜集社区居民的基本信息，分析他们的现状和问题，识别他们面临的困境和拥有的资源，了解他们对社区服务的看法和评价，弄清他们的服务意愿和服务需求。

（三）深度访谈法

参与观察法通常只能观察到服务对象和服务的外在信息，而对服务提供者和服务对象的内在动机、态度、认知等无从得知。因此，我们还可以通过深度访谈法进一步获取相关资料。作为一种定性研究方法，深度访谈法主要是指半结构的、一对一的直接访问方式。在访问过程中，访问者和受访者围绕访谈提纲，可以就相关问题、现象，从事件起因、行为动机、行为人和社会环境等方面进行深入交流和讨论，能充分发挥双方互动的灵活性。

通常，我们可以采用深度访谈法，了解服务对象的感受性需求，即他们感受或意识到的，能够用言语表达出来的需求。

（四）焦点小组法

焦点小组法也叫小组访谈法，是评估者同时对一组人进行访谈的方法，通过组员之间的互动对研究问题进行探讨。焦点小组访谈的问题通常集中在一个焦点上，评估者组织组员就焦点问题进行讨论。参与访谈的人员一般控制在10人左右，这些受访者一般是与研究内容有某种特定联系的目标群体或利益相关群体，访谈时间通常维持在1~1.5个小时。这种方法能够在较短的时间内收集到较多的信息，节省时间与人力。

比如，评估者了解到社区居民对社区里麻将馆的噪声颇有意见，针对这个现象，可以组织焦点小组，让社区居民发表对这一事情的看法，讨论希望如何解决、怎样解决噪声扰民的问题。

（五）文献查阅法

一般来说，我们可以通过查阅以下四个方面的资料来丰富对社区的认识：

（1）人口普查数据。社会工作者可以运用人口普查数据，获取有关社区居民的基本资料。这些资料包括社区居民的年龄、性别、籍贯、房屋关系和条件、就业状况、收入状况等。这类信息最好能从相关政府部门或社区居委会获取。

（2）地方志及政府相关资料。从地方志、地图、资料手册、政府资料中获得对社区的了解。

（3）机构的记录。机构的记录既包括社区的原始记录资料，即社区领导的工作记录、讲话、工作计划和总结等，也包括社会工作者所在机构的相关记录。

（4）媒体报道、个人或团体资料。媒体报道、个案访谈和团体座谈记录等，都是我们进行资料收集时通常会用到的方法。

【典型案例】

案例资料

一个社区社会工作者受雇在某地推行社区发展计划。在工作的最初阶段,这位社区社会工作者拜访了社区里的各种地方团体的骨干,也拜访了政府部门和志愿机构,以便了解这一地区的领导和组织网络,并为他将要开始的工作进行铺垫。除了进行社区探访外,他也通过在这一地区的几个星期的观察和在街道上与居民的交谈,确立了他在邻里中间的存在。通过这些活动,社区社会工作者的工作便更容易得到当地居民和机构的广泛认可;同时,社区社会工作者也能够获得对社区的初步印象,包括社区的环境、人口和问题。

作为第一印象,社区社会工作者认为该社区是一个环境恶劣和福利被严重剥夺的城中村社区。社区里缺水少电,卫生设施十分匮乏,而且房屋破烂、人口过分拥挤,生活环境十分恶劣,并存在着火灾的危险和老鼠、跳蚤的烦扰。但社区居民似乎并不关心房屋的状况,也不肯花钱去维修。社区居民都是忙于生计的低收入者,许多孩子被留在家中无人照顾,也没有为老年人专门开设的活动。

操作流程与步骤

通过需求评估,社区社会工作者选择首先处理社区中娱乐设施不足的问题,在"为孩子们改善游乐设施"的目标下,社区社会工作者制订了工作计划,如图3-4所示。

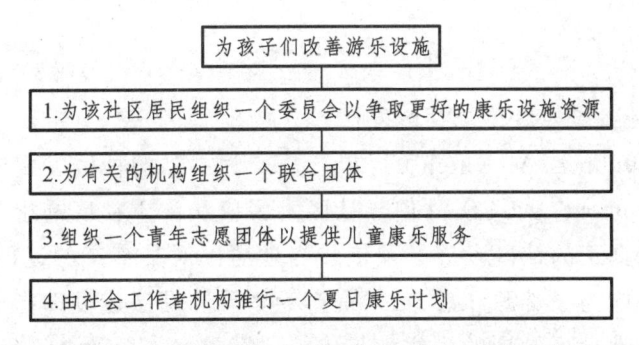

```
为孩子们改善游乐设施
1. 为该社区居民组织一个委员会以争取更好的康乐设施资源
2. 为有关的机构组织一个联合团体
3. 组织一个青年志愿团体以提供儿童康乐服务
4. 由社会工作者机构推行一个夏日康乐计划
```

图 3-4 为孩子们改善游乐设施的工作计划

任务三 社区资源评定

【任务卡】

任务情境

小王在桃村从事社区社会工作服务。桃村位于 S 区 X 镇东部,总面积两千平方千米,下辖 3 个村民小组,常住人口 8 164 人,其中户籍人口 2 164 人,外来人口 6 000 多人。桃村拥有 850 多亩的工业区,辖区内企业 150 多间,主要以经营彩印、纸类包装、五金电器、装饰材料等行业为主；农业以禽畜养殖和花木种植为主。桃村交通方便，是一个适合生活并发展商业、工业的地方。桃村拥有悠久的历史，环境优美，人丁兴旺，民风淳朴。但是近年来，随着工业化的发展，河流污染、传统文化凋敝、村民社区归属感和认同感缺乏等问题困扰着桃村的发展。

针对桃村的特点和其面临的困扰，社工小王可以做些什么？怎么做呢？

上述资料改编自：廖文伟、李梦迪、王苗苗：《从社区需要地图到社区资产地图：资产为本的城中村社区建设》，《社会工作》2018年第3期。

任务要求

- 认识到社区资源评定的重要性。
- 理解社区资产为本的理念和社区资产的类型。
- 掌握评定社区资产的方法和技巧

【必备知识】

社会工作强调服务对象自身的潜能激发，强调对资源的整合运用。因此，社区社会工作者在开展社区分析时，不光要明确社区的问题，了解社区的需求，还要仔细评估有助于问题解决和需求满足的相关因素，如社区自身的优势和能力、环境层面可以调动和利用的资源等，这个过程就是资源评定。

一、社区资产

20世纪90年代，作为对传统社区发展模式的反思，约翰·克雷茨曼（John Kretzmann）和约翰·麦克尼（John L. McKnigh）提出"资产为本"的社区发展模式（Asset-Based Community Development，ABCD），倡导社区发展应从注重社区需求与问题转向注重其能力与优势，认为真正的社区发展必须依赖当地居民对其资产的运用。"社区资产"强调社区内在具有的能力、资源和潜力，"资产为本"的社区建设即指试图通过整合和利用这些内在优势推动社区发展的模式。与传统"需求为本"的社区发展模式相比，"资产为本"的社区发展模式更加着眼于社区已有的资源，尝试从个人、组织和机制等方面激发、培养、塑造社区成员合作解决社区公共事务的能力。

二、社区资产的类型

"资产为本"的社区发展模式，将社区拥有的优势资源，即"社区资产"界定为个人资产（Individuals）、社区组织资产（Associations）、社区团体和部门资产（Local Institutions）、自然和物质资产（Natural Resources and Physical Assets）四种类型[①]。

---

① 文军、黄锐：《论资产为本的社区发展模式及其对中国的启示》，《湖南师范大学社会科学学报》2008年第6期。

（一）个人资产

个人资产包括社区内居民的天赋、才能、知识、技能、资源、价值观及投入感等。在社区层面，个人资产是社区组织资产、社区团体及部门资产的基础，提高个人资产，必须使社区居民成为社区发展中的参与主体。

（二）社区组织资产

社区组织资产包括社区内的不同宗教、文化、娱乐、社交、公民组织或小组等。在社区层面，社区组织既是社区资产的一种表现形式，又是社区资产的形成机制。首先，社区组织活动是社区资产存在的重要载体；其次，社区组织是培育社区资产的土壤。社区组织的成员可以逐步学会妥协和宽容，培养组织和交流技巧，从而最终提高人们参与社区事务的积极性和能力，培养成员的公民意识和民主精神；再次，社区民间组织活动可以提高社区社会资本的存量，通过信息交流，建立互惠规范、培育相互信任，有助于推动自发合作。

（三）社区团体及部门资产

社区团体及部门资产是社区居民参与社区事务的重要途径，是社区资产"流通"的有效渠道，包括地区政府部门、非政府机构等。随着单位制的解体，社区人际关系冷漠，关系网络匮乏；尤其是新移民进入城市以后，既缺乏老城市传统的邻里关系，又有不同地域的隔阂，加上人员流动性大，邻里之间缺乏沟通，邻里关系日益淡化。交流不畅又使得社区居民间、居民和社区组织间缺乏信任，缺乏社区归属和认同感。社区团体及部门的介入就会使社区居民增强其社区共同感和归属感，强化彼此间的联系纽带。

（四）自然资源及物质资产

自然资源及物质资产可称为社区资产中的"硬件"，是指包括社区设施，例如公园、图书馆及自然环境等必要的物质设备及其组织与管理的形式。在较短的时间内，通过基层政府和社区成员的自觉努力，自然资源及物质资产可以实现提升和发展。

三、评定社区资产的方法和技巧

（一）欣赏性访谈[①]

欣赏性访谈是在传统访谈的基础上，在对社区居民访谈时采用优势视角，将访谈

---

① 邵志强：《优势视角下的社区分析》，《社会工作》2012年第8期。

焦点放在社区过去的成功经验方面。在对社区居民进行正式或非正式访谈时，应采取互动的形式，与社区居民面对面交流的社区社会工作者应该清醒地意识到，访谈的目的是：一方面，深入地了解社区；另一方面，发现社区的优势所在。因此，在访谈过程中，除了认真倾听和完整地记录外，社区社会工作者要进行换位思考，从社区居民的角度来理解社区生活的意义、了解社区的价值观态度和传统。为了发现社区的优势所在，社区社会工作者应该积极地运用正向提问技巧，探寻社区历史上的重大事件和优秀事迹，聚焦社区在解决以前一些重大事件方面的成功经验，询问社区居民对社区的贡献，邀请社区居民畅谈自己对解决社区问题的看法及对社区未来的规划和美好设想。在访谈将要结束时，社区社会工作者将社区居民的这些正面讲述做简要回顾，再次加深社区居民的这些正面记忆，鼓励社区居民建立改变社区的自信心。在优势视角下，社区居民对社区改变的美好期望及信心是社区建设的重要动力。

（二）社区资产图[1]

社区资产图借鉴于生态系统理论中的家庭生态图。在优势视角下的社区分析中，社区资产图要比传统生态图的内容更加丰富多样。一幅完整的社区资产图应包含四个方面的内容：一是社区中现有的各种物质资源，包括人口、动植物、土地、房屋、公共设施等；二是社区中的正式机构，包括国家相关的政府部门、民间志愿组织和私有机构等；三是社区中的非正式社会关系网络，包括家庭、家族、亲戚、邻里、朋友等人际关系网络；四是社区居民个人能力，包括个人的天赋条件、经验、知识与技能等。

社区资产图不仅可以让社区社会工作者了解和掌握社区拥有的资源，而且可以让社区居民重新认识到资源的丰富性，帮助他们建立解决社区问题、改变社区的信心。在绘制社区资产图时，社区社会工作者应该尽可能多地邀请不同年龄结构和性别结构的社区居民参与进来，与全体社区居民共同完成，这样才能得到一幅内容全面和丰富的社区资产图。社区社会工作者应该意识到，社区资产图的绘制是一项调动社区居民参与社区建设积极性和培养社区归属感的活动。

【典型案例】

案例资料

自2014年被列为国家新型城镇化综合试点城市起，广州市率先开展了一系列促进来穗务工人员社会融合的政策创新实践，其中S社区为首个融合建设试点社区。S社区地处广州市外来务工人员数量最多的市辖区，自2000年以来聚居了大量到广州从事印刷、酒店、超市经营等行业的湖北籍务工人员。在2006年最高峰时，S社区的湖北籍

---

[1] 邵志强：《优势视角下的社区分析》，《社会工作》2012年第8期。

来穗务工人员达到1.3万人，占S社区流动人口的一半以上。此后，虽然湖北籍来穗人员数量有所下降，但仍维持在较大规模，S社区也逐渐发展成为一个以湖北籍务工人员为主的典型城中村社区。

S社区融合发展面临严峻挑战。一方面，由于户籍制度改革尚处酝酿阶段，制约外来务工人员社区融合、城市融入的根本性制度约束以及来穗务工人员医疗、养老、住房、子女教育等公共服务需求得不到满足的问题将长期存在，S社区融合发展难以从来穗务工人员"需求端"入手。另一方面，在S社区内部，由于常住外来务工人员数量数倍地多于本地居民，外来务工人员群体内卷化严重，反倒是本地人感受到来自外来人的"排斥"。

操作流程与步骤

面对社区融合发展挑战，S社区创新治理理念，从着眼社区不足和问题的"需求为本"的传统社区发展理念转型为依托社区内部优势资源的"资产为本"社区治理模式，通过整合和动员社区内部优势资源，构建本地居民与外来务工人员融合发展的社区治理新图景。

1. 着眼社区物质资本，通过创造和提升社区经济机会，形成社区融合发展内生动力

S地处广州市区较为核心的地段，交通便利、基础设施优良，专业批发市场密集，物质资产雄厚，工商企业有5 584家，个体户1.1万户，皮具、化妆品专业市场49个，另外有大型商场，如万达广场、凯德广场等高端商业体和专业市场。物质资产是推动S社区融合发展的重要内驱动力。对本地居民来说，参与社区融合发展的核心动力在于维系和优化房屋租赁关系，而外来务工人员则更多地将融合社区建设视为提升个人经济能力的重要契机。

一方面，本地人借"融合"换取长期房租收益。由于S社区靠近广州火车站，因而从20世纪80年代初开始就有不少外地人租住在这里，20世纪80年代末、90年代初更是涌入大量外来务工人员。越来越多的外来人口给本地人带来了不菲的房租收入。时至今日，S社区本地人和外来人之间在住房上的租赁关系亦是激发本地人主动参与融合社区建设的核心动力。另一方面，外地人借"融合"提升经营技能、增加收入。

2. 注重社区政治资本，积极发挥基层党组织和党员先锋模范作用，营造融合社区共同体

S社区拥有一支优秀的以湖北籍务工人员为基础的流动人口党支部。该支部最早以湖北籍从事印刷行业的务工人员为主，因此以下简称"印刷工党支部"。印刷工党支部是湖北省著名品牌，2009年作为流动人口治理的重要抓手输出到S社区。印刷工党支部成立后，逐渐带动湖北老乡成为社区治理新主体。他们积极参与社区公共事务，协助街道宣传计划生育、解决劳资纠纷、动员志愿活动、参与"干净、整洁、平安、有序"

综合治理，成为小有名气的先进集体，支部书记也获得多项荣誉称号。

3. 利用社区组织资本，提升社区社会组织参与社区治理的地位和作用，夯实"一核多元"治理格局

社区社会组织是基层社会领域中重要的专业化力量，推动社区社会组织参与社区发展是城市社区发展的重要趋势。S社区拥有一家旨在推动城中村外来工社区融入的社区公益组织Z。2014年进驻S社区开展社区大学等城中村外来工社区融入项目。它的负责人W老师具有丰富的从政、从教、从事公益事业的经验和人脉，它的成员也普遍具有较高的学历和素质。

S社区融合治理十分注重发挥社区社会组织的专业力量，通过政府购买服务、党社联动等方式开设融合学堂、成立社区共治议事会等，切实提升社区社会组织在社区治理结构中的地位和作用。

4. 激发社区文化资本，通过探寻社区历史文化遗迹，凝聚社区融合发展精神风貌

欣赏式探寻（Appreciate Inquiry）是"资产为本"社区建设的重要理论来源。它指的是通过讲述、回忆社区或社群历史上的高光经历和成功，促进组织或社群产生积极、正面的变化。研究者认为，欣赏式探寻的关键在于对过往的记忆和对未来的想象。就像植物朝着太阳的方向生长一样，社区和组织也向着赋予它们生命和活力的方向发展。

S社区融合建设十分重视本地优秀历史文化传承，通过弘扬历史文化的方式提升社区成员的荣誉感和自豪感，其重要举措之一便是打造地方特色的历史文化街区。原S村是中国历史文化名村。19世纪，这里的人民自发组织武装抗击外来侵略者斗争，显示了中国人民不甘屈服和敢于斗争的英雄气概，在中国近代史上留下了浓墨重彩的一笔。辖内有"国宝一号"之称的古庙、抗击外来侵略者纪念馆等重点保护文物。2015年7月，在发起S社区全民综合整治行动的同时，启动历史文化景区建设，新建了历史文化展览馆，以历史遗迹为景观轴带串起村内各古迹景观，打造了具有地方特色的历史文化街区。2019年8月，S街党群服务中心、文化站、抗击外来侵略者纪念馆等单位联合举办"大榕树下讲古仔"品牌系列活动，用广州人喜闻乐见的"粤语讲古"的方式讲述S村人民抵抗列强侵略、保家卫国的爱国主义故事，激发社区成员的自豪感和荣誉感。值得指出的是，"大榕树下讲古仔"活动不仅吸引了本地街坊邻居，尤其是青少年学生的积极参与，还成为来穗务工人员子弟"小候鸟"暑期成长班的特别活动，帮助小候鸟们更好地了解和融入父母工作生活的地方。年轻人是有待开发的社区重要优质资源，通过社区优秀历史文化寻访活动，向社区年轻人传递优秀历史文化传统，使社区成员更好地了解社区的人文和自然环境，有助于提升社区形象和社区成员的认同感和自豪感。

案例来源：朱亚鹏、李斯旸：《"资产为本"的社区建设与社区治理创新——以S社区建设为例》，《治理研究》2022年第2期。

知识与技能拓展

××社区需求调查问卷[①]

亲爱的居民朋友：

您好！我们是××社区服务中心的社会工作者，目前正在做一项关于社区居民需求情况的调查研究，目的是为社区服务中心开展服务提供参考和依据。回答本问卷只需花费您3分钟的时间。本问卷采取不记名的方式，遵循保密原则，调查仅用于需求分析，无任何商业目的，答案无优劣之分，希望您能认真填写。

真诚感谢您的参与和配合！

××社区服务中心

填写说明：

1. 请在每个问题适合您自己情况的答案字母上画"√"，或者在＿＿＿＿上填写适当的内容。
2. 若无特殊说明，每一个问题只能选择一个答案。

第一部分 受访者基本资料

1. 您的性别：

   A. 男   B. 女

2. 您的年龄：

   A. 6～12岁   B. 13～17岁   C. 18～25岁   D. 26～35岁   E. 36～45岁

   F. 46～55岁   G. 56～65岁   H. 66～75岁   I. 76岁及以上

3. 您的籍贯是：A. ××（本地）   B. 非××（外地）

4. 您的文化程度：

   A. 小学及以下   B. 初中   C. 中专   D. 高中   E. 大专

   F. 本科   G. 研究生及以上

5. 您现在的职业：

   A. 学生   B. 公务员及事业单位人员   C. 个体工商户

   D. 技术人员   E. 服务人员   F. 文员   G. 工人

   H. 农业劳动者   I. 无业、失业人员

   J. 退休人员   K. 其他，请注明＿＿＿＿＿＿＿＿＿＿

6. 您目前的婚姻状况：

   A. 未婚   B. 已婚   C. 离异   D. 丧偶

7. 您目前在社区的居住情况：

   A. 独居   B. 与家人同住

8. 您在社区居住的时间有多长？

   A. 1年以下   B. 1～3年   C. 3～5年   D. 5年以上

[①] 本问卷模板由深圳市南山区南风社会工作服务社提供。

第二部分 社区服务的需要及使用情况

9. 您喜欢您所居住的社区吗？

   A. 非常喜欢　　B. 喜欢　　C. 一般　　D. 不喜欢

   E. 非常不喜欢（原因是＿＿＿＿＿＿＿）

10. 请问您了解社区服务中心以及社工所提供的服务吗？

    A. 非常了解　　B. 了解　　C. 一般　　D. 不了解　　E. 非常不了解

11. 您对参与社区服务活动的态度？

    A. 非常支持且积极参加　　B. 支持但不参加

    C. 不关心　　D. 不支持也不参加

12. 您平时比较关注自己的哪些需求？（可多选）

    A. 身体健康　　B. 心理健康　　C. 学业/工作成就　　D. 自我价值体现

    E. 家庭关系　　F. 亲子教育　　G. 休闲娱乐/运动　　H. 其他：

13. 如果社区服务中心会开展以下青少年领域的活动，您希望参加哪些？（可多选）

    A. 学业辅导（四点半托管）　　B. 兴趣爱好培养　　C. 心理及情绪辅导

    D. 人际交往活动　　E. 才艺表演　　F. 户外拓展　　G. 其他，请注明

14. 如果社区服务中心会开展以下妇女儿童家庭领域的活动，您希望参加哪些？（可多选）

    A. 健康教育　　B. 儿童养育　　C. 亲子教育　　D. 妇女儿童权益保障

    E. 婚姻家庭问题辅导　　F. 其他，请注明

15. 如果社区服务中心会开展以下老年人领域的活动，您希望参加哪些？（可多选）

    A. 健康保健服务　　B. 心理健康服务　　C. 文体活动

    D. 生活照料　　E. 其他，请注明

16. 如果社区服务中心会开展以下青工领域的活动，您希望参加哪些？（可多选）

    A. 交友联谊活动　　B. 工作减压服务　　C. 文体康娱活动

    D. 技能培训活动　　E. 志愿服务　　F. 情感咨询　　G. 法律咨询

    H. 其他，请注明

17. 请问您或您的家人最近一个月来，在哪些方面遇到了困难？（可多选）

    A. 经济方面　　B. 工作/就学/就业方面　　C. 健康方面

    D. 人际关系方面　　E. 家庭婚姻关系方面　　F. 情绪方面

    G. 儿童照顾/老人照顾　　H. 子女管教（例如学习/行为/习惯/心理等）

    I. 其他，请注明＿＿＿＿＿＿＿＿＿

18. 关于××社区服务中心的服务，您还有什么建议和意见吗？

如您想：1. 收到社区服务中心日后的活动通知

　　　　2. 参加成为社区服务中心的义工

请填写以下资料：

姓名：

联系电话：　　　　　　　　　　QQ：

谢谢您的参与和支持！祝您生活愉快，身体健康！

长者社区照顾服务评估量表[①]

编号：

评估日期：___年___月___日　　　　评估时间：___

第一部分：基本资料

姓名：	性别：1. 男□ 2. 女□	出生日期：____年____月____日
婚姻状况：1. 未婚□　2. 已婚□　3. 离婚□　4. 分居□　5. 丧偶□　6. 其他			
居住状况：1. 独居□　2. 配偶同住□　3. 子女同住□　4. 子女家轮流住□ 　　　　　5. 亲友或孙代子女同住□　6. 其他			
教育程度：1. 文盲□　2. 小学□　3. 初中□　4. 高中□ 　　　　　5. 大学□　6. 硕士及以上□			
经济来源：1. 子女供养　2. 父母供养　3. 退休金元/月　4. 社会救助金元/月 　　　　　5. 自己或配偶工作收入元/月　6. 其他			
现居住地：			
联系电话：			

第二部分：日常生活与自我照顾能力

A. 基本日常生活活动能力（ADL）（以最近一个月的表现为准）

1. 进食：请问您吃饭时是否需要协助？	
不需要协助	需要协助
□10分 （1）可自行取食眼前食物 （2）吃完一餐 （3）合理时间内吃完 （4）自行穿脱进食辅具	□5分 （1）要帮忙切食物、弄碎 （2）要帮忙穿脱进食辅具 □0分 （1）灌食 （2）需人喂食

---

① 杨培珊、梅陈玉婵：《台湾老人社会工作理论与实务》，双叶书廊有限公司，2011年版。

续表

2. 移位：请问您从床上坐起及移动到椅子上，是否需要帮忙？如何帮忙？	
不需要协助	需要协助
☐15分 （1）可自行坐起、移位，并回到原位 （2）若使用轮椅，包含自行刹车、移开踏板 （3）没有安全上的顾虑，不需有人在旁监督	☐10分 坐起及移动过程中需少许协助 ☐5分 可自行独立站起，但由床移位到椅子上时，需1人大量的肢体协助 ☐0分 需人协助才能坐起，或需2人帮忙搀扶才可移位
3. 如厕：请问您上厕所过程中，是否需要帮忙？如何帮忙？	
不需要协助	需要协助
☐10分 （1）可自行使用马桶 （2）能穿脱衣物且不弄脏 （3）使用后擦拭清洁 （4）不需有人监督安全 （5）若用便盆，包含自行取放及清洗	☐5分 只需协助保持平衡，整理衣物或使用卫生纸 ☐0分 需别人协助
4. 洗澡：请问您洗澡是否需要协助？	
不需要协助	需要协助
☐5分 可自行完成盆浴或淋浴	☐0分 需别人协助或监督才能完成盆浴或淋浴
5. 平地走动	
不需要协助	需要协助
（a）请问您是否可以在平地走50厘米以上？需要人协助吗？	
☐15分 （1）使用或不使用辅具，可行走50厘米以上 （2）可以起立/坐下	☐10分 需稍微搀扶或口头教导，即可行走50厘米以上
（b）是否可以操作轮椅（包含转弯、进门、靠近桌子或床沿）？	
	☐5分 可以操作轮椅 ☐0分 操作轮椅需要帮忙，或行走时完全需要搀扶，或无法行走
6. 穿脱衣裤鞋袜：请问您是否需人协助穿脱衣裤鞋袜？	
不需要协助	需要协助
☐10分 （1）可自行穿脱衣裤鞋袜 （2）合理时间内完成 （3）可使用辅具	☐5分 在别人的帮助下，可自行完成一半以上动作 ☐0分 完全需要别人帮忙

续表

7. 个人卫生：请问您刷牙、洗脸、洗手、梳头、刮胡须是否需要帮忙？	
不需要协助	需要协助
□5分 可自行完成上述所有项目，且不需要监督	□0分 需要协助才能完成上述项目

8. 上下楼梯：请问您上下楼梯一层楼是否需要协助？	
不需要协助	需要协助
□10分 可自行上下楼梯	□5分 稍微需要搀扶或口头指导或监督 □0分 无法或需要大量协助

9. 大便控制：请问您是否曾发生大便失禁的情况？（若有）失禁频率怎样？是否需人协助处理？	
不需要协助	需要协助
□10分 不会失禁，必要时会自行使用软便剂	□5分 （1）偶尔会失禁（每周不超过一次） （2）使用软便剂时需人帮忙 □0分 需人协助处理

10. 小便控制：请问您是否曾发生小便失禁的情况？（若有）失禁频率怎样？是否需人协助处理？	
不需要协助	需要协助
□10分 不会失禁，必要时会自行使用并清理尿布、尿袋	□5分 （1）偶尔会失禁（每周不超过一次） （2）使用尿布、尿袋时需人帮忙 □0分 需人协助处理

基本日常生活活动能力总分：	
失能项数：□无 □轻度（1~2项）□中度（3~4项）□重度（≥5项）	

B. 工具性日常生活活动能力（IADL）（以最近一个月的表现为准）

1. 上街购物： □3. 独立完成所有购物需求 □2. 独立购买日常生活用品 □1. 每次上街购物都需要有人陪 □0. 完全不会上街购物	选1或0者列为失能项目

续表

2. 外出活动： □4. 能够自己开车或骑车 □3. 能够自己搭乘大众交通工具 □2. 能够自己搭乘出租车但不会搭乘大众交通工具 □1. 当有人陪同时可搭乘出租车或大众交通工具 □0. 完全不能出门	选1或0者列为失能项目
3. 食物烹调： □3. 能独立计划、烹煮和摆设一顿适当的饭菜 □2. 如果准备好一切佐料，会做一顿适当的饭菜 □1. 会将已做好的饭菜加热 □0. 需要别人把饭菜煮好、摆放好	选0者列为失能项目
4. 家务维持： □4. 能做较繁重的家务或偶尔需要别人协助（如搬动沙发、擦地板、擦洗窗户） □3. 能做较简单的家务，如洗碗、铺床、叠被 □2. 能做家务，但不能达到可被接受的整洁程度 □1. 所有的家务都需要别人协助 □0. 完全不会做家务	选1或0者列为失能项目
5. 洗衣服： □2. 自己清洗所有衣物 □1. 只清洗小件衣物 □0. 完全依赖他人	选0者列为失能项目
6. 使用电话的能力： □3. 独立使用电话，会查询电话号码、拨号等 □2. 仅能拨打熟悉的电话号码 □1. 仅会接电话，不会拨打电话 □0. 完全不会使用电话	选1或0者列为失能项目
7. 服用药物： □3. 能自己负责在正确的时间服用正确的药物 □2. 需要提醒或少许协助 □1. 如果事先准备好服用的药物剂量，可自行服用 □0. 不能自己服用药物	选1或0者列为失能项目
8. 处理财务能力： □2. 可以独立处理财务 □1. 可以处理日常的购买，但需要别人协助与银行往来或处理大宗买卖 □0. 不能处理钱财	选0者列为失能项目
工具性日常生活活动能力总分： （注：上街购物、外出活动、食物烹调、家务维持、洗衣服五项中有三项以上需要协助者即为轻度失能）	

第三部分：认知功能评估

简化版认知量表（SPMSQ）

评估方式：依下表所列的问题，询问案主并将结果记录下来（如果案主没有电话，可将 4.1 改为 4.2 题）。

姓名：　　　　性别：男□ 女□　　　　日期：

教育程度：小学□　　初中□　　高中□　　高中以上□　　无法评估□

对	错	问题	注意事项
		1. 今天是哪年哪月哪日	年、月、日都对才算正确
		2. 今天是星期几	
		3. 这里是什么地方	对所在地的任何描述都算正确；说"我家"或正确地说出城镇等都可接受
		4.1 你的电话号码是多少	证实电话号码无误即算正确；或在会谈时，能在两次间隔较长的时间内重复相同的号码即算正确
		4.2 你住在什么地方	当案主没有电话时才问
		5. 你的年龄	年龄与出生年月日符合才算正确
		6. 你的生日是哪一天	年月日都对才算正确
		7. 现任国家主席是谁	姓氏正确即可
		8. 前任国家主席是谁	姓氏正确即可
		9. 你妈妈叫什么名字	不需特别证实，只需案主说出一个与他不同的女性姓名即可
		10. 从 20 减 3 开始算，总是减 3，一直减下去	期间如出现任何错误或无法继续进行即算错误

错误题数：＿＿题
（请依照错误题数及案主的教育程度，在下表勾选心智功能程度）

教育程度	□心智功能完好	□轻度智力缺损	□中度智力缺损	□重度智力缺损
小学	0~3 题错误	4~5 题错误	6~8 题错误	9~10 题错误
初中	0~2 题错误	3~4 题错误	5~7 题错误	8~10 题错误
高中	0~1 题错误	2~3 题错误	4~6 题错误	7~10 题错误

注：如果老人答错三题以上（含），建议立即带他（她）前往医院神经科或精神科，做进一步的阿尔茨海默症检查。

第四部分：主要照顾者评估

无主要照顾者□　有主要照顾者□　有主要照顾者，但不与案主同住□	
姓名：　　年龄：　　性别：男□ 女□	
与案主的关系： 1. 配偶□　2. 父母□　3. 未婚儿子□　4. 未婚女儿□　5. 已婚儿子□ 6. 媳妇□　7. 已婚女儿/女婿□　8. 孙子/孙女□　9. 兄弟姐妹□　10. 公婆□ 11. 岳父母□　12. 其他□	
目前就业状况：1. 无□　2. 全职□　3. 兼职□	
每天照顾时间： 1. 全天□　2. 部分时间（平均每天__小时，早上□ 中午□ 下午□ 晚上□ 假日□）	
照顾案主年月数：　　年　　月	
自认为在照顾案主时最需要协助的地方是： 1. 身体照顾□ 2. 家务服务□ 3. 陪同就医□ 4. 喘息服务□ 5. 安全维护□ 6. 送餐服务□ 7. 康复服务□ 8. 其他 9. 以上皆无□	
主要照顾者负荷：依照实际情形圈选适合选项	
主要照顾者身体健康	1. 主要照顾者的健康与过去差不多，没什么变化。 2. 主要照顾者因照顾案主而感到疲累、身体不适，但不需要就医。 3. 主要照顾者因照顾案主而感到疲累、身体不适，需要就医或接受治疗，但仍可继续照顾。 4. 主要照顾者因照顾案主太过疲累而需要住院，或无法继续照顾，必须换人
主要照顾者心理状况	1. 主要照顾者的心理状况与过去一样，没什么变化。 2. 主要照顾者的情绪偶尔会焦虑、担心、抑郁，但不至于影响生活作息。 3. 主要照顾者会受案主的影响而情绪变化大，甚至需要服用镇静剂、安眠药。 4. 主要照顾者会因案主的影响而产生精神症状，需要经常就医或住院
家庭的互动关系	1. 家人的互动关系由于案主的相关问题而更能互相关心或没什么改变。 2. 家人的互动关系会因为案主的相关问题而发生小冲突，但尚能解决问题，维持和谐关系。 3. 家人之间会因案主的相关问题而常发生冲突，有些冲突不易解决，但尚不致严重破坏家庭的和谐。 4. 家人因案主的相关问题常发生严重冲突，无法解决而严重破坏关系，或常处于紧张状态
家庭照顾者负荷总计分：（必填） 照顾者总评：1. 家庭照顾负荷过重□　2. 照顾技巧不佳□ 　　　　　　3. 家属无照顾意愿□　4. 其他□　5. 以上皆无□	

【巩固与提高】

一、单项选择题（每题的备选项中，只有 1 个最符合题意）

1. （　　）是认识问题的起点，意在弄清问题的表现或者问题的症状。
   A. 描述问题　　　　　　　　B. 界定问题
   C. 明确问题的范围　　　　　D. 问题的起源和动力

2. 当个人被问到对某种服务是否有需求时，其反应就是（　　）。
   A. 规范性需求　　　　　　　B. 表达性需求
   C. 感受性需求　　　　　　　D. 比较性需求

3. 采用（　　）开展需求评估，评估者可以通过观察服务对象的身心状况、生活环境、与他人的沟通交往、对资源的利用等，以及社区的商店、游乐场所、医院、公园的人流量和人员分布等，以此来分析服务对象可能面临的困境和需求。
   A. 参与式观察法　　　　　　B. 问卷调查法
   C. 深度访谈法　　　　　　　D. 焦点小组法

4. （　　）强调社区内在具有的能力、资源和潜力。
   A. 社区问题　　　　　　　　B. 社区需求
   C. 社区支持　　　　　　　　D. 社区资产

二、多项选择题（每题的备选项中，有 2 个或 2 个以上符合题意）

1. "5W1H"分析法的"5W"指（　　）。
   A. Who　　　　　　　　　　B. What
   C. When　　　　　　　　　 D. Where　　　　E. Why

2. 开展需求评估时，评估者可以从压力、期望、阻碍、（　　）六大维度对评估指标进行测量和分析。
   A. 问题　　　B. 范围　　　C. 能力　　　D. 资源　　　E. 时间

3. 开展社区需求评估时，资料收集的来源主要包括（　　）。
   A. 服务对象所填写的基本资料及其对问题的说明、感受、看法等叙述
   B. 从对与服务对象相关的当事人的探访所获得的信息
   C. 测评量表
   D. 社会工作者与服务对象直接互动的个人经验
   E. 小道消息

4. 社区资源评定的方法包括（　　）。
   A. 欣赏性访谈　　　　　　　B. 社区资产图　　　　　　C. 分支法
   D. SWOT 分析法　　　　　　E. 描述法

三、判断题（判断下列描述是否正确，正确的打"√"，错误的打"×"）

1. 社区需求评估的最终目的是针对服务对象的需求，提出社区社会工作介入计划。

( )

2. 社区需求界定者的身份对社区需求评估没有重要影响。( )
3. 服务对象的问题反映了服务对象的需求。( )

四、实训题

请选定一个社区,根据本项目所学内容开展社区分析,并列出该社区面临的问题、存在的需求和拥有的资源。

【参考答案】

一、单选题

1. A   2. C   3. A   4. D

二、多选题

1. ABCDE   2. ACD   3. ABCD   4. AB

三、判断题

1. √   2. ×   3. ×

四、实训题

略

项目四　选定社区社会工作模式

【项目导学】

　　社区社会工作通过实践和经验积累形成了一定的模式。在这些模式中具有代表性的包括：班顿（Battern，1967）提出的二模式：直接干预法与非直接干预法；罗夫曼（Rothman，1967）提出的三模式：地区发展模式、社会策划模式、社会行动模式；泰勒与罗伯茨（Taylor & Roberts，1985）提出的五模式：项目开发和服务协调、计划、社区联络、社区发展、政治行动；威尔和甘布（Weil & Gamble，1995）提出的八模式：邻里与社区政治、组织功能社区、社区的社会与经济发展、社会计划、项目开发和社区联络、政治与社会行动、联盟、社会运动。[1]除此之外，还有社区照顾和社区工作的宏观模式等。[2]其中以罗夫曼的模式划分法在西方社区工作实践中较为典型，得到了大多数学者的认可。

　　这些模式各有其特点，在其基本的理念、实施策略、社区工作者角色等方面都有不同之处，每种模式也有其不同的实施场合。本项目将对在中国的本土化实践中，较多采用的地区发展模式、社会策划模式和社区照顾模式进行介绍。通过本项目你将了解到这三种社区社会工作模式的基本理念、特点、实施策略、社区工作者角色、优缺点以及具体的案例运用。需要注意的是，虽然各种模式各有其特点，但不是截然分立的，在实践中，工作者需要根据实施的场合不同选择其中之一，或者混合使用几种模式。

【思维导图】

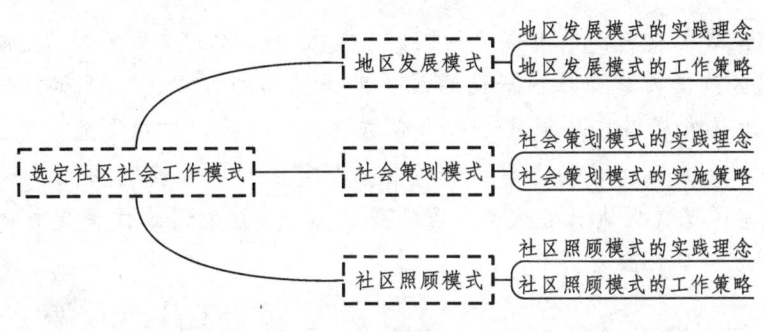

```
                         ┌──地区发展模式──┬──地区发展模式的实践理念
                         │                └──地区发展模式的工作策略
                         │
选定社区社会工作模式─────┼──社会策划模式──┬──社会策划模式的实践理念
                         │                └──社会策划模式的实施策略
                         │
                         └──社区照顾模式──┬──社区照顾模式的实践理念
                                          └──社区照顾模式的工作策略
```

---

[1] 张佳安：《社区工作模式》，《社会福利》2003年第12期。
[2] 王思斌：《社会工作导论》（第三版），北京大学出版社，2021年版。

【学习目标】

- 了解社区社会工作模式的基本概念。
- 掌握不同社区社会工作模式的特点和实施策略。
- 评价社区社会工作模式的优缺点,掌握其适用的社区类型。
- 尝试根据不同的社区情况,选择合适的社区社会工作模式。

任务一 地区发展模式

【任务卡】

任务情境

某安置社区存在社区环境卫生脏乱差、高空抛物频发、停车秩序混乱等问题。社区居民大多是新搬来的,对社区环境和资源不熟悉,普遍对社区事务漠不关心,缺乏解决问题的能力,居民之间关系薄弱。对于社区出现的问题,居民认为都是物业公司的问题,对物业公司的服务不满,矛盾纠纷频发。为此,社区居委会邀请某社会服务机构共同探索物业服务改革,推动社区自治。

请问,你认为社区问题产生的原因包括哪些?要解决社区目前面临的问题,社会服务机构应该怎么做?

任务要求

- 了解地区发展模式的基本概念。
- 掌握地区发展模式的特点及其适用的实施场合。
- 掌握地区发展模式的实施策略。
- 评价地区发展模式的优缺点。

【必备知识】

地区发展模式是由美国学者杰克·罗斯曼提出的社区工作实务模式,该模式强调在一个较大的社区范围内鼓励社区居民通过自助或互助的方式,广泛参与社区事务,解决社区问题。地区发展模式从词源上讲来自联合国的"社区发展"概念,主要指第三世界国家的经济社会文化条件的改善,需经由社区居民的共同努力并配合政府当局一起来实现,经由地区发展促进社会发展。罗斯曼认为,地区发展模式假定社区事务可通过社区居民的广泛参与来应对。[1]

---

[1] 周沛:《社区社会工作》(第二版),社会科学文献出版社,2019年版。

一、地区发展模式的实践理念

（一）地区发展模式的含义

地区发展模式是指社区社会工作者协助社区成员分析问题，发挥其自主性而广泛参与、利用社区资源的工作过程，以期能够培养社区成员的民主意识，鼓励他们通过自助和互助解决社区问题，增加对社区的认同，改善社区关系。[①]

（二）地区发展模式的基本假设

（1）社区居民是理性的，应该愿意参与社区事务。
（2）社区问题的主要成因是缺乏良好的人际关系与解决问题的技术。
（3）相信社区本身有潜力和资源解决社区问题。
（4）社区内不同人群有着共同的利益，社区应当也可以实现和谐。

（三）地区发展模式的特点

1. 关注社区的共同性问题

社区的共同问题是指对社区中绝大部分居民的生活造成影响的问题。这类问题由于影响范围广，涉及居民多，关系到较多社区居民的切身利益，容易引起居民的关注，也较容易通过共同性问题的契机，推动大多数居民参与。

2. 通过培养社区自主能力来实现社区的重新整合

地区发展模式较多运用于城市中经济社会状况较差的社区，或社会关系薄弱、居民社区生活无序的新建小区。这类社区可能存在居民之间关系淡薄，社区居民对社区事务漠不关心，居民普遍缺乏解决问题的能力等现象。所以社区工作者在这类社区开展服务较重视培养居民自主、自立，发展社区互助与社区团结。通过居民参与社区问题的解决，提高居民沟通、交流、理解、分析、协商等能力，培养互谅、共融的意识。这些能力和意识将来可以迁移到社区其他问题的解决中，从而建立起社区居民自主能力。

3. 过程目标的地位和重要性超过任务目标

根据罗斯曼的观点，社区工作的目标可分为任务目标和过程目标两大类别。任务目标是满足特定的需求，解决特定的问题，完成具体的任务；过程目标则是提升居民能力，培养他们关心社区、参与社区以及互助合作的态度。在制定任务目标的同时，地区发展模式要求社区工作者要非常重视过程目标，具体来说包括：第一，增进居民对于他

[①] 范明林：《社会工作实务：过程、方法和技巧（社会工作研究文库）》，社会科学文献出版社，2018年版。

们的问题与需求的普遍意识和关心；第二，为发展居民的来往和良好的邻里关系提供机会；第三，鼓励居民参与社区事务；第四，促进居民的互助和合作；第五，发展地方领袖和人力资源等[①]。需要注意的是，重视过程目标并不是排斥任务目标，如果实质问题得不到改善或解决，过程目标也不可能达成，两方面的目标是相辅相成的。

4. 特别重视社区成员的参与

地区发展模式相信社区本身有潜力和资源解决社区问题，居民的参与就是社区问题得以解决的关键因素。居民是社区的组成要素，社区的问题应由社区居民去界定，社区的问题也应该由居民通过沟通合作去解决。该模式希望通过居民的参与，提升居民对社区事务的兴趣，提高居民解决问题的能力，促进居民之间、居民与社区团体之间、社区团体与团体之间的沟通与合作，培养他们的互助合作精神，增强居民对社区的认同感和归属感。

（四）地区发展模式中社会工作者和案主的角色

地区发展模式的核心关键词是"居民参与"，因此社区社会工作者主要扮演的角色有三种。

第一，使能者。社会工作者要通过启发催化，激发社区居民对于问题的辨别与关注；通过组织联系，促进社区居民之间彼此的沟通与交流，为居民互助和参与提供机会和平台；通过激励增能，鼓励居民积极参与，挖掘居民潜能，提升居民个人能力；通过孕育孵化，促进社区参与，培养社区志愿者与社区骨干人才，孵化社区社会组织。要鼓励和协助居民组织起来，通过自助与互助，达成共识，共同参与社区问题的解决。

第二，教育者。社区社会工作者通过开展培训，帮助居民掌握解决问题的技巧和组织技巧，培养积极参与和自助互助的精神。

第三，中介者。在地区发展模式中，常常不是只有社会工作者在社区里工作，他们可能是各方面组成的团队的一部分。社区社会工作者协调各方面的社区团体和个人，促进他们之间的沟通和合作，调动社区资源，改善社区的问题。

相对地，在地区发展模式中，案主被看成是具有相当丰富的未开发潜能的；案主在相互的互动以及与社会工作者的互动过程中，被看成积极主动的参与者。

（五）地区发展模式评价

地区发展模式作为社区工作实务的一种模型，有其较鲜明的特点，也有其适用的实施场合。该模式既有明显的优点，也有不足。

[①] 范明林：《社会工作实务：过程、方法和技巧（社会工作研究文库）》，社会科学文献出版社，2018年版。

1. 优点

（1）营造良好的社区氛围。地区发展模式强调共识性策略方法的运用，强调社区居民和团体之间的沟通、合作、团结、互助，有利于减少居民之间的冷漠，减少社区疏离，增进社区归属感与凝聚力，促进社区团结，营造良好的社区氛围。

（2）提高居民的能力。地区发展模式强调服务对象的个人自决与自助，居民通过自助参与的过程，学会解决问题的技巧，提升应对和处理问题的能力，增强自我形象、自信心及自主性。

（3）推进社区民主。地区发展模式启发居民表达自身的意志，促进社区居民协商，鼓励居民参与，重视和尊重居民的自决，社区内的组织和居民通过参与培养了寻求共识与协商的民主意识。

（4）契合中国文化传统。地区发展模式强调和平与合作，避免竞争与冲突，这与中国社会重"和"的传统文化相契合。中国传统文化注重乡土意识和邻里互助，政府高度重视居民参与社区治理，这都是地区发展模式的有利因素。

2. 缺陷

（1）无法解决整体资源分配不均及制度不合理所产生的社区问题。地区发展模式强调通过居民自身努力，共同解决社区问题，但是这类方法模式往往只能触及一些影响面较小的问题，对因整体资源分配不均或制度不合理而导致的社区问题、因基本矛盾而引发的社区问题无能为力。现代社会高度发展，社区面临的问题涉及的问题成因多样化、主体多元化、涉及的利益关系也更加复杂。很多社区问题不只是从社区层面就能够解决的，单凭社区本身的资源和居民参与，并不能彻底解决社区问题。在社区居民自助及参与过程中还可能会受到诸多方面的限制与制约，比如缺乏参与能力，缺乏相关资源，缺乏社区骨干人才等；而政府的相关政策与立法的介入是一些社区问题得以解决的必备条件。

（2）调和不同利益群体的手段不足。地区发展模式假设社区为一个整体，各团体和组织的利益是可以相容的，他们之间的矛盾是可以通过沟通和合作化解的。但事实上，社区内存在着不同的利益群体，他们的诉求有时候是难以调和，难以达成共识的。地区发展模式过分强调温和性与协作性策略的运用，避免冲突与竞争，当社区内存在的不同利益群体之间因资源分配和立场不同产生矛盾时，是较难以和谐、合作的方式化解的。

（3）民主参与导致成本高而效益低。地区发展模式强调共识性方法的运用，强调居民广泛的民主参与，而不同居民之间达成共识的过程是居民之间相互磋商、相互妥协的过程，往往需要缓慢推进，耗费较长时间才能实现。这种参与会花费不少资源和时间，不符合成本效益的计算原则。运用地区发展模式解决问题，一般需要投入较多人力和时间，这样的工作模式可能与成本效益原则相背离。

二、地区发展模式的工作策略

地区发展模式的基本行动策略特征是"让我们一起共商问题的解决"。在地区发展模式中，社区工作者与社区居民一起，找准社区面临的主要问题，通过社区协商的过程，初步达到应对相关社区问题的共识，并一起付诸实践。地区发展模式的实施策略包括以下内容。

（一）促进居民之间的交流

这是针对社区居民之间的冷漠和疏离所采取的策略。首先，社会工作者可以通过组织开展社区活动，通过活动搭建互动平台，促进居民沟通，使居民相互熟悉。其次，在开展社区活动的同时，为居民搭建参与平台，尝试让部分有积极性的社区成员承担一些任务，如参与活动的策划和管理，增强居民的责任感和办事能力。最后，在活动结束后，社区工作者和居民共同分享收获，用成功的合作经验鼓励居民持续参与，增强他们的自信心。

（二）团结邻里

这是针对社区中不良邻里关系而采取的策略。社会工作者可以组织多元化的活动鼓励居民参与，在参与中提升居民之间的理解与互信，培养社区互助氛围。例如开展各类兴趣小组增加居民的相互了解；开展邻里节、邻里互助会等促进居民团结互助；建立基层联络网，促进邻里沟通。

（三）社区教育

该策略主要解决居民对社区资源陌生、社区认同不足等问题，促使居民认识社区和关注社区事务。社会工作者可以通过绘制社区地图、印发宣传单等方式告知社区现有的社会服务情况，帮助居民了解社区资源的分布；通过开办一些课程，促进居民对社区问题的关注，告诉居民如何运用社会资源来改善生活，增进居民对社区的归属感和认同感。

（四）提供服务和发展资源

该策略主要针对社区内社会服务和社区资源缺乏的问题。在服务提供方面，社会工作者要根据社区需要，开展多种形式的社区活动或教育活动。发动社区资源，开展互助形式的服务，对有特殊需要的居民提供转介服务；发展资源方面，主要是挖掘社区中的人力资源，引进社区外的专业人士做顾问来指导社区工作；采取和谐、互利的合作方式推动本社区各类团体关注社区、参与社区活动。

(五)社区参与

该策略主要解决社区面对的部分共同问题,如垃圾处理、施工扰民等。社区工作者一般通过动员居民集体参与来解决问题,也可建立居民关注问题小组来促进社区力量的系统化。当居民抱怨政府对社区问题应对不力时,社会工作者要提供一些建设性途径让居民表达意见,促进政府与居民之间的沟通和了解,同时要求居民不仅仅表达不满,更重要的是提出改善的建议和方法。

面对不同的社区问题,地区发展模式中的工作策略也不尽相同,具体如表 4-1 所示。

表 4-1 地区发展模式的工作策略

社区问题	工作策略
居民的冷漠与疏离	个人发展: 1. 以互助活动增强居民办事能力和责任感; 2. 通过成功的合作经验鼓励居民参与及增强他们的自信
邻里关系恶劣	团结邻居: 1. 通过多元化社区活动推动社区归属感及认同感; 2. 建立基层联络网以改善邻居间的沟通,进而改善邻里关系
对社区资源陌生	社区教育: 1. 提供帮助,了解现有的社会服务及社区资源常识; 2. 鼓励居民善用社会常识和资源来改善生活
对政府有关部门不满	社区参与: 1. 提供建设性的途径表达意见和争取改善的方法; 2. 倾听居民表达不满,反映民意,疏导激烈情绪; 3. 建立政府与居民的联系和沟通,促进互相了解
缺乏地区资源	资源发展: 1. 挖掘和训练社区党员和积极分子; 2. 引进外来专业人士及人民代表做顾问; 3. 鼓励地区组织联盟,加强声势
环境及设施问题	解决困难: 1. 通过集体参与解决问题; 2. 通过建立居民团体或组织系统改善社区的力量
缺乏社会服务	服务提供: 1. 提供社区服务,例如转介服务、社区活动、教育活动等; 2. 发动社区资源,以互助形式提供服务

资料来源:甘炳光等:《社区工作:理论与实践》,香港中文大学出版社,1998年版。

【典型案例】

案例资料[①]

H社区位于某市工业园区高教区，总户数3 250户，居民构成较为复杂。第一，社区居民中高素质人才较多，他们主要是社区业主，多为附近企业高管、高校教师等高素质人才。第二，社区的租住户较多，他们大多是工业园区就业的外来人口；第三，该社区的老年人较多，主要是随子女来到社区的老人。H社区环境问题较为突出，包括居民乱丢垃圾、楼道杂物堆放、高空抛物、小广告遍地等，这些都困扰居民日常生活，时常发生居民之间的矛盾纠纷。居民曾向居委会反映过多次，每次居委会介入后，现象好转几天又恢复原状。由于社区租住户较多，人口流动性较高，居民之间关系疏离，本地人与外地人之间存在隔阂。社区居民普遍对不涉及自身利益的社区事务关注度很低，遇到与自身利益相关的问题时，第一反应是向居委会反映，没有广泛参与协商解决问题的意识，同时社区也缺少促进居民沟通的平台机制。在前期的调研走访中，社会工作者发现，租住户对于参与社区的兴趣较低，但是社区随迁老人的参与热情较高，随迁老人融入陌生的城市环境存在困难，渴望拥有传统意义上互助的邻里关系。

操作流程与步骤

（一）社区需求评估

经过前期的调研，社工认为该社区居民需求分别是：社区居住民有提升居住环境品质的需求，社区居民有提升居住安全的需求，社区居民有增进社会交往的需求，社区居民有自主参与社区的需求。

（二）选定服务模式

为回应居民需求，社工计划采用地区发展模式在社区中建立"自下而上""多方参与"的楼道议事机制，提升居民参与社区的意识，提升居民参与能力，将H社区建设成民主和谐的社区。选定该模式的主要原因包括：

（1）社区存在的居民乱丢垃圾、楼道杂物堆放、高空抛物、小广告遍地等问题，都是影响到社区大部分居民日常生活的问题，且受到了居民的广泛关注，居民有共同的利益和目标。

（2）社区潜在资源较为丰富，社区高素质人才较多，社区随迁老人参与热情高，社区有较多的活动空间和公共场地可以用。

（3）社区环境的维护不仅仅在于一次性的社区环境改造，还需要改善居民的不良生活习惯，需要居民共同参与。

（4）社区存在居民之间冷漠和疏离、邻里关系不良、部分居民对社区资源不熟悉、对社区事务不关心等情况，需要提升居民参与社区事务的兴趣，提升居民解决社区问题的能力。

---

① 王妍：《地区发展模式视角的楼道微自治的社区工作介入》，苏州大学2021年博士论文。

（三）确定服务目标

具体的工作目标包括：

（1）团结邻里，加强邻里间沟通，改善邻里关系。

（2）搭建楼道议事平台，制作协商治理流程和规则操作手册，增强社区居民协商议事能力，提升责任意识与民主意识。

（3）通过举办各类社区活动，增强居民的参与感，提升居民对社区的安全感和归属感，创建和谐社区环境氛围。

（四）制定服务方案

服务阶段及具体内容，如表4-2所示。

表4-2 项目阶段及具体服务内容

项目阶段	具体服务内容
调查与宣传	1. 进行社区调研，了解社区情况。社区工作者通过走访和问卷调查等方式对社区居委会、社区社会单位和组织、社区居民进行了社区调研。 2. 进行社区宣传与动员，招募社区志愿者。社区工作者在社区开展了几场项目宣传动员活动，推广项目并招募组建了社区志愿者队伍。 3. 开展志愿者培训。社工通过开展主题培训、志愿者小组等形式对社区志愿者队伍进行了培训，提升志愿者能力
动员培训与制定议事章程	1. 开展居民协商治理知识培训，提升居民民主议事的意识与能力。 2. 社工与居民一起共同制定了具有H社区特色的社区议事操作手册
开展实操议事与社区活动	1. 与社区居民一起在楼栋架空层建立社区居民议事厅。 2. 开展居民议事主题活动。从较多居民关心的楼道杂物堆放和高空抛物出发，开展社区议事活动。 3. 成立社区环境安全巡逻队，开展社区环境安全宣传活动及定期环境巡查活动。 4. 与居民一起策划开展社区活动解决社区问题，丰富社区文化。如社区邻里节主题活动、社区楼道微治理主题活动等

任务二 社会策划模式

【任务卡】

任务情境

某老旧小区没有物业服务机构，小区老年人比例大，空巢、独居老人多，小区内上下水管道老化，车辆占用消防通道存在安全隐患，电动车充电设施缺乏等。社区居委会多次召集居民商议解决小区问题，但是收效甚微。受该社区党组织和居委会的委托，某社会工作服务机构进驻小区，他们开展了以下工作：首先开展实地走访查看问题，拍摄小区老旧设施现状照片；其次入户走访了解居民的困难和感受，召开座谈会征集居民的看法和建议；最后制定出了该小区的环境改造和服务方案。该服务方案得到街道的认可和财力支持，很快就在小区中实施开展了。

请问：案例中的小区具有什么样的特点？为什么居委会多次召集居民商议都收效甚微呢？社会工作机构开展的工作有什么样的特点？

任务要求

- 了解社会策划模式的基本概念。
- 掌握社会策划模式的特点及其适用的实施场合。
- 掌握社会策划模式的实施策略。
- 评价社会策划模式的优缺点。

【必备知识】

社会策划模式是罗斯曼提出的三大社区工作介入模式之一。相较地区发展模式注重过程目标，社会策划模式更注重任务目标的实现。如果说社区发展模式中社区工作者是"与居民同做"，那社会策划模式中社区工作者的定位便是"为居民而做"。在该模式中社会工作者所设计的解决社区问题的计划是社会性计划，如公共设施建设、公共空间改造、系统的公共活动开展等。

一、社会策划模式的实践理念

（一）社会策划模式的含义

社会策划模式是在了解社区问题的基础上，依靠专家和外界权威机构的意见和知识，通过理性、客观、系统化与有控制和指导的分析，对解决社区问题进行有计划的由上而下的改变的过程和方法的一种工作模式。

（二）社会策划模式的基本假设

（1）社会策划模式假定社会环境与社区问题是错综复杂的，一般社区居民由于未掌握专业的知识与技巧，往往难以独立应对，因此需要专业社区工作者依循理性的技术手段进行专门的策划，以解决社区问题。

（2）社会策划模式崇尚理性的力量。社会策划模式假定社区工作者通过详细的社区调查，可以清楚地体察社区的问题与社区居民的需要，可以代替居民做出契合其需求的精准化决策。社区工作者经由理性化的策划过程，可做出符合成本效益原则的决策，并且高质高效地推行方案与计划，以达至社区工作的目标。

（3）社会策划模式假设社会问题可以通过渐进的方式解决，即承认人类的能力是有限的，不可能完全客观地应付复杂的社会问题，所以强调渐进式的策划。

（三）社会策划模式的特点

注重任务目标的实现。社会策划模式所关注的社区存在着多重问题，如医疗、就业、福利、娱乐设施不足等，这些问题需要排列优先次序，逐一解决。在该模式中，任务目标是解决实质性的社区问题，过程目标是收集和分析资料以及系统分配时间和动员资源。该模式注重任务目标的实现，以解决实质性社会问题为主要工作取向。

强调运用理性原则处理问题。社会策划模式一方面强调过程的理性化，包括工作中设定清晰的目标和价值取向，设计可行性方案，预估方案的收益与代价，比较和选择代价最低、效果和效率最佳的方案实施；另一方面强调技巧的科学化，特别是运用科学方法，包括运用定量和定性研究方法收集、分析和解释资料来协助做出决定。

注重自上而下的改变。社会策划的过程主要是收集与问题有关的各种资料，了解问题的本质和发生原因，并用理性的态度决定解决问题的行动方案。社会工作者扮演着专家的角色，运用专业知识、科学决策的能力及其权威，策划和推动改变。在收集资料、分析事实、决定方案、采取行动等过程中，社会工作者居于主要位置。权威和专家与社区居民是主体和控制的关系，采用的多是行政安排和组织工作的方式。

指向社区未来变化。策划即"谋划""规划""出谋划策"之意，是指针对未来的事务而做出当下的理性决策。社会策划是通过分析当前和过去的资料，预测将会发生的事情，并设计应对的对策，其目的是尽量降低社区未来变化的不确定性。

（四）社会策划模式中社会工作者和案主的角色

在社会策划模式中社会工作者的主要角色是"专家"，因此社区社会工作者主要扮演的角色有两种。

1. 技术专家

在社会策划模式中社会工作者主要扮演专家的角色。所谓专家，即对于某一领域精通并有独到见解的人。社区工作者作为专家，掌握了专业的社区工作方法，具体从事社区调查、社区诊断、社区研究、社区分析、信息收集、资料汇总、组织运作、组织联络、成效评估等工作。具体来说社会工作者是社区调研者、项目规划者、项目管理者。

2. 方案实施者

在社会策划模式中社会工作者还是实践型专家，不但要制定社区计划，而且要促进实施。社会工作者执行有关方案，与相关机构、团体保持良好关系，协调方案实施各方，运用社区力量去推动方案的实施。

在社会策划模式中，服务对象可以是地理社区，也可以是功能社区。服务对象的角色相对较被动，只限于对计划提出一些修改意见，主要被视为服务的消费者。当然，社会计划模式并不是排斥居民参与，而是要运用一定的社会技术去开展活动，更好地促进居民参与，改善社区面貌。

（五）社会策划模式评价

社会策划模式崇尚理性与专家权威，关注任务目标的实现和社区的未来，运用较为科学的策划技术和方法，采用自上而下的工作方式。该模式有其明显的优点与不足。

1. 优点

保证服务质量。社区社会工作项目的推进事先已有规划，加之社区工作者又拥有专业性技术和能力作为保障，所以可以保证其提供服务的质量。

较有效率。社会策划模式比较注重专家的作用，社区社会工作项目主要由社区工作者来进行规划设计与具体执行，而不需要社区公众的广泛参与，也不必经历漫长的讨论过程，除非遇到反对力量，其达成决策及推行方案的效率比较高，能较快满足民众的需要。

2. 不足

社会策划模式较为保守，它以效率为重点，忽视对居民意识和能力的培养，该模式的不足具体表现在两个方面：

（1）居民参与率低。社会策划模式假定社区工作者作为专家能体察理解社区居民的需求，并策划出机构与社区工作者认为可行并合适的方案，而这些服务可能并不一定与居民需求完全相契合，这导致居民对计划本身缺乏兴趣和投入。由于决策过程中缺少居民的参与，可能使居民对于服务使用的意愿降低。

（2）社会策划模式强调专家决策与执行，而不注重社区居民参与以及个人能动性的发挥，可能导致居民的被动性与依赖性，其个人的能力得不到增进。

二、社会策划模式的实施策略

社会策划模式包括以下实施策略。

（一）明确组织的使命和目标

不同的社区组织定位目标不同，其具体的工作对象与服务重点也不同，了解与厘清组织的目标使命，是开展社会策划的出发点。使命代表了社会服务组织的理想、蓝图、目标和信念，明确的服务使命可以鼓励工作人员认同，并指引他们认清工作的方向、范围、重要性及意义，指导其建立工作目标。组织的目标指出了组织所要解决的社会问题和所要满足的社会需要。社会工作者一般都是社会服务组织的成员，需要在社会策划之初了解和明确其所服务的组织或机构的使命和目标，用以指导服务的开展。

（二）分析环境和形势

社会工作者要收集环境发展趋势资料，了解对计划有影响力的人士和团体，分析他们的利益和需要、他们与计划的关系及对计划的期望和要求。此外，还需要考虑如何获得财政支持和人力支持，并预测整体环境的改变和变化趋势，了解计划将会面对的机会、竞争和障碍。

（三）客观地认识自身的能力

社会工作者要评估所在社会服务组织的特点，相对于将要开展计划的优势和劣势，认清自身的优点和不足，从而清楚地确定目标、界限和范围。

（四）界定和分析问题

社会工作者要找出社区问题的现状、特点、成因，以及问题的延续因素、针对该问题已采取的方法及其优缺点。此外，应该通过数据了解社区问题的严重性，它给整体社会和经济造成的损失和社会为此付出的代价，并据此确认问题的严重程度，明确是否必须通过社会干预来解决。

（五）确定需要

需要是解决问题的方案所依据的标准。只有通过对需要的界定和评估，才能够明确个人或群体的需要。评估需要可采取的方法包括：参与性方法，即由服务对象参与确定需要；社会指标方法，即用社会或专业所认可的指标数字来推断出需要；服务使用情况方法，即通过目前使用服务者的资料（如使用率、等候人数等）反映出需要的情况；社区调查方法，即通过问卷调查科学地了解居民的需要。

（六）建立目标和达到目标的标准

目标代表了工作的方向和预期要达成的理想效果。目标的制定要遵循 SMART 原则，即：要具体（Specific）、可测量（Measurable）、可达成（Achievable）、具有相关性（Relevant）和有时间限制（Time-bound），具有相关性和时效性。具体来说建立目标要遵循以下原则：一是在执行前与同事共同讨论确立；二是以文字表达，且具体、可量度；三是有明确的服务对象，并被同事、社会人士和服务对象理解、认同和支持；四是具有一定难度和挑战性，并强调服务对象的改变；五是有达到目标的时间限制，有清楚的先后次序和重点效果目标；六是目标的建立应与社会工作者及社会服务组织的能力、资源、权利和责任相适应。

（七）列出、比较并选择可行方案

目标建立后，就需要列出所有能达到目标的可行性方案和策略，并确定各个方案的理论依据，使问题的成因、解决方法和效果连接起来，以便能够评估各个方案的收益与代价，掌握其效果和效率。在选择方案时，应充分考虑其可行性、效果和被接受的程度。

（八）测试方案

选定方案后便需要决定执行机构，包括人力、预算和大致的工作程序等。此时整个计划需交给拨款者或资助者了解并实施拨款，要争取获得社会服务组织行政决策系统的批准。有必要时，也可先推行一些实验性的工作，增强各界人士对服务的信心。在此过程中，计划也可能会因为环境的变化而进行修改，比如因为拨款减少，导致整个计划在规模上的缩减。

（九）执行方案

执行方案期间，策划者需要监管整个运作程序，以免工作偏离轨道。更重要的是，要从实际工作中了解和学习应对某些执行上的问题。方案执行过程中，经常会因为对问题了解的加深而需要对原来的目标和策略作部分修改，因此方案也不是一成不变的。策划者和执行者之间的沟通是促使方案成功的重要因素。

（十）评估结果

评估和总结工作并不一定要等到计划执行结束后才进行，事实上评估设计也是策划的一部分工作。评估和总结工作的主要环节包括确定评估的目标、指标，需要收集的资料，量度表现的方法等。此外，评估工作也需要分析计划在落实过程中的运作状况、达到目标的程度及其可能产生的副作用。

以上的十个步骤只是理想的过程，实际的计划程序要复杂得多，不同的环节可能出现交叉等情况，需要社会工作者根据实际情况进行相应的调整。

【典型案例】

案例资料[①]

幸福小院是20世纪铁路系统单位给员工投资建立的福利房,有15个单元,每个单元24户,总共360户。由于房屋年限久远,破损严重,社区整体环境较差。现在在社区生活的人大多是铁路集团的退休工人以及部分租住户,社区老年人口占比3/4,本地居民和外来人口各占一半。该小区面临四方面的问题,一是物业服务缺失。该小区原来所在企业有物业公司,国有企业改革后物业公司退出。社区居委会曾协助引进物业公司,但是院内居民缺乏购买物业服务的意识,物业公司没有收益,加之社区环境老旧,物业管理难度大,物业公司坚持了三年之后不堪重负,退出弃管。二是生活环境差。由于缺乏物业公司管理,院内居民的基本公共服务需求得不到满足。如基础设施薄弱,缺乏公共活动空间,已有基础设施缺乏定期的维护安全隐患大;院内绿化花坛由于无人打理,杂草丛生;环境卫生差,生活垃圾随处可见。三是居民参与水平低,社区中居住的外来租住户,看重社区的低租金,只将社区作为工作后休息的场所,对社区没有归属感;社区退休工人受计划经济体制意识影响,遇事习惯于找单位,即找居委会解决问题。四是邻里之间矛盾深。小区建成于20世纪90年代,小院内规划不合理,公共空间狭小,居民经常因为抢占停车位和公共晾晒区发生争执;还有部分居民将杂草丛生的绿地占为己有种植蔬菜,居民也因不满或争夺社区公共绿地发生纠纷;社区还存在居民乱搭乱建的行为,随意占用院内公共空间,导致居民之间矛盾激化,邻居间关系淡漠。

近年来该市设立了社区专项基金,用于解决社区最直接、居民最关心的问题。重点用于社区基础设施类、服务类及活动类项目。近期该市又通过了全市老旧社区"红色物业"的实施方案。推动老旧社区的物业管理全覆盖。社区居委会抓住两次政策机遇,运用社会策划模式对社区环境进行了改造。

操作流程与步骤

一、准备阶段

1. 分析社区资源

工作人员从物资资源、人力资源和文化资源三个方面分析了社区的资源情况。首先是物资资源方面,包括资金和硬件设施。社区的硬件设施十分老旧,年久失修,基本不能正常使用。社区的资金主要包括上级政府拨给社区,用于社区正常运转的固定经费;每年定期发放的惠民资金;园林局对幸福小院的投资;文体局对幸福小院的投资;以及"红色物业"经费。人力资源方面,包括对社区有强烈认同感的社区居民,有特长的社区志愿者,以及专业能力过硬的社区工作者。文化资源方面,社区老人大多是铁路集团退休工人,相互熟悉;受计划经济体制观念影响,老人对社区归属感较强;社区成

[①] 王凤林:《社会策划模式在老旧社区治理中的运用研究》,华中师范大学2021年博士论文。

立了一些文化团体，老年人参与率较高。

2. 拓宽民意反映渠道

社区主要通过4个途径收集居民意见，一是居民不定期反映问题，二是举办居民议事会讨论，三是网格员下网格走访，四是居民代表大会。

3. 确定需求

小院改造过程中，坚持以政府发布的《幸福社区的创建标准》为依据，坚持专家意见为主，居民需求为补充的原则。按照该标准创建的要求，主要分为几个环节，分别是：创新社区服务格局（包括服务设施、社区公共服务、便民利民服务、志愿服务、信息化），培育社区文化（活动设施、文化队伍建设、完善活动内容），创建和谐稳定秩序（社区网格化管理、社区警务室、社区安全保障、社区调解），创建生态宜居环境（社区基础设施、环境整治、两型社区）以及创建高效管理机制等。

二、方案设计阶段

1. 制定发展目标

该社区的改造工作分为两个阶段，第一步是着力改善小区内的硬环境，满足居民最迫切的需求。第二步是完善社区各类公共服务，增强社区服务功能，拓宽社区服务领域，加强社区文化建设，促进社区互动，提升居民的社区认同感。

2. 工作主体角色的确定

在幸福小院改造的过程中，有三个主体参与其中，分别是社区居民，社区工作者和政府。他们扮演不同的角色，发挥不同的作用。

（1）社区居民扮演的是参与者角色。居民通过参与志愿活动、文化活动等进行活动参与。居民通过惠民资金听证会，居民议事会，居民代表大会三个平台，讨论与社区改造相关的事情，发表自己的意见，这是决策参与。

（2）社区工作者扮演技术专家和方案实施者角色。技术专家的角色主要体现在社区工作者对项目整体方案的制定方面，包括其借助专业的技术调查和分析社区现存的问题和需要，对多种社区发展方案进行分析，选出最优方案，规划社区服务等。如对社区问题及需求的划分，对社区花坛等绿化改造的重新规划设计等。方案实施者角色主要体现在社区工作人员对实施过程中资源的链接工作、对项目进度的监督管理工作、对项目设施涉及各方的协调工作等。

（3）政府在整个工作中掌握大局，宏观把握社区的发展方向，推动社区建设。主要扮演政策推动者和资源投入者两个角色。

3. 制定具体方案：略

三、具体实施阶段

1. 营造优质的小院生活环境

在小区硬件环境改造方面，社区工作者链接了区园林局的资源，在院内加种了树木，整修了花坛，硬化了地面，增加了绿化面积；链接了区文体局的资源，为小院增设了乒乓球桌，篮球架等健身设施；利用部分惠民资金和"红色物业"资金增设了部分公共设施，如公共晾衣架等；还建设了惠民凉棚、居民议事厅、文化休闲广场等公共活动空间。除硬件环境改造之外，社区还加强了院落自治管理，采取社区牵头、居民自治的管理模式。在社区绿化维护方面，将院落树木的养护落实到居民；葡萄长廊的管理和维护由喜欢花草的老人认领。在社区环境卫生的维护方面，社区开展垃圾分类活动和废物利用的主题活动，向居民普及相关知识；举办主题居民议事会，讨论小院垃圾处理和环境卫生问题；通过居民议事会，鼓励居民成立了社区垃圾清理志愿服务队；社区还建立了幸福小院环境公约，用于约束居民的日常行为。

2. 自上而下的推动社区参与

第一，培育社区能人。社区工作人员通过社区走访，发掘社区党员和楼栋长的能力，对其进行培育，使社区能人参与社区管理。第二，以组织促进参与。社区工作人员推动成立了10多支社区志愿者服务团队和文化团队，如社区维修志愿团队和垃圾清理服务队等，通过社区组织促进居民参与。第三，以需求带动参与。社区工作人员将居民的需求和社区发展目标关联起来，着重解决居民关心的问题，以此开展主题活动，吸引社区居民参与。

3. 培育庭院文化

社区文化空间是培育社区文化、重视社区集体记忆的基本载体，该社区对幸福小院内留有的社区历史记忆的痕迹进行维修和重建。利用惠民资金修建文化休闲广场，为居民的社会交往提供公共空间，增进居民之间的联系，激发居民的集体意识，增强社区的凝聚力。同时为促进居民之间的社区交往，举办了多种类型的文化活动，如邻里一家亲团圆日活动、老年人茶话会、居民生日会等，通过活动营造和谐的院落文化氛围。

经过一系列的改造，该院落的面貌焕然一新，形成了集休闲、娱乐、文化特色为一体的"汇客厅"。

任务三　社区照顾模式

【任务卡】

任务情境

张阿姨今年73岁，两个孩子都在外地工作。三年前老伴突然过世，张阿姨变成了孤身一人，她的生活和情绪一下子发生了很大的变化，并开始出现轻度老年痴呆症状。孩子轮流请假陪在她身边，但毕竟他们都有工作和家庭，无法长期照料。张阿姨的子女曾计划让其去养老院，但是张阿姨不肯。她认为去了养老院自己就失去了自由，一日三餐和生活作息都没有了自主权，加上养老院的收费又贵，张阿姨舍不得。子女曾经为她请过多位住家保姆，都因为各种原因被她赶走了。看着张阿姨的生活自理能力越来越差,张阿姨的子女束手无策,只好找到社区居委会寻求帮助。

请问:你认为张阿姨应该去养老院还是继续留在家中?如果张阿姨要继续留在家中,社区能够为其提供怎样的服务?

任务要求
- 了解社区照顾模式的基本概念。
- 掌握社区照顾模式的特点及其适用的实施场合。
- 掌握社区照顾模式的实施策略。
- 评价社区照顾模式的优缺点。

【必备知识】

一、社区照顾模式的实践理念

社区照顾模式首先产生于英国,20世纪50年代的英国有不少所谓的"院舍服务",如儿童院、精神病院、老人院等,对一些需要帮助的人进行"机构式的收容"。但是,院舍照顾实施一段时间后,人们发现此模式会使得被收容者在心理上受到损害,限制了他们独立生活的能力,存在一些经济效益、政治权利和社会关怀方面的问题。因而提出"反院舍化",希望把院舍服务改为社区服务。20世纪70年代以后,英国对社会福利政策和社会福利服务进行了调整和改革,社区照顾就是这一改革过程的产物。社区照顾不只是简单的去院舍化,或者用非正式的服务来填补需求缺口,而是希望重新确立社区在照顾有需要者方面的地位,发扬社区互助精神,建设互助互爱的社区生活。

(一)社区照顾模式的定义

社区照顾模式是指社区中各方成员组成的非正式网络与各种正式社会服务系统相配合,在社区内为需要照顾的人士提供服务与支持,促成其过正常的生活,加强其在社区内的生活能力,达到与社区融合,并建立一个具有关怀性的社区的过程。

从社会服务和社会福利政策模式及介入方法过程角度看"照顾",基本上可以从四个不同层次来界定和理解。即行动照顾,如起居饮食的照顾、打扫住处、代为购物等;物质支持,如提供衣物、家具、现金和食物等;心理支持,如问候、安慰、辅导等;整体关怀,如改善生活环境、发动周围资源给予支持等。

(二)社区照顾模式产生的背景

1. 对大型机构照顾的反思

工业化导致家庭结构弱化,从而使得工业化国家开始兴办大型福利机构。将孤儿、贫困儿童、精神病人、老年人集中到各类福利院中实施照顾，这种大型的福利院是与被照顾者生活的社区相分离的。在实施一段时间后，人们发现长期住院照顾，产生了一些非人性化的后果：包括福利院的环境不利于儿童的心理成长，福利院的工作人员养成对住院人员不尊重的行为方式，福利院行政管理的官僚化，福利院的费用高昂等。大型福利院存在的问题促使人们去探索另一种照顾模式：回归"社区"，让服务对象尽量在家里或者在社区中正常生活。

2. 对"正常化"的强调

"正常化"的基本含义是指任何人都应该能够按照一定的社会文化价值和社会价值，过尽可能正常的生活。但是"院舍服务"的对象被剥夺了自主和选择的权利，过着"不正常"的生活。要实现"正常化"，首先要有正常的环境，服务对象所生活的社区有服务对象熟悉的人群，有与正常人交往的机会，有进行正常社会生活的条件。因此让福利机构中的住院人士回归社区，使其享有正常化的生活权利，就成为必然的、符合人性的要求。

（三）社区照顾模式的特点

1. 协助服务对象正常地融入社区

社区照顾模式认为服务对象所生活的社区是其正常的生活环境，这里有他们熟悉的人群，他们有同正常人进行交往的机会，也有进行正常社会生活的条件，这对服务对象是十分有利的。虽然社区照顾并不排斥在某些情况下服务对象需要进入福利机构，但其目标是协助服务对象正常融入社区，让他们可以选择自主的生活方式和社交网络。

2. 强调社区责任

社区照顾的发展是福利国家制度体系下一种服务方式的转变，通过服务资源与权力的下放，改变过去以政府为主提供资源和服务的状况，强调政府、非营利机构、营利机构、志愿组织、社区、家庭及个人共同分担责任，目的是更及时地回应社区有需要人群的问题与需求，提供更有品质的服务。在社区中，由社区各类组织和普通居民通力合作为有需要的人士提供照顾，也可以塑造关怀社区，改善和提升人们的生活质量。

3. 强调非正规照顾的作用

由政府和福利机构提供的照顾被称为正规照顾（正式照顾），与之相对应，由家庭、亲朋、邻居和志愿者提供的照顾是非正规照顾。社区照顾模式认为，社区内存在着许多人际关系网络，这些关系网络对社区成员的生活有很大影响，它可以为人们提供重要的精神、物质和服务方面的支援。社区照顾十分重视动员与服务对象有关的非正式照顾系统，鼓励他们参与并提供帮助，建立有效的照顾网络，与正规的社会服务一起，支援和协助人们解决困难。

4. 提倡建立相互关怀的社区

社区照顾模式强调动员社区居民参与社区照顾服务，建立社区居民之间的互动互爱关系，以抗衡个人主义和城市化带来的疏离和孤独。它强调，一方面，政府要协助每个社区推动社区居民参与志愿服务工作，帮助和关怀有需要的民众；另一方面，社区中正式的社会服务机构也要将社区内疏离和松散的网络有效地连接起来，让那些原来接受服务的困难群体也可以参加社区活动，帮助他人，发挥潜能。

（四）社区照顾模式中社会工作者和案主的角色

社区照顾模式中社会工作者的工作对象有两类：一是传统的服务对象，如老人、残疾儿童、精神障碍患者等；二是家庭中服务对象的照顾者，如不能自理的高龄老人的子女、特殊儿童的家长等。面对这两类服务对象，社会工作者在社区照顾模式中的角色主要包括：

照顾经理。在社区照顾中，社会工作者要拟订恰当合理的社区照顾方案，根据不同服务对象的需要提供不同服务，依据每个受助者的具体情况制订一揽子的服务计划。这个一揽子计划，要由卫生、健康医疗和社会服务部门在服务计划和服务提供方面通力合作实施。而社会工作者则是这个一揽子计划中调和志愿部门、非正式照顾者和机构服务的中间人和协调者，是使社区照顾成为可行和具有成本效益的服务方式的管理者。所以照顾经理是其核心角色。

经纪人。为服务对象寻找有关服务。例如，为特殊儿童寻找特殊学校，协助其接受文化教育；为家庭照顾者小组的活动寻找场地、营养培训师等社区资源；推动家庭照顾者协助服务机构推行服务；向家庭照顾者自助小组提供经费，或提供社区资源的相关资料、告知申请渠道等。

辅导者和教育者。为家庭照顾者提供辅导服务，为家庭照顾者自助小组提供训练课程，帮助他们了解老人、精神障碍患者、儿童等服务对象的身心特点，提供与之沟通的技巧、一般性的护理技巧等。

治疗者。为个别服务对象提供行为治疗或其他心理治疗，也开展家庭治疗和团体治疗。

倡议者。为一些特殊的服务对象倡议和争取合适的服务；替家庭照顾者向有关部门提出意见，争取福利资源和措施；通过教育和培训，鼓励家庭照顾者自主争取权益。

顾问。就服务对象的情况向有关服务机构提供意见，例如向特殊教育学校介绍特殊儿童的情况并提出服务建议；为家庭照顾者小组提供支援、提供活动及发展方向上的意见和建议等。

(五)社区照顾模式评价

1. 优点

有助于给予服务对象人性化的关怀,拉近社区居民之间的关系。

动员社区普通居民参与社区照顾,有助于营造关怀互助的社区环境,促进社区发展。

倡导社区层面服务的综合化,社区照顾结合不同对象、不同方法开展服务,是倡导社区服务综合化发展的积极尝试和有益经验。

2. 缺点

资源及权力下放可能引发政府责任与角色问题。社区照顾强调非正规资源和网络的运用,但是并不意味忽视正规资源的重要性,社区照顾的落实,不是简单的更换成一种较便宜的服务,而是要求各方有更多的投入。

社区资源状况可能不符合社区照顾的要求。开展社区照顾需要强调家庭和社区资源的充分运用。但是随着工业化和城市化的发展,家庭制度和社区都有了明显的变化。随着家庭的小型化,女性的就业,熟人社区的瓦解,可能导致家庭和社区没有足够的资源提供长期的照顾。

激励机制的问题。把传统责任和利他精神作为照顾行为的道德基础,但是道德的承担是有限度的。当家庭、社区网络不可能对被照顾者负起长期责任时,可能会伤害被照顾者的利益。

非正规照顾的服务质量难以保证。具体表现在非正式照顾者通常没有受过专业的训练,照顾技巧和知识不足。加之其不受专业伦理守则的监管,很难保证被照顾者的个人利益不受侵犯。另外依靠亲朋、好友及邻居的帮助,很难保证服务的连续性和可靠性。可能会使受助者得不到适当的照顾。

可能出现社区对有困难人士的排斥和歧视问题。社会上部分人士对特殊困难群体的境况不理解,缺乏关怀和体谅,甚至可能存在偏见和歧视。这都使得社区中可能出现对困难人士的排斥和歧视,甚至采取较激烈的行为,反对在社区内设置有关的服务设施。

二、社区照顾模式的工作策略

英国学者沃克(A. Walker)指出,社区照顾的主要实施策略有三种:在社区内照顾(care in the community)、由社区来照顾(care by the community)、对社区照顾(care for the community)(Walker, 1989)。

(一)在社区照顾

它是指不使被照顾者离开他所熟悉的社区,而是在社区的小型服务机构或住所中获得专业人员的照顾。社区照顾的核心是强调服务的"非机构化",发展以社区为基础的治疗与服务设施、技术和计划,将照顾者放回社区(如社区活动中心、老人之家、妇女之家、托老所、爱心吧等)内进行照顾,在他们熟悉的社区环境中生活,从而避免了过去大型照顾机构那种程式化的专业照顾带来的负面后果。其服务形式包括:将照顾者迁回熟悉的社区中的家庭里生活,并辅以社区支援服务,如家务助理、社区护士及社区中心等;将大型机构改造为更接近社区的小型机构,如老人庇护所、小型儿童之家等;将远离市区的大型机构迁回社区内,方便亲友探望。

(二)由社区照顾

它是指动员本社区的人力和物力资源,如家庭、亲友、邻里及社区内的志愿者等,运用社区非正式支持系统开展照顾服务。由社区照顾的核心是强调动员社区内的资源,在社区中重新建立支持网络。支持网络大致可以分为三类:一是提供直接服务的网络。这类服务是指以社区为基础,在社区内动员亲友、邻里、居民组织或志愿者等去关怀和帮助有需要的人士。二是服务对象自身的自助网络。这类网络是指在社区开展自助互助小组,使服务对象能够以助人自助的方式相互支持。三是社区紧急支援网络。这是指帮助服务对象应对突发事故和危机建立的支持网络。如独居老人的电铃呼叫系统等。

(三)对社区照顾

英国学者沃克(A. Walker)认为,要成功地进行社区照顾,单靠社区及家人的力量是不够的,为了不使这些照顾者被"耗尽",还需要充足的支援性社区服务辅助措施,使照顾者获得喘息的机会,才能使社区照顾持续下去。这些社区服务包括日间医院、日间护理中心、家务助理、康复护士、多元化的老人社区服务中心、暂托服务、关怀访问及定期的电话慰问等。"对社区照顾"更加明确地指出了正规照顾和非正规照顾相互融合的重要性。

【典型案例】[①]

案例资料

阿尔茨海默症是因慢性脑部疾病而造成的认知上的多重缺损,记忆力缺损是其中最主要的特征,且至少伴随着失语、失用、失认、失行其中一种病理性改变。这些缺损导致患者的日常生活、工作能力和社会交往等方面的倒退。随着病程进入不同阶段,病症也会有所不同。对阿尔茨海默症患者的服务应做到四早,即早发现、早诊治、早干预和早治疗,从而延缓病程。E机构是一家集统筹、服务、培训、示范等功能于一体的一

---

① 林子珺:《认知障碍症长者社区照顾模式探索》,华南理工大学2018年博士论文。

站式长者综合服务平台，设有社会工作者、护士、康复治疗师、护理员等岗位。E机构服务过程中发现阿尔茨海默症长者及家属无法得到有效的支援，希望通过开展专项服务，推广阿尔茨海默症患者社区照顾模式，更有针对性地协助长者、护老者和工作者。

操作流程与步骤

（一）阿尔茨海默症长者生态系统评估

（1）微观系统调和不良。阿尔茨海默症长者由于病情的影响，个人的生理、心理和社会交往方面，并非处于良性的互动状态，生活自理能力受到限制，人际关系紧张。

（2）中观系统功能失调。阿尔茨海默症患者的非正式支持系统主要包括家庭、朋友、邻居等。但是长期的照顾对照顾者的生理、心理、经济状况和生活质量方面都产生了负面的影响。在正式支持系统方面，社区卫生服务中心多为社区居民提供基础性的医疗保健服务，但是较少投入在特定的病种上，大型医院的治疗由于便利性及经济因素使患者不能够持续地得到医院系统的支持。同时确诊患者在社区的康复和照顾欠缺后期的专业指导和跟进。

（3）宏观支持系统薄弱。在制度层面，政府没有出台具有针对性的法律、法规和保护政策。在社区文化方面，大众对疾病的知晓度较低，较少开展相应的知识教育，由于对此疾病的误解，使病人及其家属有病耻感，较少得到社区的支持。

（二）阿尔茨海默症长者社区照顾项目目标分析

（1）微观系统层面：回应急需专业服务介入的需求。

（2）中观系统层面：联动家庭照顾与专业服务。

（3）宏观系统层面：营造阿尔茨海默症友好氛围。

（三）阿尔茨海默症长者社区照顾模式运作

对于阿尔茨海默症长者的社区照顾服务主要从三个方面开展服务，一是在社区中运用个案管理，二是提高社区照顾能力，三是搭建社区支持网络。

1. 在社区中运用个案管理

在该类服务中，社工扮演了治疗者、顾问和经纪人等角色。开展以下服务：

（1）社区发展及定期社区筛查。为及时发现隐藏在社区中的阿尔茨海默症长者，避免耽误病情，社会工作者通过外展、社区探访等方式寻找目标人群，再通过邀请其参与定期筛查，从而及时发现。

（2）跨专业制定个人照顾计划。该机构成立了由社会工作者、治疗师、护士、护老员组成的跨专业服务团队，通过分析阿尔茨海默症长者身体、心理、社交等方面的全人的需要，从而设计执行和评检长者的个人照顾计划。并将家属纳入长者个人照顾计划的制定中。

（3）早期预防与社区服务结合。工作人员根据长者个人照顾计划，针对长者开展不同的服务。对潜在的可能会阻碍社会功能正常发挥的条件和情景进行早期控制，尽可能消除危险因子的存在，增进个人的福祉和功能。比如开展健脑有方小组、电脑俱乐部等，让长者掌握日常锻炼大脑的方法，进行健脑游戏体验，降低患病风险。对于确诊后的患者，社工运用专业方法协助长者维持现在的认知能力和日常生活活动功能。如开展缅怀类活动，陪同长者及家属提早制定日后的照顾方案等。对于一些身体受限，不便出行的长者，服务拓展到家居和日常生活中，提供上门探访、追踪指导等服务。协助其改善家居安全，掌握日常照顾方法和认知刺激训练，提升生活自理和认知能力。

2. 提高社区照顾能力

在该类服务中，社工扮演辅导者、教育者、顾问等角色。开展以下服务：

（1）社会工作者的培训。该机构为本机构及其他为老服务机构设计认知障碍症服务的专业培训课程，配备认知训练的工具箱和认知训练的教材。提升社会工作者在阿尔茨海默症的社区发现、社工介入、认知训练的小组和活动设计、认知训练工具的应用、家居安全评估及护老员培训等方面专业能力。

（2）长者义工队伍的培育。该项目组建"健脑大使"义工队伍。通过由社会工作者培训长者义工，由长者义工服务社区长者和倡导社区关怀阿尔茨海默症长者的服务联动模式，在社区中宣传促进大脑健康的知识和健脑游戏的玩法，起到示范和带动的作用。

（3）护老者的支援。护老者指的是长者日常生活的照顾者，通常是配偶、子女、其他亲属或保姆。这些护老者面临多方面的挑战和困难，如对疾病知识和照顾技巧了解不足，对医疗系统及社会资源不熟悉，照顾责任的分担不均，护老工作对生活及工作的冲击，角色的冲突及不适应和心理及体力的耗损等。项目通过多种形式，让护老者掌握护老的相关知识和资源的获取方式，利用长者日间照料中心、家居照顾服务等缓解护老者的负担，使其得到喘息的机会。

3. 搭建社区支持网络

在该类服务中，社工扮演教育者、经纪人、倡议者等角色。开展以下服务：

（1）探索跨界别的合作机制。项目通过有效链接不同系统，如医院、基金会、家庭长者义工和社区等多方的力量，共同开展专业服务。

（2）多元化的社区宣传教育。项目通过讲座、活动、咨询、展览、派发宣传资料、媒体报道、义工宣传等多种形式进行宣传倡导，使社区居民正视阿尔茨海默症，及早发现诊断和治疗，且通过适当的社会服务延缓病程。通过普及阿尔茨海默症知识，了解阿尔茨海默症的演变历程，以降低疾病发生时的冲击和提高警觉性，改善并降低疾病发生的危险因素，及早预防疾病的发生。

（3）建立业界沟通交流平台。该机构联合省内不同地区的二十多家为老服务单位结成阿尔茨海默症服务合作伙伴联盟，积极为相关服务人员提供专题培训和教育活动，组织开展经验总结和交流会，总结形成可复制的服务标准和服务模式，建立服务转介系统。

项目目前直接受益长者逾一万人次，初步构建预防、治疗、康复三个维度的社区照顾支持网络。

知识与技能拓展

本项目重点介绍了较符合我国国情，并在我国较多运用的三种社区社会工作模式，即地区发展模式，社会策划模式和社区照顾模式，三种模式比较如表4-3所示。

表4-3 社区工作三种模式比较

项目	地区发展模式	社会策划模式	社区照顾模式
关注点	社区成员的参与和赋权，强调社区内部的资源和能力	解决社区问题，改善社区服务，注重外部资源的引入和规划	为弱势群体提供支持和服务，强调社区内部的互助和关怀
行动特色	自下而上，强调社区成员的主动参与和决策	自上而下，强调理性行动，注重专业人员的规划和外部资源的整合	自下而上与自上而下结合，强调社区成员与专业人员的合作，正式与非正式支持系统的运用
策略方法	社区动员、资源调查、能力建设、社区教育	需求评估、项目规划、资源分配、项目实施	个案管理、家庭支持、志愿者服务、社区网络建设
社区工作者的主要角色	促进者、教育者、使能者	规划者、技术专家、方案实施者	经纪人、协调者、服务提供者
适用范围	共性问题突出、居民同构性高的社区	问题复杂，非一般社区民众所能自行应对，需要外部资源介入和系统规划的社区	弱势群体较多，非正式资源丰富，互助文化浓厚的社区

【巩固与提高】

一、单项选择题（每题的备选项中，只有1个最符合题意）

1. 下列各项中，（　　）是地区发展模式中应该优先考虑的目标。
   A. 在生活上照料孤寡老人
   B. 对网络成瘾少年进行心理辅导
   C. 帮助社区居委会解决办公场所过小的问题
   D. 组织"邻居节"以改善邻里关系

2. 主要针对社区中部分邻里关系不良而采取的策略是（　　）。
   A. 社区教育　　　　　　　B. 团结邻里
   C. 促进居民的个人发展　　D. 社区参与

3. 在社会策划模式中，社会工作者主要扮演（　　）角色。
   A. 专家　　B. 使能者　　C. 服务者　　D. 领导者

4. 社会工作者小张计划采用"由社区照顾"的策略帮助社区的8名残疾居民。现已建立了提供直接服务的网络和社区紧急支援网络，还可以考虑建立（　　）的互助网络。

　　A. 残疾人亲友与残疾人　　　　B. 大学生志愿者与残疾人
　　C. 残疾人与残疾人　　　　　　D. 社区居民与残疾人

5. 以下（　　）不属于"在社区照顾"的服务形式。

　　A. 社区综合治安巡逻　　　　　B. 家务助理
　　C. 社区中心　　　　　　　　　D. 小型儿童之家

二、多项选择题（每题的备选项中，有2个或2个以上符合题意）

1. 地区发展模式中，过程目标的地位和重要性超过任务目标，因此，当社会工作者采用地区发展模式时，会致力于（　　）。

　　A. 建立各种社区支持网络
　　B. 改善社区与社区之间的关系
　　C. 重建居民与团体之间的紧密联系
　　D. 帮助居民认识参与的重要性
　　E. 使居民对社区更加认同及投入

2. 作为社区工作实务理论的一种模式，地区发展模式的优点在于能够（　　）。

　　A. 保证服务质量
　　B. 倡导社区层面服务的综合化
　　C. 营造良好的社区气氛
　　D. 提高居民的能力
　　E. 推进社区民主

3. 下列各项属于社会策划模式的基本假设的有（　　）。

　　A. 崇尚理性力量
　　B. 社区也可以实现和谐
　　C. 认为社区居民愿意参与社区事务
　　D. 社会问题可以通过渐进的方式解决
　　E. 社区问题的主要成因是缺乏合作和沟通

4. 社区照顾模式中有不同的工作对象，包括（　　）。

　　A. 残疾儿童　　　　　　　　　B. 精神病人
　　C. 特殊儿童的家长　　　　　　D. 经常逃学孩子
　　E. 不能自理的高龄老人的子女

5. 关于社区照顾模式的特点，下列描述正确的是（　　）。

　　A. 强调社区责任
　　B. 重视专家的作用

C. 非正规照顾是重要因素

D. 提倡建立相互关怀的社区

E. 协助服务对象正常地融入社区

三、判断题（判断下列描述是否正确，正确的打"√"，错误的打"×"）

1. 团结邻里是针对居民之间的冷漠和疏离所采取的措施。（   ）
2. 社会策划模式崇尚理性，依靠专家和外界权威机构的意见和知识。（   ）
3. 社会策划模式可以增进居民的参与，从而快速解决社区问题。（   ）
4. 为照顾者提供充足的资源性社区服务辅助属于"为社区照顾"。（   ）
5. 由家庭、亲朋好友、邻居提供的关照是非正式照顾。（   ）

四、实训题

陈婆婆，76岁，有一独生女儿在外地工作，陈婆婆喜欢打太极拳，是社区太极拳队的成员。陈婆婆与老伴在本小区已居住了20多年，夫妻关系很好，家中事务大多都由其老伴管理。但是几个月前陈婆婆的老伴突然中风离世，陈婆婆的生活陷入了混乱。在情绪方面，陈婆婆不能接受老伴离世的事实，常常睹物思人，默默流泪；在生活方面，随着老伴离世，家里的所有事务都由陈婆婆一人打理，陈婆婆感觉力不从心，家里不再如之前一般整洁，陈婆婆甚至常常连饭都忘记了吃。在人际关系方面，陈婆婆的女儿处理完父亲丧事后就忙于工作，加之人在外地，给予的支持较少；陈婆婆因为亲友每次提及老伴都使其更加难过，所以索性不与亲友往来，小区太极队活动也不再参加，很少出门。陈婆婆的女儿找到社区社会工作者，希望其能够提供帮助。

请你为陈婆婆拟订一份恰当合理的社区照顾方案。

【参考答案】

一、单项选择题

1. D   2. B   3. A   4. C   5. A

二、多项选择题

1. ACDE   2. CDE   3. AD   4. ABCE   5. ACDE

三、判断题

1. ×   2. √   3. ×   4. √   5. √

四、实训题

略

项目五　制定社区社会工作计划

【项目导学】

　　社区社会工作计划是社区社会工作者根据社区的基本情况、所在机构的资源、自身的工作能力和工作承载量等多重因素综合考量后而制定的行动方案。一份好的社区社会工作计划要包含明确的目标，清晰的服务思路，科学的服务方法与评估方法，要指向社区未来的发展，既要能够因地制宜地以发展的眼光看待社区的问题、需要与资源，从可持续发展的角度为社区提供专业且适切的服务，又要能够帮助工作者理清服务思路，指明服务方向，规划服务提供的先后顺序，也能让社区服务的出资方或购买方能够看到自己资金的具体用途和即将产生的社会价值。既然一份好的社区社会工作计划如此重要，那么，如何才能制定出一份好的社区社会工作计划呢？一份好的社区社会工作计划应包含哪些内容呢？在制定社区社会工作计划时，应该注意些什么呢？

　　社区社会工作计划不是千篇一律的，它需要工作者根据每个社区的情况对计划做出不同的调整。整篇计划应该是前后一致的，是围绕服务目标展开的，服务方法的选择要能够与社区的问题或者社区所拥有的资源相对应，服务的时间规划也要符合事物的发展规律。本项目将从社区社会工作目标的制定和社区社会工作方案的设计两个方面介绍如何制定社区社会工作计划。

【思维导图】

```
                            ┌── 确定社区社会工作目标 ──┬── 目标的构成
制定社区社会工作计划 ──┤                          └── 制定目标的原则
                            │                          ┌── 方案制定的原则
                            └── 设计社区社会工作方案 ──┼── 方案设计的内容
                                                       └── 撰写社区社会工作计划
```

【学习目标】

● 理解目标的构成与制定原则，能制定出适切的社区工作目标。

● 掌握设计社区社会工作方案的原则，明确方案设计的内容，能根据社区具体情况制定适切的社区工作方案。

● 能以发展的眼光科学合理地制定社区社会工作计划，具备为社区美好未来而奋斗的责任心与使命感。

任务一　确定社区社会工作目标

【任务卡】

任务情境

为了帮助老年人跨越"数字鸿沟",某社会工作服务站计划在社区招募一定数量老人开展老年人智能手机学习小组。在开展小组前,社会工作服务站全体成员对于本次小组如何开展进行了讨论,讨论内容如下:

- 招募多少位老人?
- 参加小组的老人属于什么年龄段?
- 本次小组每节开展什么学习内容?
- 本次小组过程中需要用到的辅助材料有哪些?
- 本次小组让老人们学习并掌握的智能手机操作功能有哪些?
- 招募多少数量志愿者?
- ……

请问,您知道社区社会工作者们为什么讨论这些内容吗?这些内容和小组目标的设定有什么关系?

任务要求

- 知晓个人层面的目标与社区层面的目标的内涵,并能将两者进行区分。
- 掌握遵循 SMART 原则制定社区社会工作目标的方法。
- 能在制定个人层面的目标和社区层面的目标时灵活运用 SMART 原则。
- 具备耐心细心的职业态度,能认真思考不断调整直到制定出合适的社区社会工作目标。

【必备知识】

目标一词广泛存在于我们的工作与生活之中,对于一名社区社会工作者而言,目标是基于工作者对自身工作能力、机构所具备的资源、社区的需求及资源的充分了解而制定的,它具备一定的主观性,即它反映了社区社会工作者对未来社区发展方向的期许;它又具备方向性,即它为社区社会工作者未来的服务指明了方向;同时,它又具备社会性,即它的制定和实现程度受限于社区自身的资源、环境乃至社会政策及主流的社会文化;而它的实践性属性又意味着只有将目标中的内容付诸实践才有可能真的将其达成。也正因如此,要想成为一名合格的社区社会工作者,学会制定合适的目标就显得十分重要。

一、目标的构成

社区是由聚集在一定地理范围内的人所组成的社会生活共同体。由此可知，社区由人组成，与社区有关的目标可以分为基于微观视角的个人层面的目标与基于宏观层面的社区层面的目标两大类。

（一）个人层面的目标

个人层面的目标，是指工作者期望服务对象在知识、感受、技巧、行为、态度等各方面所作的改变。

1. 知识层面的改变

知识层面的改变是指服务对象在接受服务后学到了哪些知识。比如，在参加认知症预防工作坊后，服务对象可以说出四项老年认知症的主要症状。

2. 感受层面的改变

感受层面的改变是指服务对象在接受服务后对于某些事情或处境的看法。比如，在接受服务后，能够以正面字句取代负面的字句去描述自己的处境、眼下的困难或负面事件。

3. 技巧层面的改变

技巧层面的改变是指服务对象在接受服务后，学会了哪些具体的处理问题的技巧。比如，社区中的老年人在参加了社工举办的防摔讲座后，掌握了三个日常防摔倒的小技巧。

4. 行为层面的改变

行为层面的改变是指服务对象在接受服务后养成了某种良好的行为习惯，或改掉了某种不良的行为习惯。比如，在参加社区志愿者小组后，服务对象们能够养成关注社区事务的习惯，每周在一起讨论一次社区事务。又如，在参加慢性病支持小组后，服务对象们能够每周聚会一次，或是养成了定时监测血压的习惯。

5. 态度层面的改变

态度层面的改变是指服务对象在接受服务后，能够对未来更加有信心或更加积极。比如，某服务对象参加了社区服务中心举办的亲子沟通小组后，对改善亲子关系的信心从两分增加到了五分。

（二）社区层面的目标

社区层面的目标指在活动完成后，社区社会工作者期望社区的情况会有什么改变，为了让目标更加清晰和明确，目标的表述中常常使用数量词来描述改变的程度，例如：××社区的老年人的被诈骗率降低20%。

若以目标达成的时限为界，社区层面的目标可被分为长期成果目标、短期成果目标和工作目标三个层次。

1. 长期成果目标（Impact Objective）

长期成果目标是指在社区工作者提供的服务完成后的指定时间内（一般是指一年及以上），期望某个或者某几个社区问题的情况有多少改善（可以用百分比、总数等统计数字表达）。

例如：

（1）活动完成后十二个月内，社区内因家居意外而受伤入院或死亡的独居老人人数下降20%。

（2）活动完成后十个月内，社区内的儿童欺凌个案宗数下降20%。

2. 短期成果目标（Outcome Objective）

短期成果目标是指在活动完成后，期望达致的实时的改变。由于态度和认知的改变通常较难在短时间内实现和进行量度，故在撰写短期成果目标时，应避免以态度和认知的改变作为成果目标。相比态度和认知，对行为的测量就会更加简单易行，因此，在制定短期成果目标时，可以将目标陈述为：有多少人可以做出某些具体的行为。

例如：在××社区的一个为期六个月的关爱独居老人的活动中，社区社会工作者可以订立以下的短期成果目标：

（1）在六个月内，为社区内的50位独居老人建立互助支持网络（包括但不限于组建两个兴趣爱好小组，以及每月开展一次户外活动）。

（2）在六个月内，募集100名社区志愿者为社区内的50位独居老人每月提供一次服务。

3. 工作目标（Activity Objective）

工作目标是指在一定的时限内，社区社会工作者及其所在的机构为达成短期或者长期的目标而计划要完成的工作事项。通常来说，这些内容会放到计划书或项目书的工作筹备板块，而不会放到具体的项目目标或者活动目标之中。

例如：

（1）在六个月内，为社区内的独居老人以楼栋为单位，举办30次楼栋会议。

（2）在三个月内，完成一项关于社区内独居老人情况的生存现状调查，并撰写一篇详细的调查报告。

二、制定目标的原则

SMART原则，是管理大师德鲁克在《管理实践》中提出的目标管理方法，按照这个原则制定出的目标才能保证可实施、可跟进、可考核，也更容易实现。社区社会工作者在撰写社区工作计划中的目标时，也应遵循SMART原则，以彰显服务的专业性。具体而言，符合SMART原则的目标需要符合如下五个特征。

（一）目标要具体（Specific）

什么是目标要具体呢？具体和不具体的区别在于目标是否能用具体的语言清楚描述出来，是否明确。很多刚开始从事社区社会工作的社会工作者经常会将"丰富社区的文化生活"作为服务计划书上的目标。但是如何评价"丰富社区的文化生活"这一目标是否达成呢？很显然，这个目标是很难被度量的，究其原因，就是目标并不具体。若要将目标具体化，可将其转换成"在社区内建成一个便民读书角，并举办10场亲子阅读活动"。这样具体的目标更加务实，也更加易于评估其达成程度。

再如，作为社区社会工作者，你计划针对社区老人开展一场认知症科普活动，你可能会定下如下服务目标：

（1）参加活动的老人能知晓认知症的三个早期症状（健忘、失去时间感、在熟悉的地方迷路）；

（2）参加活动的老人能掌握预防认知症的四种方法（健康饮食、戒烟酒、保持社交、脑力训练）。

在上述表述中，三个症状和四种方法都是具体化的目标，明确地写出了需要老人知晓什么和掌握什么。

（二）目标可衡量（Measurable）

什么是目标可衡量？具体而言，就是可以在陈述目标的句子当中找到数词和量词。很多社区社会工作者在走上工作岗位后，都会对自己说要将社区社会工作服务做好。那么怎样才算做好呢？好的标准是什么？从社区工作的角度来看，好的服务包含多个层面。比如，"每一年要举办10场节庆娱乐活动"这一目标从服务数量上描述了好的服务频次；而"居民对服务的满意度与服务的目标达成度均达到80%以上"这一表述则是从服务的质量上对好的服务进行了界定。

依然以上面社区里预防认知症的活动为例，上述目标具备可衡量的特征，衡量方法为在活动后以对老年人进行提问的方式询问老人掌握了哪些信息，并与目标进行核对，从而测出目标达成的程度。比如：李阿姨掌握了三个症状、四种方法；张阿姨掌握了两种症状、两种方法；王叔叔掌握了两种症状、四种方法，等等。我们可以将这些信息汇总后测算百分比，以得知目标的达成程度。

（三）目标要可实现（Achievable）

制定目标时要确保目标是可实现的，不要一下子把目标定得太高太难，当社区社会工作者自己无法完成自己制定的目标时会有很大的落差感，长此以往也会让自己对工作和生活失去信心甚至产生职业倦怠。比如，社区社会工作者希望自己可以每个月举办10场社区活动，而这一切都全部由一名社会工作者完成。又如社区社会工作者希望在社区内举办一场有100人参加的亲子运动会，而社区内儿童以留守儿童居多，适合参加运动会的家长总数不足20人。这些目标无论是从主观上还是从客观上，都属于不能被达成的目标，其可行性极低。究其原因，是社区社会工作工作者对自身的工作能力和自己的工作环境及服务对象的情况作出错误估计导致的。

但是，目标可实现不代表没有挑战性，定目标时坚持"跳一跳，能够着"的原则，我们和服务对象通过自己的努力能够实现目标，逐渐完成目标不仅能给自己和服务对象带来愉悦感，也能不断增强社区社会工作者和服务对象的自信心，同时在完成目标的过程中我们的能力与服务对象的能力也得到了提升。

（四）目标要有相关性（Relevant）

目标的相关性是指设定的目标必须和自己的身份与能力范围、机构或单位的使命、服务对象的需求或问题相关。

若一个项目是为了改善社区居民之间的邻里关系，减少邻里纠纷。而社工在制定项目目标时，将目标指定为在社区内举办10场读书会活动。读书会并不会直接地解决邻里纠纷，那么可以说，如果只在社区里面举办读书会是无法实现改善邻里关系这一目标的。

又比如，本年度社区社会工作者的服务对象是社区里的老人，在制定服务目标时，目标里包含了举办两场儿童活动，即使这两场儿童服务是十分有意义的，这样的目标也偏离了本年度的主要服务对象，在经历有限的前提下，可能导致社区社会工作者的为老服务数量不足，质量下降。

（五）目标要有时限性（Time-bound）

时限性就是指目标的完成是有时间限制的。

有了时间限制，才能让目标更可控，如果没有时间限制，目标就会每天被其他更紧急的事情排挤，久而久之目标便会被淡忘。所以无论是目标、规划、阶段、事项，都要有明确的时间节点，甚至细致到每天的工作事项计划都要制定时间节点，这样能督促大家按照定好的时间节点来推进工作，避免拖延，提升效率。具体示例详见工作目标部分。

【典型案例】

案例资料

某社会工作服务站在开展老年人日常走访调研过程中，了解到 65% 左右的老人都存在不会使用智能手机看病预约挂号、扫码点餐、网上购票、查询公交车实时信息、下载软件、支付宝及微信购物支付等功能操作，老年人尤其担心在下载软件及使用过程中，会因为无法识别真假信息，被不法分子诈骗。社区社会工作者们为了帮助社区老年人跨越"数字鸿沟"，掌握智能手机设备的使用方法，享受科技带来的便利，护好钱包，特开展"智享生活 乐享晚年"——老年人智能手机学习小组，并运用 SMART 原则，制定小组开展的目标。

操作流程与步骤

1. 了解初步问题

首先，确定服务对象是谁？服务对象发生了什么事情？遇到了什么困难？问题对他们产生了什么影响？他们有没有通过各种方法去解决问题？解决的结果怎么样？

在案例中，社区社会工作者在走访老年群体做调研时，发现多数老年人不会使用手机预约挂号看病，经常要让子女或其他人帮忙手机预约挂号，若未能预约成功，老人要自行前往医院，到达医院后，通常要排队等候很久，有时挂上号，也要等待 1~2 个小时才能看病，不利于老年人身体健康。

2. 界定服务对象

在走访调研过程中发现，部分老年人会使用手机进行预约挂号，社区社会工作者需要识别有需求的服务群体，并在有需求的服务群体中找到愿意学习、愿意参加小组服务的老人。

在走访调研结束后，社区社会工作者对调研进行了分析，初步分类会使用手机预约挂号的老人与不会使用手机预约挂号的老人，在不会使用手机预约挂号的老人中，又筛选出生活能够自理、常住在社区内、曾表示愿意参加活动的老人，作为本次小组开展的服务对象。

3. 明确需求

运用布莱德肖（Bradshaw）提出的规范性需求、感觉性需求、表达性需求和比较性需求，明确服务对象的需求。

在本案例中，社区社会工作者主要从规范性需求（《国务院办公厅引发关于切实解决老年人运用智能技术困难实施方案的通知》）、感觉性需求（调研问卷）、表达性需求（服务对象在调研中表达不会使用智能手机进行线上预约挂号）等方面明确需求：学习并掌握智能手机常用功能的操作。

4. 确定目标

让参与小组的老年人学习并掌握智能手机常用功能的操作。

5. 目标原则

具体性、可衡量、可实现、相关性、时限性。

6. 目标设定步骤

（1）具体。参加小组的老人学习并掌握使用智能手机预约挂号操作。

（2）可衡量。参加小组的老人学习2种预约挂号操作的方法（微信公众号、App）。

（3）可实现。参加智能手机学习小组的老人10人，志愿者10人，志愿者与老人进行1对1配对，在学习过程中，有1名志愿者全程协助配对的1名老人学会并掌握预约挂号操作。

（4）相关性。学习手机预约挂号是智能手机操作的内容。

（5）时限性参加小组的老年人通过1节课程学会并掌握智能手机预约挂号操作。

经过以上步骤，目标可设定为：每位老人在1节课程内学会并掌握使用智能手机进行看病预约挂号的2种方式（微信公众号、App）。

7. 目标达成检验

（1）课程学习后，志愿者全程不进行指导，老人自己独立完成手机预约挂号2次，目标达成。

（2）用问卷法、访谈法了解目标达成情况。

任务二 设计社区社会工作方案

【任务卡】

任务情境

G社区辖区6.5平方千米，常住人口10万多人。辖区内学校、幼儿园、工业区众多，社区以核心家庭居多，且居住时间超过3年的占90%。G社区党群服务中心的社会工作者在对居民的访谈中发现，基本上所有接受过访谈的家长都会存在不同程度的亲子管教难题。同时，G社区党群服务中心的社会工作者在问卷调查中，统计发现：在管教方式上，61.3%的家长采用惩罚/奖励的方式管教孩子，在管教方式的效果上，40.6%的家长认为自己的管教方式经常无效。

如果你是该社区党群服务中心的社会工作者，你会如何策划该社区的社会工作方案呢？方案应包含哪些基本内容呢？

任务要求

- 知晓社区社会工作方案的内涵，及其应包含的内容板块。
- 掌握社区社会工作方案制定的社会性、可行性、可复制性及可推广性原则。
- 能深度体察社区居民的需要，根据社区实际情况制定并撰写适切的社区社会工作方案。

【必备知识】

在前面的学习中，我们已经明确了社区的问题与需要，知晓了如何根据社区的情况进行服务模式的选择，并由此制定了社区工作的目标，为了实现目标，我们需要一个具体又可行的方案，指引我们不断向目标靠拢，而这个具体又可行的方案就是社区社会工作方案。为了制定一个好的社区社会工作方案，社区社会工作者们需要知道方案制定的原则，明确方案的内容，以及掌握社区社会工作方案的撰写技巧。

一、方案制定的原则

（一）社会性

社区是社会的缩影，社区的需要与存在的问题往往也是社会中广泛存在的，社区社会工作方案要能够回应社区的真实需要以及社区亟待解决的问题。要让阅读方案的人看到若不回应该问题或需求，社区将面临怎样的窘境，将会对该区域的可持续发展产生怎样的消极影响，并由此联想到某类社会问题，进而引起共鸣。在资源有限的情况下，"雪中送炭"的服务设计会比"锦上添花"的服务设计更容易得到出资方的认可。

（二）可行性

可行性是任何方案都应该遵循的原则，具体而言，一份具备可行性的社区工作方案应该充分考虑到如下因素。

1. 定位准确

在制定方案前，社区社会工作者要确保已经通过科学的方法对社区以及社区的中的重点服务对象进行过调研，并且精准定位了社区的问题、需要，充分了解了社区的资源，并且已经制定了与之对应的目标。

2. 资源对口

社区社会工作者本人及其所在机构能够胜任该社区问题的解决与需要的回应。这就包括工作人员的数量、工作人员的能力、所在机构的管理能力、项目的资金能力、相关利益方的参与程度等各方面内外部资源，资源是确保社区社会工作方案得以顺利推进的重要保障。

3. 经费充足

经费也是上述资源的重要组成部分，因其重要性故单独进行强调。经费包括项目现有预算内的经费以及虽不在本项目预算内但可整合到本次项目运行中的经费，如社区基金会、爱心人士/企业等赞助经费等。社会工作者在制定方案时将依据经费的数量和来源等情况考虑活动的覆盖范围、参加人数、活动形式等。

（三）可复制性

可复制性是指这项社区社会工作方案能够被复制出来，能够被有效地在其他社区开展，带来更多的社会效益。成功的社区社会工作方案必须是可以复制的，社会工作不断推进专业化水平，专业化的重要表现之一就是标准化，标准化的价值就在于可复制和可控。在注重服务成效的同时，服务效率在社会工作服务中也需考虑。可复制性在今天的社区社会工作方案设计中是至关重要的评估原则，能够节约成本，提高服务效益。如一份社区社会工作方案具备较强的可复制性，对于机构而言，能够帮助机构快速设计出服务方案，不需要进行重复研究开发。对于服务对象而言，只需付出一次开发的成本，就可以帮助更多的服务对象获得服务，提升了服务覆盖面。

（四）可持续性

社区社会工作方案具有可持续性，意味着方案的定位符合社区未来的发展方向。可以从以下方面验证社区社会工作方案的可持续性。

1. 看价值

即查看并核对此项社区社会工作方案的推进、对所在社区未来的发展有哪些价值，是否持续稳定。

2. 看资源

即查看此项社区社会工作方案开展中所需要匹配的资源是否是可持续的，是否存在可持续使用的资源。

3. 看能力

社区社会工作方案的执行离不开团队成员的能力，持续性也是对当下的服务团队是否具备持续开展此项服务的能力的一项考验。比如，在服务遇到困境时，社会工作者可以邀请专家团队进行支持和帮助，但是长期邀请专家团队并不现实，团队成员是否具备独立开展此项服务的能力也将对服务的持续性产生影响。

二、方案设计的内容

（一）明确方向

社会工作各项服务的产生通常最初都是为回应社会上的某一问题。社会工作者用不同视角去看待问题，会产生不同的服务设计。在社会工作中问题视角与资源视角是两个不同的思维模式，是两种不同的服务设计切入点。

1. 服务视角

（1）问题视角。问题视角是立足于对人的被动的理解上的，在分析服务对象所遭遇的问题的时候，应当先界定问题，根据问题的属性制定一系列的帮助策略而改变服务对象的计划，从问题视角出发，会把精力聚焦于服务对象出了什么问题。服务过程中，服务对象是被动的，社会工作者是较为主动介入的。服务对象也会对社会工作者有越来越深的依赖心理。

（2）资源视角。与问题视角不同，资源视角是构建于人具有主观能动性的基础之上的，这种思维模式指导下的社会工作者在开展服务的过程中会强调发现服务对象身上的"闪光点"，挖掘服务对象身上的潜力，培育、鼓励、协助、支持、激发服务对象身上内在的优势，通过服务对象自身的力量来解决问题。资源视角在评估服务对象的问题和需要时强调将他们的优点纳入服务设计。

2. 服务类别

（1）单一项目。单一项目是指一次性或一系列固定服务内容的项目。如一次长者生日会或者年度长者季度生日会（共四次）。

（2）综合项目。综合项目通常是多系列不同服务共同组成的项目，或多个小项目组成的大项目。这类服务目标的实现往往需要多项服务共同去促进。如一项针对新搬迁儿童的适应项目，服务设计包括校园适应、社区环境适应、同辈群体适应、个别儿童个案跟进等方面内容。

3. 服务方法

（1）专业方法。确定了服务方向，明确了设计服务的视角，确定了服务是单一项目还是综合项目，接下来就要思考服务所需要采用的服务方法。专业方法是指个案工作、小组工作、社区工作三大工作方法，是社会工作者在实务过程中常使用的实务方法，也可以叫工作手法。在整个介入工作中，为达到帮助服务对象的目的，介入目标往往不只涉及一个群体，还可能涉及不同的个人、家庭、小组/群体、组织和社区。单一项目往往采用小组工作或者社区工作的服务手法来开展。综合项目会采用多种服务手法共同开展。这个阶段，社会工作者需要思考采用哪一种方法能更好地推进服务，实现服务目标。

（2）实务方法。实务方法聚焦解决服务对象所面临的具体问题，是专业方法之间的搭配和有机融合。常见的实务方法有针对服务对象问题解决的实务手法，如儿童保护的社区预防服务模式；有在解决问题过程中完成具体工作任务的实务手法，如志愿者管理方法。

实务方法与专业方法有所不同，两者不能等同。否则不仅会造成服务内容偏离，使社会工作服务不能聚焦于服务对象问题的解决，而且会阻碍社会工作作为专业和职业在中国本土化的发展进程。

如在解决失学儿童返校安置时，一般会综合运用三大专业方法，在安置前运用个案工作方法，为服务对象找到合适的学校；在安置中运用小组工作，帮助儿童适应学校环境；在安置后运用社区工作方法，促进儿童回归学校，回归社区，回归正常的生活。综合运用三大专业方法，也是儿童安置问题常见的实务方法。

（二）分解工作

工作分解结构（WBS）是指把一个项目，以可交付成果为导向，按一定的原则进行分解，项目分解成任务，任务再分解成一项项活动，再把一项项活动分解成具体的工作事项，直到分解不下去为止。即：项目→任务→活动→日常工作。

1. 将目标分解为任务

每一项社区社会工作方案都有明确的目标，将目标分解为任务就是为回应此目标的实现，需要完成哪些工作任务，也就是说为了实现此项目标，需要开展哪些类别的活动。采用这样的思考方式，把目标分解成具体的一项项任务。（详见典型案例操作流程）

2. 将任务分解为活动

将任务分解为活动，简而言之，就是社会工作者需要思考，完成这一项任务，需要进行哪些活动？思考提供服务的方法，包括何时、何地、何人、如何、多少等。（详见典型案例操作流程）

3. 将活动分解为工作

每一项活动由多项具体的工作构成。如开展一场老年人预防诈骗讲座，由招募组员、联系场地、邀请讲师、活动物资准备、活动现场布置、活动开展、活动资料存档等多个工作组成。（详见典型案例操作流程）

（三）规划时间

规划时间是指社会工作者在制定社区工作计划时需要明确工作计划的每一个阶段的起止时间节点，常见的工作阶段划分方式如下。

1. 准备阶段

前期准备工作，包括前期调查、项目策划、资源链接。活动准备阶段包括人、财、物，经费申请，场地确认等。准备阶段是整个计划顺利开展的基础，通常此阶段需要花费整个计划的六分之一左右的时间。

2. 实施阶段

包括活动现场开展、现场分工、控场、突发事件的处理等。通常此阶段需要花费整个计划的三分之二左右的时间。

3. 总结阶段

包括项目评估、总结报告、成果展示等，以及活动实施结束以后资料存档。通常此阶段需要花费整个计划的六分之一左右的时间。

三、撰写社区社会工作计划

（一）板块分布

1. 活动名称

好的活动名称，能让一份社会工作方案更吸引读者的眼球，通过活动名称可以得知此项活动的主要方向，并对此项服务充满期待。活动名称可以运用成语或谚语的"谐音"，也可以加入一些简单的英文单词等。

如面向家长情绪管理讲座活动命名为：××社区"爱的小魔怪"家长情绪管理讲座活动计划书。

2. 背景（含理论依据）

首先，描述开展此项服务所涉及的服务对象面临的主要问题或需要，一般从人群层面或社区层面进行描述。如：社区服务中心里多名参加四点半课堂的小学生表示，感觉在家中自己与父母缺少平等、全面、轻松的沟通交流技巧，有时会出现亲子关系紧张，甚至对峙、冷漠的局面。

接下来是理论依据，可以是运用该理论对服务的分析、指导，也可以是介入后对当前情况的改善。理论描述可以简述某理论观点，并引出与该服务的关联。如：××提出的××理论认为……简单阐述理论核心观点或主要内容后，延伸到该理论到将如何指导此项服务，并因此将获得哪些预期效果。

背景（含理念或理论）
前期，社工在对居民的访谈中发现家长普遍存在不同程度的管教难题。针对管教难题，社工在社区内进行专项调研，发放回收100份问卷。根据调查问卷统计发现：在管教方式上，61.3%的家长采用惩罚/奖励的方式管教孩子。在管教方式的效果上，40.6%的家长认为自己的管教方式经常无效。 　　正面管教是一套以"个体心理学"创始人阿德勒和德雷克斯的理论研究为基础，由美国教育学博士尼尔森与洛特共同开发的易于操作的专业的父母培训体系。正面管教奉行"和善而坚定的态度，不惩罚、不骄纵地养育孩子"的理念，认为有效管教的五大要素包括：相互尊重和鼓励；帮助孩子感受到归属感和价值感；培养孩子重要的社会和生活技能；邀请孩子们发现他们的能力；长期有效。 　　基于此，××社区推出《好孩子——社区亲子教育增能计划项目》，通过系列培训课程，协助家长系统掌握五种爱的语言、孩子行为背后的信号、情绪管理等知识，使用爱的管教理念和方法帮助孩子建立归属感和安全感、自信心，培养孩子社会所需的社会技能和生活技能。本次讲座让家长了解什么是情绪管理，提升家长觉察和识别自己情绪的能力，进而处理好自己与孩子的情绪，促进亲子关系的和谐发展。

3. 目的和目标

目的是长期达到的效果，更宽泛，更抽象。较目的而言，目标较为具体。目标制定的原则需要符合SMART原则（详见目标部分）。

目　　标
1. 通过讲座学习，家长能觉察到自己的情绪，并了解到情绪会影响对孩子的管教； 2. 通过讲座学习，家长觉察分析出自己与孩子行为/情绪背后的需求； 3. 通过讲座学习，每位家长至少学会一种正向处理情绪的方法。

4. 基本信息

基本信息包括：时间、地点、活动性质、活动参与对象、招募及宣传方法。

（1）时间。时间即举办活动的日期及具体时间，主要是活动开展的年月日和持续的时长，如：2023年3月8日上午9：30—11：30。如果是系列活动或小组，就可以写成持续性的一个时间段。如2023年3月—2023年6月，每周周一上午9：30—11：30。

（2）地点。地点即此项服务在哪里举办，写明具体举行活动的地点，如果活动地点涉及两个场地，则需把两个地点都写上。如写明×点—×点在A地；×点—×点在B地。同时社会工作者也需要根据服务的情况，思考有哪些后备场地。如遇下雨情况，室外的安排调整至室内。

（3）活动性质。活动性质通常是以选项的形式勾选，如常规服务、康乐性、教育性、宣传性、治疗性及其他。

（4）活动参与对象。活动参与对象即此项服务的服务对象是谁，在年龄、性别、职业等方面的要求。根据实际活动的人群进行撰写，如果针对所有人群，可写"社区居民"或者"不限"。

（5）举办单位。按实际情况来填写，一般可分为主办单位、协办单位、承办单位，可按具体情况选择一个或者多个来填写。

（6）招募及宣传手法。主要是指服务的推广/宣传方法，有粘贴海报宣传、电话通知、微信、QQ群招募、通过易企秀等软件进行招募推广等方法。

具体内容程序

1. 时间：2018年7月20日 14：30—16：00
2. 地点：W工业园
3. 活动性质：教育性
4. 参与对象及人数：社区6~12岁孩子的家长30人
5. 举办单位：深圳市××现代社工事务所
6. 人员招募方式：W集团协助招募

5. 活动具体安排

包括前期筹备安排、活动当天具体流程、活动善后工作。前期筹备阶段，应依据计划的实际情况安排。如：×月×日撰写活动计划书；×月×日制作宣传海报；×月×日宣传招募；×月×日活动物资购买；×月×日场地布置等。活动当天的具体流程，一般要比较详细，包括：时间，内容，所需物资，负责人等。时间要具体，比如：

时间：9：00—9：15。

内容：服务对象签到。

所需物资：签字笔，签到表。

负责人：××社工/××社工助理。

活动当天的具体流程的时间应连续，安排应尽可能写得详细一些。详细的安排可以防止新入职的社会工作者在活动开始时因为经验不足及紧张等出现混乱，当社会工作者经验不足时，应尽可能将活动安排落实落细。如表5-1所示。

表5-1 活动内容及过程推进

节数	日期	时间	内容	物资准备	负责人
活动筹备阶段		7月3日	撰写计划书及经费申请	电脑	杨社工
		7月4日—7月5日	制作海报、宣传海报、横幅	电脑	广告公司
		7月6日—7月12日	购买活动物资		叶助理
		7月13日—7月15日	联系工业园的工会负责人，确定招募工作的进展以及开讲座的场地和时间	计划书	杨社工

续表

节数	日期	时间	内容	物资准备	负责人
活动开展阶段	7月20日	13:30—14:00	准备工作：悬挂背景布、准备饮用水、投影仪、礼品、签到表	横幅、绳子	社工1名+协助人员1名
		14:00—14:30	1. 参加者签到，同时派发宣传折页和本子 2. 指引参加者就位坐好	电脑、音响、投影仪、幕布、宣传折页、签到表、笔记本+笔	社工1名+协助人员1名
		14:30—16:00	讲座主要内容： 1. 当情绪发生时，我们是怎么样的反应？（引导家长觉察自己的情绪） 2. 当我们觉察到自己正被情绪掌控时，我们要怎么做才能安全地把自己的情绪表达或者释放出来。（引导家长正向地表达自己的情绪） 3. 如果我们发现孩子正处于情绪爆发的边缘，家长怎么做才能引导孩子正向地处理自己的情绪（引导家长正向面对及处理孩子的情绪）	话筒、电池、相机	讲师
		16:00—16:10	家长填写反馈表 合影	反馈表、单反	杨社工
活动总结阶段	7月22日		新闻稿、美篇编辑	电脑、手机	杨社工
	7月22日		实务材料归档	电脑	杨社工

6. 预计困难及解决办法

主要就是写此项活动可能出现的困难，然后针对这个困难，预计的解决方法。根据风险发生的概率和影响进行风险评估，针对可能发生的风险选择适当的风险策略，形成风险应对计划。风险应对策略包括：风险规避、风险转移、降低风险、接受风险，如表5-2所示。

表5-2 预计困难及解决方法

预计困难	解决办法
① 下雨天气或雷暴天气	工作人员应提前查好天气预报，如遇到雷暴天气或台风天气，视天气情况将活动延期，并及时做好通知（风险规避策略）
② 参与家长较少	W集团协助招募参加者（降低风险策略）
③ 讲授内容枯燥	与讲师设计讲课内容，设计互动，举例贴合参加者实际（降低风险策略）

7. 评估方法

评估方法是指社会工作者通过用什么方法来检测服务的目标是否达到,是否实现。评估方法如按照结果的可量化程度,可划分为定性分析法(通常通过访谈方式收集文本资料进行分析)和定量分析法(通常通过问卷分析某种目标达成的百分比)两种;按照所采用的收集资料方式不同,可划分为访谈法、问卷调查法(以居民满意度为证)、现场观察法(社工主观及现场拍照为证),也可以设置分享环节,以分享记录或其他有实体的证据为证等方式,社会工作者可根据具体情况选择合适的方法。

评估方法

1. 问卷评估

调查参加者满意度,设计问题了解服务对象对情绪管理知识的掌握程度。

2. 访谈评估

设置分享环节,邀请参加者分享感受,社工进行记录。

---

8. **活动物资/经费预算**

在此项服务开始前,要估计这次活动所需要用到的物资,所需数量,所需经费,列明即可,如表5-3所示。

表 5-3 物质及财政预算

所要购买的物资	单价	数量	小计/元	备注(说明资金来源)
1. 讲师费用	500元/次	1次	500	
2. 笔记本+笔	20元/套	199套	3980	
3. 矿泉水	40元/箱	6箱	240	
4. 横幅	100元/条	1条	100	
5. 海报	50元/张	3张	150	
6. 电脑笔记本、投影	/	1	/	中心自备
总计			4970	

(二)撰写技巧

1. 前后贯通

前后贯通就是整个计划方案的前后文保持一致,前后话题要统一。方案中的每一部分都要统一于该计划的主题。表达角度要一致,整个方案中设计策划的角度是以社会工作的角度进行的。思路要连续不断。整个方案是社会工作者策划服务的文字呈现,思路要不间断,保持整体的一致性。对同一对象的表述要前后一致,如果该服务计划的服务对象是老年人,虽然可用"长者""老人""老年人"等称谓,但是在一份计划中,

128

请统一选用其中的一种称谓，切记不可混用。

2. 语句通顺

整个方案语言通顺，语言衔接紧密，用词规范准确，能恰当地表达社会工作者服务的构思，不夸大不曲解，如针对现状的描述可尝试用数据进行说明，但不应主观地过分夸大其程度，不使阅读者产生歧义。

3. 图文并茂

一份优秀的社会工作方案既要能够帮助社会工作者理清服务思路，也能让社区服务的出资方或购买方看到自己资金的具体用途和即将产生的社会价值。因此在呈现形式上，除了文字外，可以使用图、表等方式，如用照片的形式展现环境问题，让阅读者更为直观地感受到文字表达的情景。又如用数据图表的方式呈现前期需求，调研得出的问题的严重程度，形象化地让阅读者看到问题的严重性。

4. 版面精美

版面会影响阅读者的阅读兴趣与阅读效果，要注意整体方案的版面排版，包括如下几个方面：字体、行间距等格式规范，如标题和正文的字体和字号应有所区别，标题、关键字眼可以加粗。版面应规范，如统一设定为首行缩进两字符等。

【典型案例】

案例资料

G社区属于典型的城中村社区，辖区工业园、中小学校和幼儿园较多，社区以核心家庭居多，人口众多，居住密集。辖区内的X学校校外主道路比较陡峭且临近主干道，来往车辆较多，校外的小路需穿过高速公路涵洞。G社区骨干志愿者告诉社区社会工作者，走路回家的学生经常与校车混行，横穿马路时与主干道上来往机动车辆争道，同时，走小路的学生，需要穿过黑漆漆的高速公路隧道，暴雨时，可能出现内涝。他们在放学的路上，存在诸多安全隐患。对此，社区社会工作者在走访调研后，资源整合，最终策划了"爱的路上——G社区学生上下学路上安全护航项目"。

操作流程与步骤

1. 活动/任务界定

运用专业方法和实务方法，结合社区资源，明确达成社区社会工作服务方案预期目的和目标所需的执行流程和服务内容，并运用工作分解结构（WBS）以大纲或层级结构的工作包进行呈现。服务内容包含直接的工作内容和间接的工作内容。具体如下。

1. 提高学生的安全知识水平
1.1 进行学生安全知识水平调查
    1.1.1 学习掌握安全知识
    1.1.2 设计学生安全知识调查问卷
    1.1.3 进行学生安全知识水平前测
    1.1.4 进行学生安全知识水平后测
    1.1.5 进行学生安全知识水平调查分析
1.2 开展安全知识宣传
    1.2.1 开展安全回家宣传活动
    1.2.2 开展安全倡导宣传活动
    1.2.3 开展"安全亲子行"社区安全徒步宣传
1.3 开展安全知识学习和实践
    1.3.1 开展安全知识讲座
    1.3.2 开展安全知识竞赛
    1.3.3 开展安全警示教育基地参观
    1.3.4 开展交通安全知识大收集
    1.3.5 开展户外安全知识学习

2. 活动/任务排序

根据活动之间的顺序、关系和依赖性,进行活动任务排序。如有节庆等特殊时间节点活动安排,注意把握时间节点。综合服务项目如图 5-1 所示。

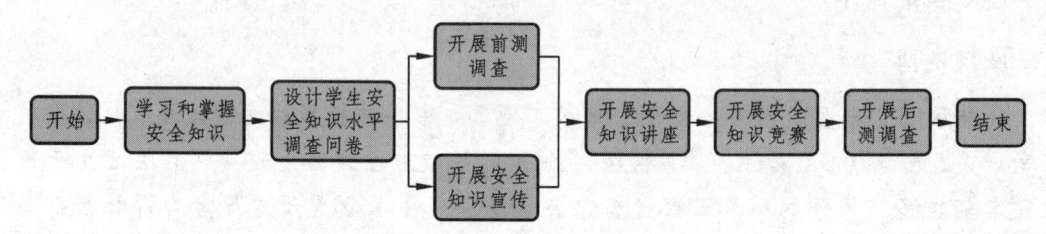

图 5-1 综合服务项目案例

单个服务项目如图 5-2 所示。

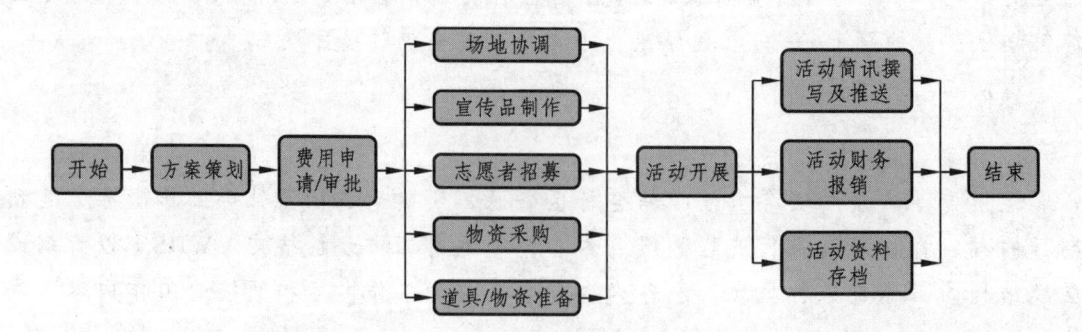

图 5-2 单个服务项目案例

3．活动资源估算

结合活动任务顺序、社会工作者个人或团队的服务经验等要素，估算完成各项任务所需要的相关投入时间、人力、物料、预算等的投入。如表 5-4 所示。

表 5-4　守护花蕾——安全倡导宣传活动资源估算

阶段	活动主要内容	人力	时间	物资	预计费用
准备阶段	活动方案策划撰写及费用申请/审批	1 名社工	5 天	/	/
	场地协调与联系	1 名社工	0.5 天	/	/
	宣传品制作	1 名行政助理	5 天	宣传海报 2 张	**50 元/张×2 张=100 元**
				宣传横幅 1 条（4M）	**100 元/条×1 条=100 元**
				安全飞行棋地垫 1 张	**300 元/张×1 张=300 元**
				安全知识宣传单页 1 000 份	**500 元/千份×1 千份=500 元**
	物资采购	1 名行政助理	5 天	活动小礼品 100 份	**10 元/份×100 份=1 000 元**
	活动宣传及志愿者招募	1 名行政助理	0.5 天	/	/
	物资/道具准备	1 名行政助理	0.5 天	活动各环节所需物资、志愿者服务、饮用水等	/
实施阶段	安全知识飞行棋互动游戏	1 名社工+2 名志愿者	0.5 天	安全飞行棋地垫	/
	安全知识有奖问答	1 名社工+2 名志愿者		知识问答小卡片	
	学校及周边放学期间交通指引及不文明劝导	1 名社工+6 名志愿者		志愿者交通引导旗	
	安全知识宣传单页派发	2 名志愿者		安全知识宣传单页	
	护航志愿服务队志愿者招募	2 名志愿者			
	现场拍照	1 名社工		海报、横幅等	
	礼品兑换及签收	2 名志愿者		小礼品	
	满意度问卷发放及回收	2 名志愿者		/	
总结阶段	活动宣传简讯撰写及媒体推送	1 名社工	0.5 天	/	/
	活动财务报销	1 名社工	0.5 天	/	/
	活动文书资料存档	1 名社工	0.5 天	/	/

4. 活动时间估计

根据所有活动任务的所需时间、重要时间节点、服务方案申报要求等估算活动实施的时间和周期。注意对项目的关键路径和浮动时间的识别和应用。如图 5-3 所示。

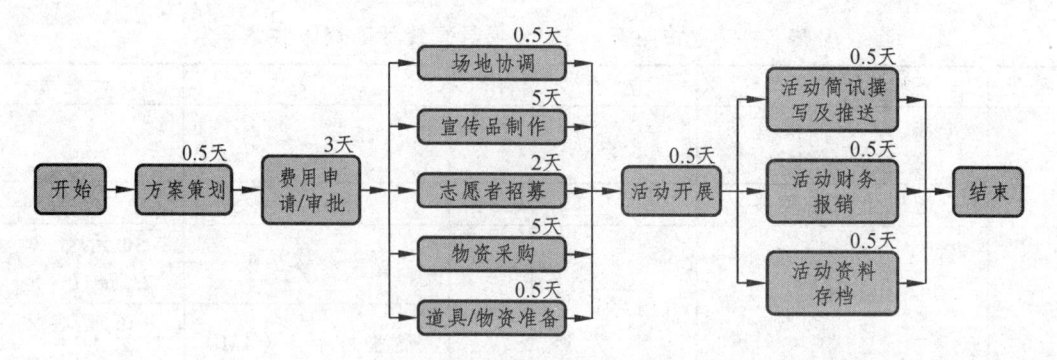

图 5-3 活动时间估计

5. 进度表制定

利用甘特图、月历表等工具，梳理服务进度，形成服务进度表，如表 5-5 所示。

表 5-5 服务进度

内容	第1天	第2天	第3天	第4天	第5天	第6天	第7天	第8天	第9天	第10天	第11天	负责人员
活动方案策划撰写												刘社工
费用申请/审批												刘社工
场地协调与联系												刘社工
宣传品制作												廖助理
物资采购												叶助理
活动宣传及志愿者招募												叶助理
物资/道具准备												刘社工
活动现场开展												4名社工及12名义工
活动宣传简讯撰写及媒体推送												刘社工
活动财务报销												刘社工
活动文书资料存档												刘社工

6. 形成服务方案

整理问题界定、需求分析、目标制定和服务进度表等资料，按照社区社会工作服务方案内容撰写的要素，形成最终的社区社会工作服务方案。具体如下。

G社区 守护花蕾——安全宣传倡导 活动计划书

一、背景（含理念或理论）

G社区属于典型的城中村社区，辖区工业园、中小学校和幼儿园较多，社区多以家庭为单位进行居住，人口众多，居住密集。辖区内的X学校校外主道路比较陡峭且临近主干道，来往车辆较多，校外的小路需穿过高速公路涵洞。G社区骨干志愿者告诉社区社会工作者，走路回家的学生经常与校车混行，横穿马路时与主干道上来往机动车辆争道，同时，走小路的学生，需要穿过黑漆漆的高速公路隧道，暴雨时，可能出现内涝。他们在放学的路上，存在诸多安全隐患。

班杜拉的社会学习理论着眼于观察学习和自我调节在引发人的行为中的作用，重视人的行为和环境的相互作用。行为习得有两种不同的过程：一种是通过直接经验获得行为反应模式的过程，称为"通过反应的结果所进行的学习"，即我们所说的直接经验的学习；另一种是通过观察示范者的行为而习得行为的过程，称为"通过示范所进行的学习"，即我们所说的间接经验的学习。行为结果包括外部强化、自我强化和替代性强化。

G社区党群服务中心特与X学校、G社区护航志愿者协会合作，开展以"守护花蕾"为主题的安全宣传倡导活动。活动通过安全宣传倡导宣传、安全游戏互动、安全知识问答、不安全行为劝导等形式，引导学生及家长关于安全的间接学习，并给予外部强化，促进其掌握关于安全的相关知识，提高安全意识。

二、目的和目标

目的：通过安全宣传倡导、安全游戏互动、安全知识问答和不安全行为劝导等形式，增强学生和家长安全知识的掌握，从而促进其安全能力的提升。

目标：

1. 制作1 000份安全知识宣传单页，发放安全知识单页200份。
2. 参与安全知识问答的学生回答正确率90%以上。
3. 至少5名家长主动报名义工，参加到守护花蕾行动中来。

三、具体内容程序

1. 时间：2016年9月22日下午三点半至五点。
2. 地点：X学校大门口。
3. 参与对象及人数：X学校学生、家长200人以上。
4. 人员招募方式：活动海报、网络宣传。
5. 活动内容及过程推进：

阶段	日期	时间	内容	物资准备	负责人
活动筹备阶段	9月1日—9日		撰写活动策划及费用申请/审批		刘社工
	9月12日—18日		宣传单页、宣传海报、横幅等制作		廖助理
	9月12日—18日		物资采购及活动物资/道具准备		叶助理
	9月18日—19日		与学校沟通协调、活动宣传及志愿者招募	海报	刘社工
活动开展阶段	9月22日	14:30—15:00	义工签到、人员分工、场地布置	横幅、水	全体
		15:00—15:40	安全飞行棋：四人一组，通过掷骰子的方式，按照掷出的点数向前进或后退，最终到达目的地的获胜。获胜者奖励印花2个，其他参加者奖励印花1个。依次轮流进行	飞行棋、骰子、记分卡	何社工+2名义工
		15:00—15:40	安全标识识别/知识有奖竞猜：通过快问快答的形式，参加者需在一分钟内回答相关的安全标识或安全知识。回答正确超过15个奖励2个印花，5~15个奖励1个印花，5个以下，不奖励	安全标示牌、安全知识宣传单页、中心宣传单页	杨社工+2名义工
			礼品兑换、问卷反馈表填写：凭借积分卡上面的印花数量进行相应的礼品兑换	文具套装、文具盒、问卷表	叶助理+4名义工
		15:40—16:40	学校门口和周边交通指引及行为劝导	警示旗	杨社工+6名义工
			宣传单页派发：向过往或者等待接送学生的家长发放宣传单页，介绍安全项目知识和邀请其加入义工队伍	安全知识宣传单页、中心宣传单页	2名义工
			义工招募：宣传介绍义工服务主要内容和项目的意义，为有意向的家长进行志愿者登记填写	义工报名表	2名义工
		16:40—17:00	整理收拾场地		全体
		14:30—17:00	现场照相		刘社工
活动总结阶段	9月23日		新闻稿撰写		刘社工
	9月26日		活动总结		刘社工

6. 预计困难及解决方法：

序号	预计困难	应对方法
1	天气因素，如下雨	活动延期
2	参加互动游戏的学生太多	1.每个环节多安排义工 2.备用一个游戏

四、评估方法

1. 现场观察。

2. 问卷反馈。

五、物质及财政预算

所要购买的物资	单价	数量	小计/元
1. 横幅（10m×70cm）	100元/条	1条	100
2. 文具套装	40元/份	20份	800
3. 文具盒	15元/个	40份	600
4. 卡通笔	2元/支	100支	200
5. 宣传海报（60cm×80cm）	50元/张	2张	100
6. 记分卡	0.4元/张	200张	80
7. 安全宣传单页	0.6元/张	1000张	600
8. 安全飞行棋地垫	300元/张	1张	300
9. 矿泉水	40元/箱	2箱	80
总计			2860

知识与技能拓展

H街道社会工作服务站
增强老年人"免疫力"　守护老年人"钱袋子"
——老年人防诈骗普法知识讲座活动计划书

一、背景及理念

T社区有大型商业街、科技园、工业区、工人生活所、高级住宅区等，也有学校、社康、银行、客运站、供电局等企事业单位，属于综合性社区。T社区总人口28 185人，其中老年人2 994人，占总人口约10.6%。H街道社会工作服务站是广东省社会工作改革试点单位之一，立足"专业、枢纽、平台"三大定位，聚焦辖区空巢、独居、高龄、残障等困弱老人、困境儿童、低保家庭以及困难妇女。T社区为H街道其中一个社区，且街道在T社区设有老年人日间照料中心，H街道社会工作服务站和T社区老年人日间照料中心距离30米。

班杜拉认为，人的行为，特别是人的复杂行为主要是后天习得的。行为的习得既受遗传因素和生理因素的制约，又受后天经验环境的影响。班杜拉认为行为习得有两种不同的过程：一种是通过直接经验获得行为反应模式的过程，班杜拉把这种行为习得过程称为"通过反应的结果所进行的学习"，即我们所说的直接经验的学习；另一种是通过观察示范者的行为而习得行为的过程，班杜拉将它称为"通过示范所进行的学习"，即我们所说的间接经验的学习。

班杜拉的社会学习理论所强调的是这种观察学习或模仿学习。在观察学习的过程中，人们获得了示范活动的象征性表象，并引导适当的操作。

H街道社会工作服务站对老年群体进行走访调研后，经过分析，发现想要学习防诈骗知识的老年人占比84.21%。同时，为贯彻落实中央、省委、市、县委打击整治养老诈骗专项行动工作精神，H街道社会工作服务站联合老年人日间照料中心共同开展增强老年人"免疫力"守护老年人"钱袋子"——老年人防诈骗普法知识讲座活动，活动旨在帮助老年人有效识骗防骗，让不法分子"不敢骗、不能骗、骗不了"，守好养老钱。

二、目的和目标

目的：通过社工讲解手机诈骗的常见方式，让参与的老人学习并识别不法分子的诈骗手法，通过不轻易相信、不轻易点击链接、不轻易泄露个人信息、不贪图便宜的路径及下载国家反诈中心App，守护好养老金，度过一个和谐美好的晚年。

目标：

1. 参与活动的每名老年人均下载国家反诈中心App。
2. 参与活动的全部老人，每人都能够了解3种以上常见诈骗手法。

三、具体内容程序

1. 时间：2021年11月7日下午三点半至四点半。
2. 地点：T社区老年人日间照料中心多功能活动厅。
3. 参与对象及人数：T社区老年人25～30人；志愿者10名。
4. 人员招募方式：电话邀请、微信群内招募。
5. 活动内容及过程推进：

阶段	日期	时间	内容	物资准备	负责人
活动筹备阶段		11月3日—5日	联系专业老师		肖社工
		11月1日—6日	撰写活动策划及费用申请/审批		姜社工
		11月5日—6日	确认易拉宝及横幅		肖社工
		11月5日—6日	志愿者招募	海报	袁社工
活动开展阶段	11月7日	14:30—15:00	场地布置、志愿者签到、人员分工	横幅、易拉宝、签到表、笔、水	全体
		15:00—15:40	社工讲解金融诈骗常见的5种方式（投资、贷款、信用卡、虚拟货币、炒物品），并通过播放视频案例让老年人加深印象	PPT、视频、翻页笔、话筒	姜社工
		15:40—16:05	社工讲解如何下载国家反诈中心App、志愿者协助老人下载	手机	姜社工、志愿者
		16:05—16:10	社工答疑解惑	话筒	社工
		16:10—16:20	满意度问卷的发放与回收	问卷	姜社工、志愿者
		16:20—16:30	合影留念	手机	全体
		16:30—16:45	场地整理		社工、志愿者
		16:45—17:00	交流复盘		全体
活动总结阶段		11月8日	新闻稿撰写		姜社工
		11月8日—9日	活动总结		姜社工

6. 预计困难及解决方法：

序号	预计困难	应对方法
1	暴风雨天气，老人无法安全到达活动现场	活动延期
2	参加活动的老人手机没有流量，无法下载App	场地内有Wi-Fi，志愿者协助老人连接Wi-Fi

四、评估方法

1. 现场观察 2. 问卷反馈

五、物资及财务预算

序号	支出项目	预算费用	支出费用	备注
略				

【巩固与提高】

一、单项选择题（每题的备选项中，只有1个最符合题意）

1. （　　）是社区层面的目标。
   A. 知识的改变　　　　B. 感受的改变
   C. 技巧的改变　　　　D. 长期成果目标

2. （　　）指在一定的时限内，社区社会工作者及其所在的机构为达成短期或者长期的目标而计划要完成的工作事项。
   A. 工作内容　　　　B. 工作目标
   C. 工作技巧　　　　D. 工作策略

3. （　　）是指目标的完成是有时间限制的。
   A. 时限性　　　　B. 相关性
   C. 实现性　　　　D. 完成度

4. （　　）是指把一个项目，以可交付成果为导向，按一定的原则进行分解的方法。
   A. 甘特图　　　　B. WBS
   C. 问题树　　　　D. 韦恩图

5. 服务进度管理常用的工具是（　　）。
   A. 甘特图　　　　B. WBS
   C. 问题树　　　　D. 韦恩图

二、多项选择题（每题的备选项中，有2个或2个以上符合题意）

1. SMART原则的五个特征是（　　）。
   A. 目标要具体　　　　B. 目标可衡量
   C. 目标要可实现　　　　D. 目标要有相关性
   E. 目标要有时限性

2. 在社区有关的目标中，基于微观视角的个人层面的目标有（　　）。
   A. 知识层面的改变　　　　B. 感受层面的改变
   C. 技巧层面的改变　　　　D. 行为层面的改变
   E. 态度层面的改变

3. 在以下社区层面的目标中，短期成果目标有（　　）。
   A. 活动完成后六个月内，社区内被诈骗的老人人数下降10%
   B. 活动完成后六个月内，社区内流浪乞讨的人员数量下降10%
   C. 活动完成后六个月内，社区内佩戴智能手环的老人人数上升20%
   D. 在六个月内，募集3~6名绘本老师为社区内的20户困境家庭每月开展一次亲子绘本阅读活动
   E. 在六个月内，募集40名社区志愿者为社区内的20名独居老人每月提供一次入户探访服务

4. 社区社会工作服务方案制定的原则有（　　）。
   A. 社会性　　　　　　　　B. 可复制性
   C. 可持续性　　　　　　　D. 可行性

5. 社区社会工作服务方案撰写技巧包含哪些？（　　）
   A. 前后贯通　　　　　　　B. 语句通顺
   C. 图文并茂　　　　　　　D. 排版精美

三、判断题（判断下列描述是否正确，正确的打"√"，错误的打"×"）

1. 社区层面的目标只包含长期成果目标、短期成果目标两个层面。（　　）
2. 态度层面的改变是指服务对象在接受服务后，能够对未来更加有信心或更加积极。（　　）
3. 工作目标是指在一定的时限内，社区社会工作者及其所在的机构为达成短期或者长期的目标而计划要完成的工作事项。（　　）
4. 工作分解结构（WBS）是用条块图形代表项目活动的进度，包括他们的开始日期、结束日期和预期时间长度。（　　）
5. 社区社会工作方案的可行性主要考量服务定位、资源匹配程度和费用预算三个因素。（　　）

四、实训题

1. 某社区社会工作者要在社区开展一场老年人防诈骗宣讲活动，旨在让生活在社区的老人了解到防诈骗的知识及目前常见的诈骗方式，同时让老人们捂好钱袋子，度过一个美好的晚年。请根据SMART原则就此次活动制定出2~3个目标。

2. 某社区社会工作者团队在社区发现很多青少年放学后到处乱跑，无人看管，作业经常完不成或完成质量很差，学习成绩比较差。同时发现他们父母大部分在社区内的工厂上班，经常晚上加班。对此，请与社区社会工作者一起策划一个社区社会工作服

务方案。

【参考答案】

一、单项选择题

1. D   2. B   3. A   4. B   5. A

二、多项选择题

1. ABCDE   2. ABCDE   3. DE   4. ABCD   5. ABCD

三、判断题

1. ×   2. √   3. √   4. ×   5. √

四、实训题

略

项目六　实施社区社会工作计划

【项目导学】

当社区社会工作的计划已经制定并通过审核，如何将计划相对完美地实施是对社会工作者们行动力的考验，也是对社会工作者们组织协调能力、发动居民能力、组织居民等等综合能力的考验。要想实施社区社会工作计划，只依靠社会工作者的力量是远远不够的。社会工作者需要在全面理解社区社会工作计划的前提下，能发动社区居民参与活动，有序地召开社区会议，邀请居民共商社区事宜；要能统筹调动社区内的各方资源，能组建志愿者组织，组织居民成立自助小组；能挖掘和培养社区骨干，孵化和培育各式各样的社区组织；同时要能够做好服务监测工作，做好社会工作服务团队的建设和管理。

本项目将从组织居民活动、发展社区支持网络、建立社区组织等维度介绍如何实施社区社会工作计划。

【思维导图】

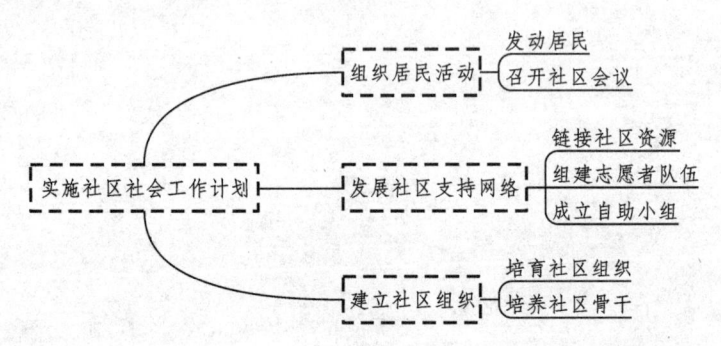

```
                          ┌─ 组织居民活动 ─┬─ 发动居民
                          │                └─ 召开社区会议
                          │
                          │                ┌─ 链接社区资源
实施社区社会工作计划 ─────┼─ 发展社区支持网络 ┼─ 组建志愿者队伍
                          │                └─ 成立自助小组
                          │
                          └─ 建立社区组织 ─┬─ 培育社区组织
                                           └─ 培养社区骨干
```

【学习目标】

● 理解组织居民活动，发展社区支持网络，建立社区组织，开展社区行动，在社区社会工作计划实施中的内涵。

● 掌握组织居民活动，发展社区支持网络，建立社区组织的方法，能因地制宜地实施社区社会工作计划。

● 能根据社区的需要灵活调整服务方案，具备引导和鼓励居民参与社区事务的意识，与居民携手共进，共创美好社区。

任务一　组织居民活动

【任务卡】

任务情境

某机构在 A 社区的服务中发现，小区卫生环境较差，垃圾分类的执行落地情况不理想，社区居民对环境的保护意识比较薄弱，有些居民认为环境保护与自己无关，垃圾随手乱丢，多见于老人和孩子；有些居民无视小区随地可见的垃圾；一些居民垃圾不分类……小区的卫生环境问题让居民哀声怨道，小区管理处也被困扰其中，尝试多次行动无果，事关民生问题，社区工作站希望社会工作者介入，协助问题解决。因此：

● 社会工作者如何发动社区居民参与？
● 社会工作者如何通过居民会议形成有效的行动策略？
……

请问，您知道机构如何实现上述任务吗？需要遵循什么工作流程？需要借助什么工作技巧？

任务要求

● 明确发动居民的原则、过程和工作技巧。
● 明确召开会议的工作过程、相应技巧。
● 具备不断改善和提升的职业素养，持续积累和掌握发动居民和召开会议过程中的常见事项应对技巧。

【必备知识】

组织居民活动是社区工作中的重要内容。社会工作者开展社区服务的主要目的是服务社区和社区居民，通过专业的社会工作手法介入，回应社区和社区居民的需求和问题。在这个过程中，居民的配合和参与显得至关重要。居民的配合和参与不仅能够推动社区居民个人问题的解决，促进个人的改变，而且能够促进群体参与，推动社区共治共建共享。那么如何更好地组织居民活动，发动居民和召开社区会议是重要的工作内容。在本章节中，将围绕上述内容进行详细介绍。

一、发动居民

（一）发动居民的原则

发动居民是指社会工作者通过专业手法，促进社区居民了解并且参与社区活动的过程，发动居民时应遵循以下六点基本原则。

1. 掌握居民参与的动机

社会工作者在组织活动时，要首先了解居民参与活动的原因，了解其对于活动的期待。通过前期的了解，社会工作者再依托居民的需求设计撰写活动计划，这样才能有效回应和满足参与者的需求，为后续激发居民的持续参与奠定根基。

2. 让居民看到参与能解决社区问题

在社区工作中，社区经常召开居民会议，解决社区中存在的共性问题。面对如何召集居民有效参与的重要问题，社会工作者要通过专业介入手法让居民了解到参与会议的重要性及居民的参与对于解决社区问题的重要性，让每位居民能够感受到自身的价值。

3. 为居民带来个人的改变

社会工作者组织开展活动要带来居民个人的改变。社会工作者在撰写活动计划的过程中要充分考虑到居民的需求与问题，通过本次活动，居民能够收获什么？居民的改变是什么？

4. 厘清动员的对象

社会工作者动员居民参与活动，要充分考虑本次活动的目标以及涉及的人群，要有重点地筛选参与者，筛选重点对象，重点动员。

5. 降低居民付出的代价

社会工作者在开展社区活动中，要充分考虑到居民参与的时间、金钱等因素，践行参与者利益最大化原则，这样才能够促进社区居民更多地参与其中。

6. 提升社会工作者的综合素质

社会工作者自身的素质对于发动居民至关重要。在社区活动中，我们经常发现这样一种现象：居民喜欢某位社会工作者，对于他/她组织的活动就喜欢参与。其实居民对于社会工作者的偏好与社会工作者具备的过硬的工作素质和呈现出的个人魅力息息相关。因此提升社会工作者的自身素质对于发动居民参与至关重要。

（二）发动居民的过程

发动居民的过程也称为发动居民三部曲，包括：发动前、发动中、发动后三个阶段。有效发动居民，每一个环节必不可少。

1. 发动前

基于活动和项目而言，前期社会工作者要做好：

（1）社区调研：分析社区资源和问题，掌握社区基本情况，抓住居民的"痛点"需求，只有充分了解社区环境以及环境中的人才能真正做到运筹帷幄。

（2）活动设计吸睛：活动设计要充分考虑居民需求并且活动环节的设计要新颖、有吸引力，才能吸引更多居民参与。

（3）社会工作者要提前准备好活动宣传物料，如主题宣传单页等，详细呈现活动的目的、内容、时间、地点、参与人群等，方便居民清晰直观地了解。

2. 发动中

基于活动和项目而言，发动过程中社会工作者要做好：

1）维护圈子聚拢人

社会工作者要维护好居民对于社区和社会工作者的持续归属感和吸引力，对于参与过服务的居民要进行维护，促进后续持续参与，对于没有参与过服务的居民要做好发动工作。

具体发动方式：

（1）较熟悉的居民：对于较熟悉且经常参与活动的居民，社会工作者可以直接说出来访目的，发动居民参与其中，并且让居民动员其他居民参与其中，充分发动居民的力量。

（2）初次接触的居民：对于没有参与过社区活动的居民，社会工作者首先自我介绍：名字、工作职责、擅长领域等基本信息，之后介绍来访目的，在此过程中，社会工作者要充分调动居民的情绪，让居民了解参与其中的重要性和意义，抓住居民的痛点和关注点，动员居民参与其中。如果居民同意参与，社会工作者要做好信息收集工作。如果居民不愿意参与，社会工作者可以介绍居民参与活动的途径，如有意愿，可自行报名参与。

（3）提醒居民参与：在社区开展活动的过程中，我们了解到：部分居民报名参与活动但实际未出席，后续社会工作者回访了解原因，很多居民表示：忘记了，希望下次活动及时提醒。因此，建议社会工作者提前1~2天通过电话或网络途径提醒居民参与活动。

（4）鼓励强化参与：在活动中，对于准时到达的居民，社会工作者要予以赞赏和肯定等，强化居民的参与动机。对于第一次参加活动的居民要重点关注，鼓励其持续参与。

2）激发广泛参与

（1）社会工作者要秉持动员意识：将简单的事情"复杂化"，促进更多人参与其中，让每位参与者有事可做、有其收获。另外在这个过程中，居民之间以及社会工作者间的交流也会增多，社会支持网络中的支持主体也会相应地增加。

（2）活动形式保持新鲜感：在项目实施或者系列活动实施过程中，我们会发现传统的活动形式，往往参与人数较少且持续性较短，怎么保持居民持续广泛参与呢？我们要结合现今流行的、大家比较喜欢的活动形式。活动形式要保持新颖，抓住眼球，让居民保持新鲜感。

3. 发动后

基于活动和项目而言，发动后社会工作者要做好：

（1）与参与者分享：活动临近结束，社会工作者要与居民一起分享收获与成长。这个过程中，让居民能感受到个人的改变，促进居民继续参与。另外，可尝试转化居民为社区骨干，带动更多社区居民参与，做到真正发动和发挥居民力量。

（2）社会工作者团队总结：活动结束后，社会工作者要和工作团队开展分享会议，了解发动居民的困难及有效的经验，进行记录总结，完善发动居民的技巧。

（三）发动居民的途径与形式

社会工作者在发动居民参与时，可通过线上（网络途径）和线下（走访、定点宣传、宣传栏宣传、非正式团体宣传）的形式来开展。

1. 入户走访

在发动居民中，实地入户走访是一个有效发动居民参与的途径。入户走访能够让居民更好地了解社会工作者以及社区服务，能够与居民进行更深层次的交流，能够与居民建立良好的信任关系。但入户走访也会面临相应的问题：如耗费人力成本高、对于不了解社区服务的居民，社会工作者会吃闭门羹。

2. 定点宣传

在宣传动员过程中，定点宣传不失为一种好方法。社会工作者要选取社区人流量比较多的地方进行宣传，向居民发放宣传页并且面对面进行解说或者进行现场演讲，让更多居民了解社区服务。定点宣传活动现场的布置要充满吸引力：有横幅、服务宣传KT板、宣传页、话筒、音箱，充分考虑视觉与听觉上的效果，这样才能够更有效地吸引居民前来参与和了解。

3. 社区走访宣传

社会工作者结对，两两一对，在社区进行走访宣传，建议选择在人流比较多的社区公园或者小区中进行宣传。但社区走访宣传准备工作要做到位：社会工作者穿戴好工作服、佩戴好工牌，让居民更好地了解身份；准备好相应的宣传页、笔记本、笔等物资；准备好宣传访谈提纲。

4. 社区宣传栏

社会工作者要充分利用社区宣传栏：居民楼栋宣传栏、居民活动宣传栏；在居民人流量比较多的地方设置宣传栏，放置新颖、醒目的宣传页。

5. 网络宣传

现代社会，网络快速发展，网络宣传是一种快捷有效的宣传动员方式。社会工作者可以利用微信群、QQ群、朋友圈、公众号、抖音、微博等居民常用的网络途径进行宣传动员。但是社会工作者要做好相应的准备工作，好的网络宣传载体是兼具快速性和趣味性的，这也是对社会工作者的宣传页制作能力的一大考验，语言要简洁明了，直击居民兴趣点，另外宣传页的配图要新颖有趣，吸引居民眼球。

6. 利用社区非正式团体

利用社区居民骨干团体进行动员，以居民带动居民，效果较好；利用社区志愿者团队进行动员；利用社区舞蹈队、健身队等团体进行动员宣传。非正式团体的宣传动员效果普遍较好。

（四）发动居民的技巧

发动居民是一个充满挑战和考验社会工作者综合实力的过程，怎样才能有效发动居民？通常来说，发动居民常用且有效的两种方法有如下两种。

1. 目的动员法

针对发动居民目的的不同采用的方法，我们称之为"目的动员法"。

例如：A社区计划开展垃圾分类活动，社会工作者在不同阶段采用了不同的方法开展动员工作：

（1）知晓了解：社会工作者进行活动宣传，让居民知晓和了解此活动。

（2）了解需求：社会工作者对重点人群进行走访调研，了解他们的需求以及对于活动的意见和建议。

（3）激发参与：邀请重点人群进行社区议事，共同讨论，在这个过程中引起了部分人群的关注。

（4）成效了解：活动结束后，为及时了解活动成效，邀请居民填写满意度问卷，获得反馈。

2. 人群动员法

在活动中，社会工作者要考虑到不同人群的不同关注点与需求才能提升居民的参与度。人群动员法就是要抓住服务对象的特点下功夫，动员成功与否的关键是：服务对象的需求是否得到满足。

例如：在A社区社会工作者计划开展社区微电影项目，社会工作者通过调查了解到：

（1）社区老年人比较关注身体健康与同伴交流；

（2）社区中青年比较关注有体验感、有创新和有创意的事物；

（3）社区全职妈妈比较关注育儿、婚姻家庭；社区儿童比较关注运动、新奇、有趣的事物。

因此为吸引更多居民参与其中，社会工作者与团队最终制定出了满足不同人群的项目服务策划，项目取得了圆满成功。

二、召开社区会议

召开社区会议是社区社会工作者经常要做的工作，社区会议是社会工作者和社区居民联系的重要途径，是居民参与社区建设和管理的重要平台，也是征集居民意见，汇集居民智慧，加强居民沟通的重要途径。在会议中可以互相交流信息和意见；交代汇报工作事项和进展；对重要的事情做出讨论和决定；也可以加深参会居民间的联系和支持，推动建立团队协作；学习解决问题的方法，提升居民的民主参与意识和责任承担意识。因此，社区社会工作者面对复杂的社区事项，如果能在工作过程中充分发挥居民会议的作用，势必会取得事半功倍的效果。

（一）召开社区会议的过程

完整的社区会议包含四个阶段：会议前，会议中，会议后和会议落实，也称作为社区会议四部曲。若要组织一场有效的社区会议，就要做好会议的每一个阶段。

1. 会议前

1）确定会议议题，明确会议内容

会前应核对会议的目的和必要性，确定会议议题，首先议题必须具体、明确，便于讨论表决。其次会议议题应当聚焦，切忌议题太多或者太分散，否则容易导致当次会议时间太长或效率低下；议程安排要适当，预设子议程的讨论内容，并预估每项议程的内容，优先处理重要或容易达成共识的议程。

2）做好会前准备工作

（1）准备会议资料：依据会议议题和议程准备会议资料，确定好派发方式，视情况或提前派发，方便参会者了解和准备，或现场派发，或借助大白纸，白板或者投影设备等呈现在会议现场。

（2）明确参会对象并通知到位：依据会议情况确定参会人员，并确定通知方式，可以定向邀请或线上开放邀请或线下随机邀请等耳熟能详且有针对性的方式，建议在会前一天做温馨提示工作；需确保主要人物或与议程有关的人员出席会议，并视情况考虑是否需要与核心成员进行会前准备和商讨，做会议中的动力准备。

（3）准备场地设备等：场地的摆设以参会者感受自然，无局促感为佳，预先安排场地所需用品，如桌、椅、笔、纸、白板等。座位安排方面，要让大家能看到彼此，尤其是主持人要看到各参会者，方便听取发言，坐在中心位置较理想，以便控制会议的进行，但主持人与参加者的座位安排要秉持平等的原则，不能让参会对象觉得主持人高人一等。

3）会前接待与确认工作

（1）提前到达和确认：建议提前30~60分钟到达会场，检查场地布置和设备用品等。

（2）提醒与邀请：可以视情况再次提醒参会者，并告知会场准备情况等。

（3）事务确认：指引早到者签到，领取会务资料，选择位置，允许的情况下对会议做简单介绍等。

（4）关系连接：通过打招呼、讨论简单的共性话题等方式给予参会者被关注和被重视的感觉，建立连接关系，加深感情，营造亲切的互动氛围。

2. 会议中

（1）遵照流程，控制时间。会议内容需尽可能依据提前确定的议程逐项讨论，让参会者有备而来、积极参与；同时需要做好时间管理，适当安排发言及讨论时间，各项环节时长要控制得当，保持会议效率；如确需要调整或者时间变化，需要征得参会人员的同意才可进行。

（2）引导鼓励，集体讨论。会议中营造集体参与的氛围；主持人要秉承公正和客观中立的态度，拒绝批判，仔细聆听参会者的意见，多鼓励适当发言、讨论；若遇到参会人员提出意见等，主持人避免立即回应，应将意见抛给大组回应、讨论。协助参会者多沟通意见，多回应其他人意见，引导会议中的团队动力发挥作用。

（3）有效决议，适当总结。主持人要多做集中、归纳、摘要及总结工作，让参会者跟上讨论；若讨论成熟，协助参会者作出决议，决议前先要让参会者对问题有充分讨论，分析好决定的优劣点，尽量用共识方法，避免让参加者有输赢或被孤立的感觉；结束前，要作简单总结，让参会者知道和共享会议结果，并有致谢贡献和参与的环节。

3. 会议后

（1）整理会议记录。依据会议过程和会议决议，及时整理完成会议记录，以及其他相关的会议资料，如签到表、照片、新闻稿等，并及时完成审核和存档工作。

（2）通过会议决定。选取适合的沟通方式反馈会议决定，针对参会者需要简要反馈会议决定；通知未出席者有关会议的重要内容及决定；通知会议的密切关系者，以便跟进所需工作。

（3）跟进要立即行动的工作。在会议落实行动前，如果有需要立即核对、确认或者行动的工作，需要在约定时间内跟进完成。

4. 会议的落实行动

（1）执行行动。依照会议的决定，进行行动，在约定时间内完成相应的跟进任务。

（2）保持跟进机制。会议决议的跟进和任务执行有记录，并有定期交代和互通机制，可以通过线上定期反馈，线下偶遇交流，总结报道等方式进行反馈跟进，让参会人员对会议决定有跟进渠道和机会。

（3）随机应变。若有突变，考虑是否召开紧急会议，或征询各人意见。

（二）主持社区会议的基本技巧

1. "听"的技巧

通过目光接触、点头示意、身体倾斜、语言表达等方式表达会议主持人正在专心听，留意发言者说话的表层意思和隐含意思等有声或者无声的信息。如点头等，同时需要注意对全场参会人员的关注。

2. "问"的技巧

这是会议中最常用的技巧，多用开放式的问题鼓励参会者表达意见，在发言邀请时要留意对全体成员的兼顾和平等邀请，带动讨论气氛，可用特别邀请的技巧来协助特别的成员抒发意见。如"大家有什么意见？"或者"张先生，你的看法如何？"

3. "澄清和概括"的技巧

帮助发言者进一步说明他们没有表达清楚或者不完整的信息，用自己的话简述发言者所表达的核心内容或观点，并引导发言者发表更多意见，让参会者真正清楚发言者的立场、看法。

4. "转向"的技巧

将发言者的意见或问题转向或抛向全体与会者或者特定人士回应或讨论。例："针对这个问题，不知道大家的看法是什么呢？"这样可以让发言者得到适当回应，有助于问题讨论的广泛性。

5. "聚焦"的技巧

将偏离主题或者太局限于细节的情况集中到讨论主题和目标上，让参与者的注意力集中在待讨论的议题或者内容上，避免跑题及出现太多无关紧要的讨论。如"刚才大家给了很多维度的讨论和意见，我还是先讲讲小区垃圾分类管理的事情"。

6. "总结"的技巧

总结指重申讨论中的重要意见、观点和决定，在讨论过程中或即将结束时，把长时间的发言内容简要地归纳为几点重要意见、建议。综合有关意见并找出共同点，以减少分歧，达成共识。如"刚才陈先生讲的可以总结为两方面"或者"今天对垃圾分类管理的主题讨论内容，我们可以总结为四点"。

7. "关注、鼓励"的技巧

通过身体前倾、目光接触、语言表达、点头示意等方式表达对与会者的重视，鼓励和支持他们多发言、多参与。如："刚才陈先生的发言让我想到……"

当然除此之外，主持社区会议还有很多技巧，如引用、摘要等，不同的技巧适用不同场景和情形，需要有针对性地灵活运用。

（三）召开社区会议的常见事项应对

1. 多人同时发言

应对方法：可以在会议开始之前约定发言规则和注意事项，在会议过程中出现此类现象时主持人应有意识地将声音提高，并反复强调发言规则，让参会者认识到这一现象，运用约定方式强调让大家先听别人的发言。

2. 大声争论或发言，不听别人讲

应对方法：主持人一定要注意把控会议节奏和现场氛围，当遇到此种情况时可以将正在进行的发言内容进行简单概括总结，然后转向大家或者请其他人回应，借助身体语言或者简单的提示语提示发言者聆听其他人的回应。如："大家注意，刚才张叔提到了……"

3. 发言太长，难以停止

应对方法：当发言者说了一段时间后，在对方稍有停顿吸气或在某句子完结时，主持人快速介入，提高声音插入，简单概括发言者的意见，并将意见转向大家或者请其他人回应。

4. 偏离正在进行的话题

应对方法：多用集中技巧，并向参会者指出时间有限，需要将话题集中。也可将议程写在白纸上或用PPT进行展示，当遇到偏离的发言时，指着议程提醒参会者需要回到正在讨论的主题。

5. 沉默不发言

应对方法：建议优先观察其状态，如对方在专注倾听他人分享，建议不要强迫发言；如对方目光躲闪，可尝试多用目光接触或者手势等方式邀请发言；优先寻找一些对方感兴趣或不难回答的问题，邀请发言；如对方专注参与且目光坚定，可尝试邀请发言；在对方完成发言后记得及时反馈欣赏和鼓励，进行致谢。

6. 交头接耳开小会

应对方法：需留意讨论的人可能对正在进行的话题感兴趣或者有意见，可给予目光关注，让其感受到主持人对他或他们的关注，邀请他们将私下的谈话和大会进行分享；或者邀请其回应正在讨论的议程。

7. 意见不一，随意插嘴

应对方法：主持人要多用归纳、摘要及综合技巧，尽量将纷纭意见归纳或综合为几点，然后提示与会者集中逐项讨论，或者建立讨论缓冲区，在会议的最后时间进行简单回应。

（四）召开社区会议的常用技术

召开社区会议时借助高效会议工具，可以帮助提升会议效率和产出。常见社区会议技术有四种：罗伯特议事、头脑风暴、世界咖啡馆和开放空间会议技术等。

1. 罗伯特议事规则

罗伯特议事规则是关于如何召开会议的指南，其实质就是在竞争环境中为公正平衡和正当地维护各参与方的利益而设计的精妙程序。罗伯特议事规则的主要优点是能够有条不紊地让各种意见得以表达，同时压制各方私利的膨胀冲动，求同存异，实现民主和效率的共赢。

1）罗伯特议事的12原则

动议中心原则：会议讨论的内容应当是一系列明确的动议，它们必须是具体、明确、可操作的行动建议。先动议后讨论，无动议不讨论。

主持中立原则：遵照规则来裁判并执行程序，尽可能不发表自己的意见，也不能对别人的发言表示倾向。主持人若要发言，必须先授权他人临时代行主持之责，直到当前动议表决结束。

机会均等原则：任何人发言前须示意主持人，得到其允许后方可发言。先举手者优先，但尚未对当前动议发过言者，优先于已发过言者。同时，主持人应尽量让意见相反的双方轮流得到发言机会，以保持平衡。

立场明确：发言人应首先表明对当前待决动议的立场是赞成还是反对，然后说明理由。

发言完整原则：不能随便打断别人的正当发言。

面对主持原则：发言要面对主持人，参会者之间不得直接辩论。

限时限次原则：每人每次发言的时间有限制；每人对同一动议的发言次数也有限制。

一时一件原则：发言不得偏离当前待决的问题。只有在一个动议处理完毕后，才能引入或讨论另外一个动议。

遵守裁判原则：主持人应制止违反议事规则的行为，这类行为者应立即接受主持人的裁判。

文明表达原则：辩论应就事论事，以当前待决问题为限。不得进行人身攻击，不得质疑他人动机、习惯或偏好。

充分辩论原则：只有当所有约定的发言次数都已使用完毕，或者尽管尚未用完但无人再请求发言时，主持人方可启动表决。

多数裁决原则：动议的通过要求"赞成方"的票数严格多于"反对方"的票数（平局即没通过）。弃权者不计入有效票。

2）罗伯特议事程序六步法

第一步，动议。就是行动的建议，必须包括时间、地点、人员、资源、行动、结果。这涉及动议中心原则。先动议后讨论，无动议不讨论。

第二步，复议。只要有一个人说：我附议，就可以进入议事流程。如果没有人附议，主持人不可以附议，主持人有控场权，必须从讨论中抽离，不得发表意见，不得总结别人发言。

第三步，陈述议题。主持人清楚陈述一遍议题，让大家明确到底讨论的靶子是什么。

第四步，辩论。启动机会均等原则。任何人发言前，必须得到主持人允许。先举手者优先，未发言者优先。同时，尽量让正反双方轮流发言，保持平衡。比如按照之前的约定，一个议题，每人最多发言三次，每次最多 2 分钟。在一系列规则下，辩论终于变得有序、交替、高效。

第五步，表决。终于表达完毕。启动多数裁决原则。赞成大于反对，则通过，平局算未通过。

第六步，宣布结果。

3）罗伯特议事规则的操作要点

主持人在主持会议中不得发表意见，不得总结别人的发言。

会议讨论的内容必须是具体、明确、可操作的行动建议。

发言者必须面向主持人，举手发言，表明立场，且发言不能超时、跑题、人身攻击。

主持人应让意见相反的双方轮流发言，机会均等。

表决时，当赞成方多过反对者，或赞成票达到规定票数时，动议通过；未达到规定票数或平局视为没有通过。

2. 头脑风暴法

头脑风暴法是一种激发创造性思维的工具，目的是通过找到新的和异想天开的解决方法，来解决我们日常生活和工作中遇到的问题和挑战。

1）四大原则

自由思考：圆桌讨论，避免权力和威望影响自由思考。

延迟评判：禁止批评、讨论他人想法。

以量求质：获得尽可能多的设想。

综合改善：探索取长补短和改进方法。

2）操作程序

采用"3+5"公式有助于达成头脑风暴会议目标，"3"：会前三步准备，"5"：会中五个环节。

头脑风暴前的"三步准备"：

第一步：明确问题。如：对方案的期望，关键词控制在3个以内。如：特征&主题&对象信息。

第二步：确定人员。参会人员有哪些？主持人需要了解背景、流程、君子协定。记录员需要提前了解和选择合适的记录方式。

第三步：准备物料，如座位、白板、便利贴、纸笔等。

头脑风暴中的"五个环节"：

第一步：热身游戏，放松参会者状态，暂停思维惯性。

第二步：重申问题。

（1）解决什么问题：what。

（2）为什么要解决这个问题：why。

（3）满足的标准是什么：how。

（4）是否清楚理解：check。

第三步：发表自己的想法。

按照具体情况制定发表顺序和时间，这里就需要参与的每个人高度集中注意力，在限定的时间内尽可能多地产出想法。

第四步：补充想法。

在思想碰撞后自由补充新点子，建议使用思维导图，能够帮助团队成员们进行可视化的头脑风暴并鼓励他们在自己原先的想法上进行更加深入和细致的探索。

第五步：筛选想法。

SWOT分析方法，根据收集上来的想法，分析内部的优势、劣势和外部的机会、威胁，依照矩阵形式排列列出，然后系统地把各种因素相互匹配起来加以分析，从中得出一系列相应的结论。

3）操作要点

围绕话题，不跑题。

充分发挥想象力，借题发挥。

多多益善。

非评判，不评价，存在即是合理。

3. 世界咖啡馆

世界咖啡馆是一种创造集体智慧的会谈方式，参与者采用轮桌方式，聚焦问题、发表见解、产生意见碰撞从而促发创新。适合团队学习研讨，每人发表见解，这是新的思想碰撞，也是一种有价值的学习工具。它是一种有生命的网络，以问题作为吸引子，包含多元化的观点。

1）规则

围绕一个主题讨论。

第一轮讨论完成，桌长留下，其他组员换桌。

桌长分享上轮本桌观点，本轮组员补充各自观点。

2）七个原则

设定研讨情景。

营造友好的空间。

探索真正的话题。

鼓励每人参与和贡献。

交流并连接不同观点。

共同倾听见解和本质。

3）具体步骤

第一步：聚焦话题。聚焦本体会议或者研讨话题，确立研讨任务。

第二步：形成小组。8～9人为一组。

第三步：轮桌讨论。

第一轮会谈——原始小组对话：

确定本组任务：确定本组要回答的1～2个关键问题，选出桌长，确定成员分工，各成员带着问题进行后续轮桌讨论。

第二轮会谈——自由流动：

除桌长外，其他成员换桌讨论，桌长组织进行讨论，收集成员观点和疑问，并作总结和记录。

根据本次活动的实际情况，共进行N次轮桌会谈，每轮N分钟。

第四步：观点整合，回归本桌，桌长介绍研讨成果，组员补充，整合研讨智慧。

第五步：成果输出。在30分钟内收集成果和海报制作。

第六步：成果分享。

小组海报展示，并进行宣讲和拉票活动。

4）操作要点

任务指令、研讨话题要清晰。

任务设置和时间安排需要考虑人数和活动复杂程度，控制任务量。

观点整合有代表性。

鼓励多元参与和展示。

4. 开放空间会议

开放空间会议是一种区别于传统会议形式的会议模式，它提供给人们一种平等、开放、自由的会议空间，参与成员迸发激情和责任，参与讨论，达成共识。开放空间的主要优点是平等发生，集思广益，解决冲突，达成共识，实现自组织。

1）法则&角色：相互讨论，没人知道答案；开始和结束较随意

（1）两脚法则：加入各自有兴趣的组，用双脚决定。

（2）角色："蜜蜂"和"蝴蝶"不加入任何组，在组间自由穿梭。

召集人：针对某一议题，控制节奏。

观察员：拍照和计时。

记录员：详细记录，并做会议日志。

2）工作步骤

确定会议主题。

通知利益相关方会议的时间、地点。

确定会议场地以及布置，会议布置最好采用围圈而坐。

带领人组织成员相互认识并破冰暖身。

将会议规则公布于与会人员，让与会人员了解会议规则。

陈述讨论主题的由来。

据主题内容，与会的每一位人员针对主题进行发言，表达自己对主题的认识。分组讨论主题内容产生的原因，在规定的时间内用大白纸进行归纳总结，然后每组派一名代表向所有与会人员讲解、展示小组的讨论成果。

针对每小组的讨论结果，带领人再归纳总结出所有原因，达成大多数人都赞成的讨论结果。

根据讨论出的原因，分组讨论相应的应对方案，在规定的时间内用大白纸进行归纳总结，然后每组派一名代表向所有与会人员讲解展示小组的讨论成果。

针对每个小组的讨论结果，带领人再归纳总结所有方案，达到大多数人都赞成的讨论结果。

制定实施的时间，并进行分工，执行方案。

评估方案执行的情况。

3）操作要点

设计出与会者有热情参与的真实议题。

邀请全部利益相关方参与。

做好引导者和辅助人员的培训，增强其在会议中实操的技巧和能力。

场地布置突出圆形开放特点，为参与者营造友好、和谐、轻松的讨论环境。

充分尊重每个参与者的自由讲话权，激发他们发自内心的"愿意"。

做好会后参与者对议题讨论记录与行动方案的知晓工作。

【典型案例】

案例资料

A社区部分居民反映社区出现高空抛物现象，其中有两次差点砸到人，非常危险。鉴于此，社会工作者走访社区了解情况，高空抛物的受害者现在仍然心有余悸，希望社区能够整治高空抛物现象，保护大家安全。未经历过高空抛物的居民，对于其重视程度略低。为了改善A社区高空抛物现象，保护社区居民的人身安全，社会工作者计划开展服务介入高空抛物问题。

操作流程与步骤

第一步：发动居民

（一）发动前：主要开展社区调研和动员造势工作

1. 社区调研

（1）社会工作者走访社区了解基本情况，对于社区内接触或者了解高空抛物事件的居民进行访谈，了解其感受、意见和想法，社会工作者进行相应记录、总结，便于梳理总结居民的整体需求情况和收集典型事件。

（2）社会工作者走访社区领导，了解其对于社区高空抛物事件的意见和想法。

（3）社会工作者随机家访，收集社区居民对于高空抛物的意见和想法。

（4）社会工作者撰写调研情况总结。

2. 设计宣传活动

让更多居民了解高空抛物的危害，并动员更多的居民关注和参与解决高空抛物问题。

3. 设计宣传页

内容包括本社区以及其他地方发生的高空抛物事件解析、高空抛物对于居民的危害、高空抛物的法律知识、作为居民我们应该如何行动。

（二）发动中：线上线下多种渠道动员居民参与

1. 线上宣传动员

社会工作者在线上（居民微信群、朋友圈、公众号、家园网）动员宣传，让居民了解高空抛物的危害，促进居民参与高空抛物改善行动。

2. 线下宣传动员

社会工作者在线下动员宣传：定点宣传、入户走访、社区走访、宣传栏。对于比较熟悉的居民，社会工作者向其讲解高空抛物的危害，促进其参与，并且发动其动员其他居民参与其中。对于初次接触的居民，社会工作者详细介绍其身份以及目的，促进其参与到高空抛物行动中。

（三）发动后：总结经验

1. 与参与者分享

社会工作者与参与高空抛物行动的居民和志愿者骨干一起分享其收获和感受，他们普遍反映：我们以前没有感受到高空抛物如此危险，现在我们首先要求自己，然后再去动员他人重视高空抛物的危险性。

2. 与社会工作者团队总结

社会工作者和团队开展总结分享会议，了解在行动动员中，发动居民的困难以及有效的经验。

3. 发动居民经验总结

1）居民对于线上动员参与度低

社会工作者在线上宣传主要是通过链接或者宣传页的途径，在宣传的过程中发现：居民对于避免高空抛物宣传链接点击量较少，这也从侧面印证了居民对于此话题兴趣较少。为了解决此问题，社会工作者团队邀请专业宣传设计人士制作了物料包：包含海报设计、公众号推文素材，提供可以修改的模板和打印建议。通过后续的精心设计，居民的浏览量明显上升。

2）居民对于线下定点宣传参与度较低

"人群动员法"的运用：社会工作者在线下定点宣传的过程中，发现居民参与度较低，宣传摊位前来参与居民较少。后续社会工作者进行反思：根据定点宣传的地点观察人群对象，根据人群对象设计摊位游戏和宣传品。后续宣传人流量明显增多。

3）入户走访经常吃闭门羹

社区资源的运用：在社区入户走访过程中，经常遇到吃闭门羹的现象。在后续入户走访工作中，社会工作者邀请居民骨干与志愿者一起前行，此现象大大减少。居民是生活在社区中的居民，与社区其他居民一般都熟知，当居民看到熟悉的面孔时，对于社会工作者的宣传抵触较小，并且愿意倾听其动员宣传。

4）邀请居民骨干、志愿者回应参与感想时无法具体说出其收获与改变

运用"4F分享法"：Facts：事实，具体的经验（发生了什么事）；Feelings：感受，观察反思（经历了什么）；Findings：发现，产生观念（为何会发生）；Future：未来，尝试实践（我将会做什么）。由浅入深，层层递进，组织参与者更好地分享。

5）社会工作者团队总结工作过程中，大家分享混乱，影响其总结效率

"AAR复盘四步法"运用：

目标回顾：当初行动的意图或目的为何？当初行动时尝试要达成什么？是怎样达成的？

结果陈述：发生了什么？实际上发生了什么事？为什么？怎么发生的？

过程分析：从中学到了什么？总结行动的优点和缺点，如何改进？

规律总结：下次我们将要怎么做？

"AAR复盘四步法"的运用大大提升了团队经验总结效率。

第二步：居民参与会议

（一）会议前准备

1. 社会工作者制作会议宣传海报

包括会议时间、地点、参与人群、目标、流程。海报设计新颖，吸引居民眼球。

2. 线上、线下宣传动员

社会工作者在线上（居民微信群、朋友圈、公众号）和线下（定点宣传、入户走访）发动居民参与会议。最后有30名居民愿意参与，社会工作者建立会议交流群。

3. 提醒居民参与

在活动开始的前1~2天，社会工作者在会议交流群提醒居民参与会议的时间。

4. 会议开始前准备

准备会议需要的资料、工作人员分工明确、布置活动场地；组织提前到的居民签到，发放会议资料、笔、纸。

（二）会议中组织

1. 活动介绍，形成分组

主持人开场，做自我介绍并带领"雨点变奏曲热身活动"，推动会议现场破冰。

主持人带领"桃花朵朵开"分组游戏，在进一步活跃气氛的情况下将现场30人分成5组，每组6人，围桌而坐，选出一名组长。

主持人介绍会议背景、会议目的、会议规则等内容。

2. 议题讨论

主持人介绍本轮次的讨论议题：高空抛物。

议题为：如何预防解决高空抛物（关于解决小区高空抛物问题的行动建议）？

主持人介绍头脑风暴的讨论规则和时间安排，并邀请组长组织本小组成员围绕议题进行几轮头脑风暴讨论，在30分钟后，以小组汇报展示的方式呈现讨论成果。

3. 成果汇报

社会工作者收集各组记录纸并且张贴出来。各组组长上台分享小组成果，进行交流提问。

4. 观点连接

参与者在社会工作者的主持引导下，检视并讨论，最终形成讨论成果。大家对于解决高空抛物的观点为：

（1）定期开展防止社区高空抛物线上和线下宣传，提升大家的重视程度。

（2）开展防止高空抛物系列活动，形式新颖，能够促进大家更好参与。

（3）从孩子做起，让孩子意识到高空抛物的危害，进而带动家长。

（4）高空抛物法律宣传一定要做，让他们意识到这种行为是违法的。

（5）随手拍行动。

（三）会议后整理跟进

1. 整理会议记录

依据会议过程和会议决议，及时整理完成会议记录，撰写会议新闻稿。会议照片、签到表、总结、新闻稿要及时归档。

2. 通过会议决定

在会议交流群反馈会议内容及决议，重点讲述社会工作者采纳大家意见和想法，并决定开展高空抛物专题服务。

3. 跟进要立即行动的工作

在一个月内，社会工作者团队制定出防止高空抛物系列活动方案并且在会议交流群及时告知工作进度；同时需要做好与社区管辖领导的交流，取得其支持。

4. 开展社区居民会议经验总结

在开始分组讨论的过程中，组员讨论不积极，对于议题不了解；社会工作者及时发放相关资料，并协助组长澄清讨论规则；在小组讨论中，有一些组员垄断了小组讨论和小组讨论偏离主题，不聚焦；当社会工作者观察到此种现象时，要及时提醒，用聚焦和转移的技术来引导小组讨论回归主题等。

任务二 发展社区支持网络

【任务卡】

任务情境

深圳的 L 社区是一个混合型居民社区，由 9 个花园楼盘小区、2 所幼儿园、4 所学校以及 5 个工业园组成。社会工作者进社区后，社区文化娱乐服务由社区居委会提供，社区便民利民等福利性服务由社区工作站提供，这些服务不能有效满足社区居民多样化、个性化、多层次的物质和精神生活需求，而居民参与社区事务的意识和活跃度不高。随着社区治理全面纵深发展、社区服务精细化发展，社区建设面临了重大挑战，社区工作站希望社会工作者介入，协助社区治理，发展社区支持网络。

因此，后续：

● 社会工作者如何链接运用资源？

● 社会工作者如何组建管理志愿者队伍？

● 社会工作者如何发挥居民的潜能？

……

请问，您知道机构如何实现上述任务吗？需要遵循什么工作流程？需要借助什么工作技巧？

任务要求

● 明确资源链接途径和管理技巧。

● 掌握志愿者队伍培育和管理的相应技巧。

● 掌握自助小组成立、发展的技巧。

● 能敏锐察觉居民的需求和顾虑，能耐心细致地解决自助小组成立过程中遇到的各种问题。

【必备知识】

随着社区建设的深化,社区居民参与和社区资源有效调动成为社区工作中面临的重要挑战。发展社区支持网络可以促进社区建设,可以推动"助人自助"理念的实现。社区支持网络是一个动态的过程,其中涉及服务对象的需求、可运用的资源、能采取的行动等,社会工作者主要是通过撬动社区资源、培育社区志愿者以及动员居民社区参与等方式建立发展社区支持网络,通过维系社区各项资源的运作、可持续发展来发挥社区支持网络的作用,解决服务对象需求和社区工作问题。

本任务将详细介绍社区资源链接、志愿者队伍组建以及自助小组的成立。

一、链接社区资源

(一)链接社区资源的方法

社会工作者能发挥资源筹措者的重要作用,以居民的需求为导向,积极寻找周边可用的资源并运用到服务当中。在资产为本的社区发展视角下,社会工作者可挖掘、培育、调动社区资源,进行自我造血,提高自身服务能力。具体来说,可从以下几点着手。

1. 挖掘社区资源

社会工作者进入社区后,可分为以下步骤挖掘社区资源:一是查阅文献,了解社区的基本情况,包括发展历史、经济状况、人口结构、地理环境、社区文化、社区环境、社区管理等,对各种资源进行分类了解并做好记录;二是实地走访社区,了解社区的地理位置、环境卫生、居民日常生活娱乐、场地设施等肉眼可见的社区状况;三是拜访社区政府部门,通过与社区领导、工作人员访谈,深入了解社区目前现有的资源、资源的使用情况及成效、存在的问题以及潜在的待开发资源等;四是居民访谈,通过与居民交谈,从不同层面收集社区资源。

2. 建立社区资源库

社区资源是多样化的,不同的组织、群体、个人能够提供不同层面的资源支持。社会工作者需要将前期通过不同途径了解到的资源进一步细化,制定社区资源管理机制,并运用办公软件建立资源信息库,方便社会工作者能更好维系、管理、运用社区资源。同时,通过社区资源库的方式呈现,社会工作者可以直观地将社区资源与社区需求匹配,能明显发现有的资源与发现的需求直接匹配,有的资源需要二次挖掘才能运用,还有的需求没有资源,为社会工作者下一阶段挖掘社区资源提供方向和目标。

3. 培育发展人力资源

社区中,有的资源呈现得明显,社会工作者容易挖掘并运用,例如场地资源;有的社区资源需要社会工作者运用间接的方式才能运用，例如组织资源，需要社会工作者与之建立合作关系，整合资源共同开展服务；还有的资源被隐藏着，需要社会工作者深度挖掘培育，例如居民骨干、志愿者以及其他社区人才。社会工作者可以通过两个方面培育发展社区人力资源：一方面，组织志愿者队伍，根据社区需求大量培育志愿者、推动志愿者参与社区服务；另一方面，通过宣传招募和社区服务，挖掘居民骨干和有特长的社区居民，定向动员发展其参与社区事务，例如动员有特长的退休老人教导社区儿童跳舞、唱歌、绘画、书法、写作等，动员社区的音乐老师开展乐器学习公益培训，动员会电子维修的居民帮助独居老人维护家电等。

挖掘社区资源是一个动态的过程，社会工作者在开展服务时，要有资源整合的意识和敏锐性，及时洞察周边资源，不断增加社区资源的存储量，资源库才能像滚雪球一样越来越大。另外，单个社区的资源相对有限，如果各社区之间、社会工作者之间能够达成资源共享，或是同一个街道、同一个区域之间进行资源信息互通，那便能盘活更多的资源，为居民提供更多层次、更多样化的服务。

（二）社区资源的维系与管理

在对社区资源进行链接使用后，社会工作者还需要有维系发展的社区资源经营意识。具体包括：

1. 更新维护

社区资源不是固定不变，随着时间变化、人员流动以及使用消耗，社区资源会减少、损坏、消失。社会工作者需要定期挖掘资源、更新资源库、维系资源关系，例如定期进行社区漫步、走访社区社会组织、访谈社区居民等。

2. 反思评估

运用社区资源时，社会工作者会与社区政府部门、社区社会组织、企业公司、社区团体以及居民个人等，建立关系、协同工作，每次运用资源后，社会工作者要总结反思整个过程，并对此次社区资源进行重新评估——这个资源是否适合继续合作，服务对象利益是否受损，或者还有无其他运用资源的方式等。

3. 激励表彰

人力资源运用方面，不管是居民还是志愿者，激励表彰必不可少。一是通过表彰的仪式感，感谢提供资源的个人和组织，肯定其付出；二是通过宣传推广社区参与、志愿奉献的文化精神，吸引更多的社区居民、社区组织参与到社区建设发展中，进一步丰富社会工作人力资源。

资源链接工作任重而道远，需要社会工作者不断总结经验，不断积累资源网络，从而更好地为服务对象提供服务。资源链接的过程也是我们应该关注的一环。有时候，该次的资源链接虽然不成功，但可以成功地与相应的资源持有方取得联系，也能为日后的资源链接打下铺垫。

二、组建志愿者队伍

（一）明确发展目标，健全管理制度

志愿者队伍组建前期，首先要制订志愿者队伍的愿景使命和发展目标，通过这个共同的发展的目标，来吸引、凝聚志愿者，告诉志愿者要做什么、要往什么方向努力。其次是要建规建制，针对志愿者队伍组织架构、志愿者行为守则等方面，制定志愿者管理制度，推动志愿者管理、权益保护、激励措施等方面的完善，进一步规范健全管理制度是社会工作者培育志愿者队伍的重要手段。

（二）宣传招募，组建队伍

志愿者招募永远在进行时，没有完成时，通过宣传招募志愿者的方式保持志愿者队伍随时有"新鲜血液"的流动，保持志愿者队伍的活力和人才储备。社会工作者充分发挥组织协调作用，积极进行宣传动员，依托线上线下的宣传渠道招募新的志愿者，目的在于广而告之志愿者队伍和志愿服务的作用，同时发动有意愿的居民加入志愿者队伍中。招募时，要同时做好志愿者注册登记工作，记录个人基本信息、服务技能、服务时间、联系方式等基本信息，以便后续建立志愿者人才库，挖掘培育志愿者骨干，为社区服务提供充足的人力资源、知识结构以及社会资源等。

（三）建立培训体系，提升服务能力

志愿者来自社会各界，背景不同、能力有参差，社会工作者需从专业知识、专业方法、成果评估、服务理念等多方面对志愿者进行有计划、分类别、多形式的社会工作专业知识与技能培训，具体包括：

（1）新志愿者培训，具体包括队伍管理机制、服务基础技能、志愿者成长体系、服务队文化等方面的培训。

（2）专项能力培训，重点是让志愿者掌握开展不同类型志愿服务所需的专项技能，促进以社区服务为导向的能力提升。如不同服务群体的沟通技巧、健康知识、安全急救技能、摄影技能、手工技能、亲子交流、历奇游戏带领技巧等。

（3）岗前培训，针对当下要参加的志愿服务、需要重点强调的志愿服务内容、安全注意事项等进行培训，尤其是防疫志愿服务的岗前培训尤为重要。

（4）志愿者骨干培训，社会工作者要着重挖掘培养志愿者骨干，提升他们的团队带领能力，发挥志愿者骨干的带头引领作用。例如如何宣传志愿服务精神，如何安抚志愿

者的消极情绪。社会工作者也可与志愿者骨干探讨交流如何营造志愿服务文化氛围，一起推动志愿者队伍的发展。

（四）完善激励机制，推广志愿精神

对于志愿者的表彰也是不可或缺的，建设合理的志愿者激励机制是保障志愿者长久参与志愿活动的有效途径。通过团队建设、荣誉表彰等形式，增强志愿者的归属感与价值感。例如，定期组织志愿者参与团队建设，关心志愿者的状况，节日送上温馨问候，开展志愿者队伍年终总结表彰会等。

（五）双工联动，志愿服务可持续

发挥社会工作者专业技能优势和志愿者人力资源优势，依托专项服务领域平台，组建志愿者队伍，进行志愿者的招募、培育、管理，促进志愿者能力提升和志愿服务成效产出。志愿者队伍还可以联动社区社会组织、撬动社区资源，开展综合性服务，有序参与社会治理，打响志愿服务品牌，提升社会影响力。

三、成立自助小组

（一）自助小组的含义

顾名思义，自助小组主要强调的是小组成员相互之间的自助行为，是由一群有共同需要、面临共同问题与困难的个人组成的小组，适用于残疾人、慢性病或严重疾病患者、面临心理困扰的人士、下岗失业或经济困难人士等由于个人因素或社会因素而处于困难的人群。在自助小组中，社会工作者更多地退居幕后，小组成员主动走向前台，小组的实施开展不是由社会工作者自上而下地完成，而是由小组成员平行地完成。

随着社会的不断发展及小组社会工作的不断实践探索，自助小组也呈现了更加多样化的发展趋势，如随迁老人组成的"第二故乡社团"、进城务工人员组成的"打工者之家"以及全职妈妈组织的"姐妹帮俱乐部"等。多元化自助小组的发展说明通过成立自助小组建立社区同质群体的社会支持网络是一种非常有效的工作方法。

（二）自助小组的特征

除具备一般小组的特征之外，自助小组的还具备以下特征。

1. 同质性

自助小组的同质性主要指的是小组成员的共同性，一般来说，自助小组的成员具

有明显的同质特征，这种同质主要表现在小组成员面临共同的困境或需求，而问题的共同性进一步导致了目标的共同性，这是自助小组最本质的内在关联性，比如妇女自助会、健康俱乐部等。

2. 产生的自发性

自助小组一般来说是源自小组成员的内在的自发性吸引，而不是社会工作者的外在推动，也正因为如此，自助小组往往具有明显的非专业化色彩，但另一方面，本身问题诉求的共同性反倒成了自助小组最内在的连接纽带，这也是自助小组往往凝聚力强的原因。

3. 资金上的自主性

因为产生方式的特殊性，自助小组在资金上往往来源于小组成员之间的众筹互济，政府以及各种基金的赞助往往占少数，所以社会工作者在介入推动自助小组成立时需要注意资金支持的尺度，避免出现资金的依赖性，降低自助组织的自主性。

4. 管理上的民主性

自助小组的成员往往没有等级之分，组员平等意识比较强烈，组织管理相对灵活松散，民主色彩较为浓厚，其领导方式往往是小组成员共同领导或轮流领导。

5. 强烈的认同感

自助小组成员之间尽管连接形式比较松散，但是，彼此之间的认同感却非常强烈，小组共同体意识非常明显，这和自助小组成立的方式有密切关系。这种强烈的认同感可以给小组成员增强自信、带来希望。

6. 小组的开放性

自助小组的成员招募往往只是以问题的共同性为主要目标，更关注组员对小组目标和理念的认同，因此，自助小组往往呈现出开放性特征，因为自助小组的开放性和包容性，自助小组成员的规模也不会像社会工作一般性小组工作那样有人数限制，发展好的自助小组人数规模会不断增加，甚至成为全国性乃至世界性的组织，如宝贝回家公益网、匿名戒毒会等。

（三）成立自助小组的意义

将面临共同问题和需求的人集中起来，为他们提供信息分享、情感交流、问题解决等物质和精神支持双向的服务，自助小组发挥着重大的作用。自助小组具体的意义和作用体现在以下方面。

1. 情感交流的平台

小组成员在小组中感到被接纳和产生归属感是自助小组很重要的一种功能。自助小组为组员提供了一个开放的、安全的环境，利于组员抒发感受、倾诉苦闷，减轻组员的紧张感和焦虑，重新发现自身的价值，并因被认同和被接受而产生积极的心理感受。

同时自助小组还可设计有目的的活动帮助小组成员解决其行为、情绪、态度和认知等方面的问题，使其在情绪、行为、态度和价值观等方面恢复到正常状态。

2. 信息分享的平台

信息分享是自助小组的重要功能之一。在自助小组中，组员通过信息分享，面对面交流应对困境和问题的相关知识、技能和方法，可以帮助组员获得更多的信息和思路，从而帮助组员提升面对困境的信心，增强自我效能感。

3. 互帮互助的平台

心理学家罗洛·梅认为，生命产生意义的世界是一个能对他人有所贡献，并感受到自己被他人所需要的世界（Charles D. Garvin，2000）。自助小组作为一个互助的小组，小组成员在帮助他人的同时，也发现了自己的价值，从他人的回馈中重新找回或进一步提升了自我的价值感，增强了自我形象。

4. 提升自我的平台

自助小组是组员提升自我意识和自我价值的平台，一方面帮助小组成员学习、反思、提高和成长；另一方面，帮助小组成员在小组环境中学习人际相处的技巧和解决问题的方法。通过小组活动的开展，对帮助小组组员树立自信，提升能力具有重要意义。

（四）发展自助小组的技巧

社会工作者在发展自助小组时经常用到联结、鼓励与正面强化、组织活动与体验式学习和同辈榜样等技巧。

1. 联结

将有特殊需要或者面对某些共同困难的人士联结到一起是社会工作者发展自助小组的首要技巧，也是最有效的技巧之一。联结可以帮助当事人降低忧虑，通过某些组员之间的共同点而将他们联结起来是建立关系的第一步。

在社区以全职妈妈的自助小组为例，育儿困惑、家庭关系、兼职或再就业等都可以成为联结组员的共同点。如通过共同探讨育儿，便可把全职妈妈很快地联结起来，通过鼓励组员分享经验、释放情绪，同时提供适当的资源和信息，可以让组员体会到互相关怀的气氛，也是联结组员的手法。更重要的是，社会工作者要协助组员界定他们的共同需要，并以此作为联结点，增强组内的凝聚力，确定小组的功能和未来的发展方向。

2. 欣赏与鼓励

鼓励及提供支持对身处困境的人士非常重要，因为他们往往缺乏寻求改善的知识和途径，容易情绪低落，与外界有疏离感。社会工作者可以通过多种方式为他们提供鼓励和支持。比如，为社区随迁老人提供新环境适应指引，为社区残疾人提供就业信息等，同时过程中通过个别接触提供适当鼓励，发掘个人技能，鼓励他们作多方面的尝试。

3. 正面强化

正面强化的技巧是通过赞赏服务对象的某些行为来增加这些行为再次出现的可能性，达到强化和巩固这些行为的目的。社会工作者可以首先在精神上鼓励服务对象作新的尝试，其次适时为服务对象制造尝试的机会。当他们有突破自己的正面行为时，及时给予赞赏和奖励。除了社会工作者，自助小组的成员也能担任"强化者"的角色，如社区单亲妈妈小组组员互相之间的鼓励和称赞有助于正面行为的形成与巩固。

4. 组织活动

社会工作者需要适当地组织不同的活动，制造机会让自助小组的成员承担一些对他们来说具有挑战性的任务，帮助他们在亲身实践中肯定自己的能力，看到自己对家庭、对自助小组、对社会的贡献，增强自信心，获得成就感。

5. 体验式学习

每个小组成员的日常生活体验是互助小组特有的宝贵资源。社会工作者可以根据互助小组成员的需要和问题，策划各种主题的结构化体验或指引性体验，让小组成员对这些体验进行反思，在体验中学习新的知识和技巧，树立新的态度或价值观，形成新的行为模式。

结构化体验通常是在社会工作者的带领和指导下，在模拟的环境中，由小组成员再现或重新创造特定情境中的语言、行为和态度，常见的手法包括角色扮演、成长游戏、心理剧、家庭雕塑等。

指引性体验是由社会工作者或其他专业人士指导小组成员在工作和生活中处理和完成某项任务，比如第一次自主创业的残疾人在社会工作者的指导下完成工商注册登记等一系列手续就是一次指引性体验。

6. 同辈榜样

社会学习理论认为，人能在观察中模仿学习，而在模仿过程中，被模仿者必须与当事人有相近性，及被模仿的行为会带来正面的奖赏。所以工作员可强调组员当中（朋辈）正面的行为表现，在不同场合，透过不同方式加以称赞，并鼓励其他成员进行亲身实践。如社会工作者以"生命故事分享会"的方式，鼓励积极的精神康复者分享自己的康复故事，给更多的康复者树立积极正面的榜样。

（五）发展自助小组的过程

一般而言，发展自助组织会经历三个阶段，即由自助小组至自助组织的初成期、组织成立期、组织维系的阶段。不同阶段皆需要有不同工作任务、具体工作手法及技巧。以下以成立"妈妈读书荟"小组来讲述自助小组至自助组织的初成期发展的过程。

自助小组从萌芽到成立需要一个孕育的过程，社会工作者在推动自助小组成立时，一般会需要经历以下几个阶段和过程。

1. 自助小组的萌芽

在社区日常工作中，社会工作者通过调研、开展服务等方式会接收到社区居民的信息和需求反馈，在识别到一些共性需求后，社会工作者可通过与需求提出者、社区能人、志愿者骨干等人员进行访谈及互动，从而评估是否需要以及能否有条件成立自助小组。

如在了解到社区妈妈总是为亲子阅读而发愁时，社会工作者可通过对社区妈妈群体进行小样本调查，评估是否需要成立一个妈妈读书自助小组。如调研中，社区妈妈们有普遍的需求且有较强的参与意愿时，这个自助小组的萌芽就开始了。

2. 自助小组的设计

自助小组联系相对松散，因此，专业活动就成了成员之间最重要的连接纽带，丰富多彩而又富有专业特质的活动设计就显得尤为重要，专业性是自助小组超越经验化的根本保障。

自助小组要能成立，首先需要对小组有良好的服务设计，社会工作者可通过引导、链接资源，推动小组的发起人通过组织小范围的研讨、头脑风暴等方式来确定小组的方向及内容，并根据小组的性质及大家的需求设计有吸引力及可操作性的活动来为小组成立做好准备。

如妈妈读书荟，在场地选择及主题选择上就充分融入园艺减压+艺术体验+主题研讨沙龙相结合的方式，让社区妈妈感受到读书的愉悦。

3. 挖掘和招募组员

设计出小组的内容，启动前最重要的工作就是挖掘和招募组员了，自助小组的成员招募尽管以共同的问题为主导，但是，往往还伴随有其他的基本要求，比如成员应该有一定的自制能力，成员不应有对他人的危害性，成员应该具备一定的爱心、愿意为组织奉献等。对于自助小组来说，成员的招募是其中非常重要的一个前提，也是自助小组能够成立并开展专业活动的基本保障。比如成立读书会自助小组，在成员招募上就比较严格，要求所有成员必须有强烈的参与意愿，并且坚持参与小组组织的活动，甚至要求每天都要做到读书半个小时以上并进行分享等。

4. 启动小组

启动小组，对于小组成员而言是一种仪式感，社会工作者在这个过程可多与发起人小组成员进行探讨，明确小组成立的宗旨和规划的方向，让组员清楚参与进来可获得的成长及需要承担的责任，这个过程中，须多运用联结的技巧，联结组员间共同的需要、心境及发挥同舟共济的精神。透过组内不同的体验及分享，提升组员朋辈间进一步的共鸣感受，及回应他们定期聚会的需要。

5. 凝聚组员

社会工作者组织邀请社区妈妈定期聚会分享，就普遍关注的需求和问题形成议题，进行定期的分享或设计体验活动，以帮助组员在小组中获得知识、技能及组员间的互相鼓励、关怀、接纳及认可。通过定期聚会，与一群有共同经验和需求的妈妈互相支持及鼓励，产生认同、安全及归属感等。

在初期的定期聚会中，社会工作可多给予他们欣赏和鼓励，发挥积极组员的"同辈榜样"力量，激发和吸引更多社区妈妈加入，建立内聚网络。

6. 评估与成立小组

自助小组发展一段时间之后，社会工作者可对小组的发展情况进行评估，评估小组的成效及对于参与者的价值，听取参与者的反馈，再探讨是否有必要及有条件可以发展成立一个自助组织。如组员普遍期望自助小组发挥更大的作用，惠及更多的人，那么社会工作者可引导自助小组朝着自助组织的方向发展，社会工作者可鼓励有兴趣参与的组员到发展较好的自助组织进行参访，并与核心骨干交流及分享。在这个资讯搜集阶段，社会工作者须尽量提供机会，动员组内成员，各尽所能，使他们投入整个过程，并把各组员所搜集的资料带回组内讨论、分享及确定该组是否有成立组织的必要。下一个步骤便是成立会员大会，商讨及了解全体组员对成立自助组织的意向及需要后，才成立筹备小组，草拟章程及细则。

（六）总结

自助组织的成立会经过一段颇长的孕育期，由最初招募组员，到确定自助组织成立的需要，会遇上不少困难，社会工作者要使用不同的技巧，使它渐渐发展及成长，并维系组织成员，培育出核心骨干人才及接班人。当自助组织发展至独立运作时，工作人员可以顾问身份在旁提供意见及支持，然后社会工作者可逐步撤离，让自助组织独立成长，开创它未来的道路。

【典型案例】

案例资料

深圳的 L 社区是一个混合型居民社区,社会工作者团队进驻后,面临着没有社区妇女愿意参加社区服务、认为社会工作者是推销员等问题。随后,社会工作者展开大量的走访和调研,发现社区在建设和管理中存在两个突出的问题:一是目前社区建设和妇女群体的关联度不高,妇女的社区支持网络薄弱;二是社区妇女需求多元化,自上而下的服务模式无法满足妇女的需求,也无法精准分配资源。

为了满足社区妇女多元需求,社会工作者计划以社区育龄妇女和老年妇女为目标群体,通过链接社区资源、组建志愿者队伍以及成立妇女自助小组的方式,发展妇女社区支持网络,推动社区妇女参与社区事务。

操作流程与步骤

第一步:链接社区资源

社会工作者计划以 L 社区妇女的需求为导向,积极寻找 L 社区可用的资源并运用到服务当中。同时,以资产为本的社区发展视角,社会工作者要进一步挖掘、培育、调动社区资源,进行社区妇女群体"自我造血",提高自身服务能力,进一步构建完善社区支持网络。具体操作流程如下。

(一)调研社区妇女需求

首先,社会工作者在 L 社区人流密集的 2 个公共场所,分别开展了一场宣传活动,让社区居民认识了解社会工作者以及社会工作者服务,并在宣传活动中通过问卷调研社区妇女 200 名;其次,社会工作者分别邀请了全职妈妈、职业女性以及退休妇女各 10 名开展座谈会,进一步了解和梳理社区各类妇女群体的需求;最后,社会工作者访谈了 L 社区妇联主席,了解到社区目前妇女工作的情况、妇女群体的服务需求等。

通过以上调研工作,社会工作者进一步精准聚焦了社区妇女在兴趣拓展、个人价值、职业发展、法律维权以及婚姻家庭方面的需求。

(二)了解社区资源

社会工作者通过前期的需求调研,了解到开展社区妇女工作,需要场地、财力、人力以及组织等方面的资源,故计划通过三种方式链接社区资源。

1. 社区漫步

社会工作者穿工作服、佩戴工作证,每 2 人为一组,花了一周时间,走遍了 L 社区大街小巷和公共场所,了解到 L 社区目前的场地资源分为两种:一是室内场地资源,有党群服务中心、日间照料中心、党员活动中心等 800 多平方米;二是户外场地资源,有文体公园、篮球场、羽毛球场、儿童公园等 1 000 多平方米的场地。同时,社会工作者也了解到这些场地资源通过向主管部门申请预约便可以免费使用,亦可满足开展社区妇女服务的场地需求。

2. 访谈社区妇联主席

社会工作者准备好访谈的提纲、调研到的社区妇女需求以及计划开展妇女工作方向等资料后，再前去拜访L社区妇联主席。通过1个多小时的访谈，社会工作者了解到以下资源情况：一是经费资源方面，社会工作者可以通过服务方案来申请社区妇联和民生微实事项目的经费，支持开展社区妇女服务；二是人力资源方面，目前L社区居民和志愿者的活跃度低，社区居民骨干、拥有特长的居民等人力资源还未挖掘培育出来；三是文化资源方面，L社区是一个成立15年的混合型社区，社区还没有形成特色的文化。

3. 走访社区职能部门

走访社区各职能部门的主要目的是挖掘链接社区的组织资源。先通过政府部门的政务公开网站，了解到L社区主管部门的组织架构和权力架构，再通过拜访L社区党委书记和妇联主席，进一步梳理出社区党委、工作站、居委会、团委、妇联、关工委、综治办等职能部门的情况之后，社会工作者才主动拜访了各职能部门的负责人，并与各职能部门建立联系。通过此次走访，社会工作者与社区的官方组织建立了初步的联系，要想动用到更多的资源，社会工作者还需要在此后的工作中不断加深彼此的互动交流和利益共同体，才能维系资源。

（三）建立社区资源库

社会工作者团队对目前掌握的社区资源进行了分析整理，制定了社区资源管理机制，并运用办公软件建立了资源信息库，方便社会工作者能更好维系、管理、运用社区资源。目前，社会工作者链接L社区的场地资源、财力资源、物力资源，可以满足社区妇女服务的需求，但是L社区的人力资源、组织资源、文化资源较为稀缺，还需要社会工作者进一步挖掘、培育。

（四）运用社区资源

社会工作者链接社区妇联的讲师资源和年度工作的经费，为社区妇女开展了手工、形体礼仪、茶艺等10多场兴趣拓展活动，改变了社区妇女单调的生活状态，丰富了她们的日常生活，也拓展了她们的社区人际网络。

社会工作者通过申请社区民生微实事项目、社区妇联的经费，培育和发展了蕙兰手工讲师团。由20名全职妈妈组成的蕙兰手工讲师团，在社会工作者和社区妇联的支持下，开展了丰富多彩的手工活动10场次，让社区妇女享受布艺、珠艺、纸艺以及编织等4个系列的手工盛宴。同时，手工讲师团带领30名妇女为福利院46名儿童编制了温暖的手工毛衣，携手社区妇联共探共绘"妇儿友好"美丽蓝图，助力妇女儿童友好型社区建设。

社会工作者通过链接关工委的老年人协会的资源，社会工作者为一群平均年龄已达到65岁的老年人开展社区太极培训，推动社区老年人每天早晚坚持进行太极锻炼，改善了100多名老年人的社区生活。

第二步：组建志愿者队伍

以L社区妇女的需求为导向，社会工作者计划组建一支巾帼志愿者队伍——蕙兰手工讲师团，以"社会工作者+志愿者"双工联动方式，培育有意愿、有特长的社区妇女成长为手工讲师,社会工作者协同手工讲师一起开展社区服务、关爱社区弱势群体,促进社区妇女参与社区事务,营造安居乐业、和谐发展的社区氛围。具体步骤如下:

1. 建规建制,明确目标

社会工作者团队结合深圳市志愿者文化和管理机制、L社区妇女需求、L社区的建设目标和资源以及社会工作者能力等实际情况,围绕志愿者队伍的发展目标、志愿者守则、志愿者注册登记、志愿者招募、志愿者培训、志愿服务以及志愿者激励等方面,建立了L社区惠兰手工讲师团的管理制度。同时,确定了L社区惠兰手工讲师团的发展目标为:发展成为一个完善规范的社区社会组织,推进社区志愿服务发展,关爱弱势群体,践行"助人自助"理念,推动社区妇女支持网络发展,促进社区建设和治理。

2. 宣传推广,招募手工讲师

社会工作者通过线上线下、定期、多管齐下的方式,开展志愿者队伍宣传招募工作:

(1)运用新媒体宣传招募。社会工作者建立微信公众号,对外公布宣传推广,多渠道发展社区居民关注公众号。在公众号中,设置惠兰手工讲师团专栏,社会工作者每月定期更新维护专栏内容。同时,长期置顶惠兰手工讲师团招募的推文,宣传招募志愿者。

(2)巧用社区宣传栏。社会工作者精美吸引人的志愿者招募宣传海报,粘贴于社区各个宣传栏,扩大惠兰手工讲师团招募的宣传力度和影响力。

(3)定期开展招募活动。社会工作者培育志愿者骨干4名,每月第一个和第三个星期六晚上,分别在社区2个人流密集的公共场所,由2名志愿者骨干带领6~8名志愿者,摆摊宣传招募志愿者,同时协助新志愿者在现场完成注册登记工作,并加入惠兰手工讲师团微信群。此外,社会工作者还可以借助每年3月5日学雷锋纪念日和12月5日世界志愿者日的特殊节日,协同惠兰手工讲师团开展大型主题活动,宣传推广志愿精神和志愿文化,扩大惠兰手工讲师团的影响力,吸引居民。

(4)在服务中宣传招募。社会工作者在开展其他社区服务时,安排几分钟时间宣传惠兰手工讲师团,引导服务对象关注微信公众号,若服务对象有意愿成为志愿者,就现场加入惠兰手工讲师团微信群,由负责惠兰手工讲师团的社会工作者在群里对接后续的工作。

3. 多方联动,培训手工讲师

惠兰手工讲师团的培训,主要是以下内容:一是新讲师培训,让新讲师学习知悉志愿者队伍的管理机制、志愿者的文明礼仪、志愿服务的基础技能、志愿者成长体系等方面;二是手工技能培训,招募到10至15名新讲师后,社会工作者以小组活动的方式开展手工技能培训,手工讲师们除了掌握手工制作的技能,还要掌握课件制作、活动带领等技能;三是岗前培训,社会工作者开展一场妇女手工活动需要5名手工讲师协助,社会工作者需要在活动开展前对5名手工讲师进行岗前培训,让他们知悉每个人的工作职责、活动的流程、活动中安全注意事项以及突发状况的应对方式等。

4. 双工联动,开展志愿服务

1年的时间里,社会工作者协同20名手工讲师,开展了丰富多彩的手工活动10场次，让社区居民体验到了布艺、珠艺、纸艺以及编织等4个系列的手工制作乐趣。此外，社会工作者整合社区妇联的经费资源，与区福利院建立联系，推动20名手工讲师带领30名社区妇女，用一个月的时间为福利院46名儿童编制了温暖的手工毛衣，携手共探共绘"妇儿友好"美丽蓝图，助力妇女儿童友好型社区建设。

5. 总结反思，激励表彰

年终时，社会工作者和手工讲师团开展了年终总结暨表彰大会：一是总结反思这一年中，蕙兰手工讲师团的发展情况和服务成效；二是规划下一年的目标和方向，集思广益，推动手工讲师们发挥自我能动性；三是表彰奖励本年度表现突出的手工讲师，增强手工讲师们的获得感和效能感。

第三步：成立自助小组

随着L社区妇女服务的推进，社会工作者了解到有一部分社区妇女在育儿方面的困扰和迫切需求，同时社区目前也缺乏在育儿、亲子教育方面的资源。故社会工作者计划推动这群面临情绪管理、亲子沟通等育儿困境的社区妇女成立自助小组。

1. 精准需求

在前期的需求调研和社区服务中，社会工作者了解到社区妇女的需求，其中部分妇女有着育儿困境。通过服务档案和记录，社会工作者将面临育儿困境的社区妇女逐一找出来，发现有30多名社区妇女明确表达育儿方面的需求。然后，社会工作者通过座谈会的方式，邀请她们一起探讨面临的育儿困境、社区妇女的需求以及成立自助小组的可能性，最后的讨论结果是成立社区家长自助小组。

2. 启动小组

社会工作者与面临育儿困境的社区妇女一起策划"社区家长自助小组"：

（1）自助小组的目标：帮助组员缓解情绪压力，提升组员育儿技能和处理亲子冲突的能力，推动组员自我成长，促进组员家庭关系和睦。

（2）自助小组的内容：一是社会工作者为组员创造情感交流和心理支持的空间；二是组员进行信息互通和育儿知识交流；三是组员共读一本亲子教育类的书籍，一起学习实践亲子教育技能。

（3）自助小组的开展：一是组员们相约每周日19点至21点聚集一堂，以共读一本书为一个周期，每次招募10名以上组员固定参与，报名组员自行购买书籍、准时参与周日晚上的聚会，共同探讨交流育儿知识、学习心得；二是线上建立自助小组微信群，组员们相互提供育儿支持和帮助、共享资源，社会工作者和社区心理咨询师也会给予支持和帮助；三是组员之间建立联系，发展自身的人际网络和家庭交际网络。

3. 巩固小组

社会工作者每季度组织一次自助小组活动：一是为组员们开展育儿知识专题课堂、亲子成长工作坊、亲子陪伴实践活动等活动，增加组员互动，维系组员感情；二是与组员总结反思自助小组开展的情况、探讨组员关心的问题，以及规划下阶段自助小组的安排等。

任务三　建立社区组织

【任务卡】

任务情境

某社区境内有一条河通过,但最近河周边环境卫生比较恶劣,垃圾成堆,该社区为长期守护河流,让社会工作者广泛动员社区居民力量,拟建立"暖心护河队",在社区内通过自荐及居民推荐的方式,招募了一批有意向的社区志愿者,通过开展相应的培训及会议,最终确定了5名社区骨干,由5名社区骨干统筹带领社区志愿者实施护河宣传、护河行动、护河倡导等服务,队伍逐步壮大。在社会工作者的提议下,准备筹建成立"暖心护河协会"。

社会工作者在社区内发起该社区治理的服务,请思考:

- 从社区志愿服务队伍发展成为社区组织,需要具备哪些要素和程序?
- 社区组织的社区骨干应具备哪些特质?
- 社会工作者组织开展初期社区骨干培育应包含哪些内容?

请问,在类似长期性的社区治理项目中,社区组织如何通过整合社区资源实现正常运转?社区骨干的进一步培养需要哪些发展路径?

任务要求

- 明确社区组织的特征与功能。
- 明确社区组织培育的具体程序。
- 掌握社区组织运营的方法。
- 具备主动孵化培育社区组织与社区骨干的意识。
- 明确社区骨干选拔有关的内涵、特质。
- 明确社区骨干培养的原则、技巧。

【必备知识】

社区社会组织在创新基层社会治理中能发挥重要的积极作用。培育发展社区社会组织,对于加强和创新社会治理,具有重要的意义。社会工作者在社区开展服务过程中,如何掌握社区组织的特征并发挥好社区组织的各项功能?是否明确社区组织在组建过程中的具体程序?组建好社区组织后,又是否能掌握社区组织的运营方法,让社区组织能在社区服务中发挥重要的作用,这些都是接下来我们要学习的社区组织的相关知识。

一、培育社区组织

(一)社区组织及其分类

1. 社区组织的内涵

社区组织与政府、企业等组织一样,都是社会组织的一种类型。社区组织的特定含义是指在社区内开展工作或活动,执行一定的社会职能,完成特定的社会目标的社会组织。广义的社区组织,可以指在来自社区外的,以从事社区公共事务或社区政治、经济、文化事业,参与社区活动为目标的各种社会组织及机构。狭义的社区组织,则是指由社区建立的,以满足社区需要和促进社区发展为目标的,从事社区管理与服务的各种社会组织和机构。

2. 社区组织的特征

社区组织的功能的发挥主要限于本社区内,它的各项活动主要是针对本社区的。因此,社区组织有这样三个基本特点:

一是社区组织是一种地域性组织,或者是在社区平台上开展工作的组织。社区组织的特定地域就是社区的地理界限。

二是社区组织以兴办或管理一定社区的社会服务、政治活动、文化事业及经济活动为主要内容。

三是社区组织的功能具有明显的地域性。

3. 社区组织的分类

社区组织主要包括四种类型:

(1)社区党组织。社区党组织是党在社区的基层组织,是党在社区全部工作和战斗力的基础,是社区各类组织和各项工作的领导核心,其凝聚力、组织力、影响力都是社区其他组织无法比拟的。社区党组织由党员大会或党员代表大会选举产生,在街道党工委的领导下开展工作。

(2)社区自治组织。社区自治组织是指代表集体实现社区自治权力、自主管理社区公共事务的公共权力机构,一般包括社区居民代表大会(有的地方称社区成员代表大会)、社区协商议事委员会和社区居民委员会。

(3)社区社会组织。社区社会组织是指介于社区自治组织与居民个体之间,直接开展自我教育、自我管理、自我服务、自我约束活动的群众性组织,一般包括各类文化艺术体育团体、社区志愿者协会、业主委员会、门栋或居民小组自治协会等。而我们重点学习的是此类社区组织在社区服务过程中的培育与功能发挥。

社区社会组织按照职能可以分为三类:一是社区服务类,主要通过自助互助的方式，无偿或者低偿为社区居民提供服务，如社区志愿、助老、帮困协会等。二是文化、教育、体育活动类，主要组织文体娱乐互动，如社区书法、美术、舞蹈协会等。三是维护权益类，主要是组织社区相关居民表达和维护合法权益，如业主委员会、个体劳动者协会、社区法律援助中心等。

（4）社区专业服务组织。社区专业服务组织是指社区内专门从事某一特定服务工作的组织，如物业管理组织、社区保安队、社区环卫站，以及近年涌现出来的社区服务站等。

4. 社区组织的功能

社区社会组织是社区建设的主体之一，也是社区内部的重要资源，在社区建设中发挥着日益重要的作用。主要体现为四个功能。

（1）社区动员。社区社会组织的建立源于社区居民的现实需要，在对社区居民需要进行了解的基础上成立相应的社区社会组织，使社区居民可以通过这一组织载体来满足自己某方面的需要。而且，社区居民参与社区社会组织是出于自愿，社区社会组织在社区建设中有很好的群众基础，具有广泛动员的功能。

（2）满足居民个性化需求。居民通过自愿参与不同类型的社区社会组织，可以满足自己不同方面的、多元化的、多层次的需求。通过培育和发展社区社会组织，不仅满足了人们的多元化需求，而且也丰富了人们的日常生活，为社区居民之间的沟通交流提供了平台。社区社会组织也是社区公益慈善和志愿服务的重要主体，是服务社区老人、儿童、妇女、残疾人等特定群体的重要力量。

（3）政社互动桥梁。社区建设的主体是多元的，社区社会组织有其扎根社区、收集需求、回应迅速、服务个性化定制等优势。社区社会组织与政府紧密合作，能够最大限度地为政府公共服务职能补充力量，是社区管理服务的重要抓手。

（4）挖掘和整合社区资源。社区社会组织主要是由社区内的组织或个人根据社区需求成立的，它们能够充分调动社区中的人力资源。又因为社区社会组织的成员大多都是社区内的居民，对自己社区的情况比较熟悉和了解，可以在充分利用社区的环境条件和已有资源的基础上进行社区建设，可以因地制宜地开展社区建设活动，有利于真正实现社区建设的目标。

在社区建设中，不仅应该重视培育和发展社区社会组织，还应该加强对已经成立的社区社会组织的规范管理，调整社区社会组织的内部结构，拓宽其资金的来源渠道，理顺社区社会组织的关系，使其通过多种途径和方式参与到社区建设的各个领域中，成为社区建设中的重要力量。

社区组织的功能是作为一个系统发挥其作用，且社区组织功能的正常发挥，要以健全的组织构成要素为基础。

（二）社区组织的组建

1. 社区组织的组建要素

社区组织的组建要素主要有：组织成员、组织目标、组织规则、组织权威、组织设备。

（1）组织成员。社区组织并不是单个人所能够组成的，需要由一定数量的组织成员共同组成。社会组织中的每一个成员都有自己明确的角色和地位，有着自己明确的权利和责任划分。

（2）明确的组织目标。社区组织与一般的社会群体不同，社区组织通常有明确的目标，这些目标是每个成员都应该了解并为之努力的。而一般社会群体，可能是没有明确的目标的，比如朋辈群体。

（3）稳定的、共同的组织规则。社区组织的要有一定的规则，无规矩不成方圆，社区组织的规则与一般社会群体不同，它的规则是明确的，而且常常是成文的，也是相对稳定的，而像朋辈群体这样的社会群体，其规则是非正式规范，不够明确，也不是成文的。

（4）有权威的领导体系。一个组织要使其成员协调一致地去实现组织目标，就需要有自上而下的领导和管理体系，即建立自上而下的、具有支配性的权力关系。这种领导体系要有权威性，就必须是一种合法化的权力，具有他自身的话语阐释并为人们所认同。

（5）组织设备。任何社区组织要存在和运行必须有一定的物质基础，有一定的物质和资金等作为基本的保障。

2. 社区组织组建的程序

社区组织组建的流程主要有需求发现、组织成立、能力建设以及服务开展。

（1）需求发现。社会工作者在社区开展工作时结合社区服务的现状会先了解到社区某个共性需求，然后会针对这个共性需求展开调查分析，确认需求。

（2）组织成立。为了更好满足社区服务需求，由社会工作者牵头发起社区组织的成立，并在过程中挖掘社区骨干，共同探讨统一组织目标，培育成立社区组织。

（3）社区组织能力建设。社区组织的前期筹备建立由社会工作者牵头发起，社区组织成立后，为了让社区组织更好地实现自身的运转，社会工作者需要针对社区组织的具体情况同步开始进行社区组织能力建设，培养社区骨干和组建社区骨干小组，提升社区组织的服务能力。

（4）服务开展。结合社区服务需求及社区组织的服务目标，在社区正式开展工作和服务。

（三）社区组织的运营方法

运营和维系一个活跃的、具有生命力的社区组织的方法包括：社区宣传教育、社区活动的组织、社区资源整合。

1. 社区宣传教育

宣传教育是社会工作者必须精通的一种工作方法，因为社区互助、骨干培养、政策倡议、推广都离不开宣传教育，社会工作者通过对居民进行教育及传播有效的方法，可以提升居民的意识和能力，争取自身环境的改善。

社区宣传动员的方法很多。重点有以下几种：

（1）印制宣传资料，张贴或发到居民手中；

（2）发动社区党员、居民代表、居民小组（楼道）长进行宣传；

（3）利用黑板报、宣传栏、标语、横幅等方式进行宣传；

（4）利用小区的广播、有线电视或网站的优势，将各项资料上网公布；

（5）组织专题宣传月、宣传周及邀请活动，扩大社区的影响；

（6）建立社区居民群（微信群、QQ群），利用居民群进行宣传。

2. 社区活动的组织

（1）居民招募。组织居民活动需要发动居民参与到活动中来，在活动开展前进行招募，居民招募的方式有两种：

直接招募。活动目标对象的名字及联络方式提前就已知道，采用短信通知、电话联络进行招募。如果没有具体对象及联络方法，则可以采用设立社区服务摊位的方式向社区往来的居民宣传介绍，发现目标对象或现场交换意见，建立联系；也可采用"围剿"式的方式，逐门挨户上门宣传，挖掘潜在的参加者；或者通过小区广播以及流动宣传车进行活动宣传招募。

间接招募。除了直接招募，社会工作者也可以利用一些间接的方法达到类似的目的。最为常用的方法便是借助居民信息群招募、发放活动招募宣传单张、张贴活动海报等。

（2）召开居民会议。居民会议是民主参与的途径之一，参加者民主平等地表达与分享个人的意见，互相讨论、聆听相关意见，交流分享社区信息。召开居民会议的步骤主要有以下三点：

会前准备：提前准备好会议主题、内容以及程序安排，通知参会人员，安排场地设备，会议资料准备等。

会议组织：按议程推进会议，把握会议时间，讨论及通过会议决议。

会后跟进：通过会议决议后要及时着手并推动会议决定的工作，整理好会议记录，将任务落实到人。

3. 社区资源整合

社区组织的运营离不开社区的各项资源，所以社区资源的整合和运用也是社区组织运营的关键，社区资源整合有以下两点：

（1）社区资源共享。资源共享可以增强社区组织服务的功能，满足社区居民日益增长的服务需求，同时资源共享也能让社区内各单位以及社区组织之间的关系得到强化。

（2）开发利用社区政治资源。社区政治资源主要包括组织资源（如社区内的党员、人大代表等）、社团资源（各类协会、团体组织）、传媒资源（社区广播、宣传栏、居民群）等。积极开发利用社区政治资源能更好地促进社区组织的服务成效，提升社区组织在社区中的地位和价值，保证社区组织的持续运营。

二、培养社区骨干

（一）社区骨干的选拔

1. 社区骨干的内涵

社区居民骨干是在社区发展过程中自发形成的或经社区居民推荐、社区组织挖掘培养，具有一定的人格魅力或某项特长，能够热心社区事务、凝聚社区居民、满足社区需求、促进社区发展、推动社区自治的社区精英人物。

一般而言，社区居民骨干具有自愿性、公益性、无偿性、利他性、公正性等特征，代表人物主要有社区社会组织负责人、社区居民代表、单元楼门长、社区业主委员会主任、社区志愿者骨干等。

社区骨干在社会组织中有影响力，能够团结和带领社区居民在社区参与中发挥作用；社区骨干在社会组织中有号召力，能够以身作则、公平处事，对社区参与的居民有号召作用；社区骨干在社区居民中有亲和力，能够协调各方纷争与矛盾，能够凝聚人心服务社区；社区骨干在社会组织中有领导力，能够带领团队迈向目标。

2. 社区骨干的类型

依据社区骨干在社区里的功能定位、引领作用的不同，可以划分为以下几种类型。

（1）团队骨干。在团队活动中，此成员由于专业水平突出或人际关系凸显，自然而然形成具有影响力的团队带头人，一力承担团队建设的责任，在社区其他事务中发挥表达民众意愿的作用。

（2）意见骨干。即社区公众中自发产生的作为公众与政府的中间层次的骨干。他们直接参与到危机管理中，把公众的诉求表达出来，同时他们也研究危机的真相，帮助居民消除恐慌，引导更多居民参与，促进政府依法管理，并整合社会力量，为解决各种社区问题发挥推动作用。

（3）楼组长。从生活在社区中的居民选出楼组长，不仅能够协助做好社区居民楼栋管理工作，听取居民意见，反映社情民意，协调社区内部矛盾，更可充分发挥居民的自主管理能力。楼组长是居民利益表达、利益实现的一个渠道，通过楼组长，居民可以向政府、非政府组织反映自身的利益诉求和各种建议，建立起了解和沟通、相互信任、和谐共生的良性互动关系。

（4）业委会主任。由居民选举产生的业委会，在社区物业管理中具有非常重要的作用。他们由选举产生，或是因为有能力，或是因为具有公众服务的精神，业委会主任在公众中具有影响力，能够起到沟通社区居民与居委会、政府之间联系的作用。

（5）社区义工骨干。长期致力于社区服务的义工骨干，他们本身是社区一分子，或是社区居民，或在社区工作，积极参与各项社区公共事务或公益服务，他们了解社区居民情况，熟悉社区公共资源，在社区中具有一定影响力，也具备奉献精神，是参与社区建设、社区治理的一支重要力量。

3. 社区骨干应具备的特质

社区居民骨干具备的优秀特质主要有两种来源：第一种来源是"先天具备"，即有些社区居民骨干自身具有与生俱来的人格魅力，这种人格魅力能够吸引其他的社区居民围绕在其身边，并听从其指挥和管理；第二种来源是"后天培养"，即通过多种方式将"潜在的"社区居民骨干培养成"现有的"社区居民骨干。

首先，针对学习能力较强的"潜在的"社区居民骨干可以采用"骨干自学"方式，如读书、看视频、交流讨论等；其次，社区"两委"根据自身情况，可安排专业社会工作者进行协助，社区自行展开培训，即"社区内部培育"；最后，也可通过引入专业社会工作服务机构设计培训课程、甄选培训内容、链接培训师资等，即"外力介入"。

除了具备以上的特质之外，社区居民骨干还应该具备一定的能力。

（1）感染力。能够通过骨干个人的人格魅力影响其组织成员与其他社区居民，吸纳更多的社区居民参与社区事务，营造社区正向、积极、乐观的文化氛围。

（2）号召力。能够借助个人能力或人格魅力动员、凝聚社区居民，推动社区公共事务，激发社区居民参与的热情。

（3）领导力。能够管理社区社会组织，指挥开展社区服务，带领社区居民，协助居民成长。

（4）思考力。能够在服务过程中不断地思考问题，创新服务内容与形式，反思服务不足。

（5）外联力。能够链接多方社会资源服务社区，并能够维系各种社会关系网络。

4. 社区骨干挖掘的主要方法路径

在广泛动员社区居民的前提下，更多的社区居民将参与到社区服务或社区活动中，这为发现社区居民骨干奠定了良好的群众基础。社区社会工作者可通过多种方法发现并挖掘社区居民骨干，具体如下。

（1）观察。社会工作者借助社区活动或社区服务发现"潜在的"社区居民骨干，侧重于观察其身体健康状况、人际交往能力、活动组织能力、社区参与度与参与能力、与社区居民沟通情况等。社会工作者在组织活动时，除了完成工作外，还可以安排专门的"观察员"，对参与的社区居民进行观察。"观察员"既可以采用参与式观察，参与到社区服务或社区活动中，通过与居民的接触发现"潜在的"社区居民骨干，也可以采用非参与式观察，不参与其中，置身于社区服务或社区活动外进行观察，同时做好观察记录，方便后续进一步跟进"潜在的"社区居民骨干。

（2）访谈。社会工作者通过与"潜在的"社区居民骨干"聊天"进一步了解其情况，如参与社区服务的动机、家庭成员的支持力度、居民的兴趣爱好与特长等。发现"潜在的"社区居民骨干后，社会工作者要及时进行跟进访谈。可以进行结构式访谈，即社会工作者采用一个固定的访谈提纲，对想了解的问题逐一访谈并做好记录；也可以进行无结构式访谈，即没有固定的访谈提纲，采用开放式问题，让"潜在的"社区居民骨干畅所欲言，社会工作者从中收集有用信息。一般而言，为了收集到更加全面的信息，在工作前期，与居民访谈时可以将两种访谈方式结合，发挥各自优势。

（3）访问。社会工作者通过访问间接地收集"潜在的"社区居民骨干的信息，如访问其家庭成员、邻居、社区居民、组织成员、熟人群体等。间接资料也是了解"潜在的"社区居民骨干的重要信息来源。社会工作者可以通过带有"目的性"的访问，收集更加客观的间接信息，以此作为进一步认识和评价"潜在的"社区居民骨干的资料。访问时一般可以采用正式访问与非正式访问两种方式，既可以选择入户访问，也可以选择座谈会或面谈会等方式。

（4）签约。社会工作者通过签约把"潜在的"社区居民骨干变成"现有的"社区居民骨干，规定明确的权利和义务关系，并逐步对"现有的"社区居民骨干进行能力建设，如提升服务意识、提高服务技能、建设骨干团队等。签约作为一种具有"仪式感"的举措，能够极大地提升社区居民骨干的自我效能感。签约的形式，一方面能够体现出社区居委会对社区居民骨干的信任和认可，另一方面也体现出社区服务的日益规范化与制度化。

（5）宣传。社区居委会需要通过多种方式对"现有的"社区居民骨干进行榜样宣传，如拍摄宣传片、召开表彰会、榜样宣讲会、橱窗宣传栏等。宣传是社区居民了解社区服务、认识社区居民骨干的重要方式，需要认真策划、执行，以达到"广而告之"的效果。实践发现，如果大部分社区居民对社区居民骨干并不熟悉，其榜样示范与引领的积极作用就得不到充分的发挥。所以，社会工作者需要对典型的社区居民骨干进行重点包装，并展开宣传工作。

5. 社区骨干选拔的三个步骤

（1）第一步：寻找目标。工作者通过各类社区服务寻找社区骨干目标人选，征得服务对象同意之后列入培育名单开始培育计划，这个阶段的难点是与社区骨干目标人选的积极沟通，社区骨干目标人选须有社会担当，具备为社区服务的意愿和特质，因此在这个过程的增能主要是启发社区骨干目标人选社会责任担当意识。

（2）第二步：调整认知。工作者通过协助社区骨干目标人选分析评估自身的优点和不足，引导社区骨干目标人选发挥其社会责任感，发挥优势克服不足，这也是一个难度比较大的问题，需要长时间的培养、鼓励和实践经验，逐步提升，这个过程既是社区骨干目标人选调整认知的过程，也是增能的过程。一般情况下，社区骨干退休长者占多数，他们有时间、有热心、有精力，但是也容易在责任担当受到质疑时感到压力而退缩。比如旧楼宇安装电梯，有热心居民主动担当，成为旧楼宇电梯安装筹备组主任，但如果上岗时间过长，受的质疑多，没有足够的支持，就会出现打退堂鼓的情况，需要给予不断的充能和支持。因此，在这个过程容易出现退缩、反复的情况，工作者需要关注过程，给予鼓励和辅导。

（3）第三步：激发潜能。工作者通过社会工作方法促进社区骨干目标人选激发潜能，使之愿意为社区服务做贡献，激发潜能是重要的一步，工作者的任务目标是搭建平台，让目标对象的能力得以发挥，并在实践中获得进步和成长。

通过以上三个步骤完成社区骨干目标人选的寻找和定位，促使其成为计划中的社区骨干。虽然领导力大部分是天生的，但工作者深信任何有意愿参与社区服务的居民只要给予适当机会、实践、学习和训练，均可以成为一位好骨干。

（二）社区骨干的培养

社区工作最重要的精髓，不在于社会工作者如何有能力改善社区的实质，而在于推动社区内群体的参与、建立居民组织、培育社区骨干和发掘人力资源。社区骨干对于社区、社区组织和居民而言相当重要。因为他们能团结和领导有共同信念和利益的群众，争取合理的权益；而且他们能把所属的群体引向独立自主，并使他们体现民主社会的参与精神。

1. 社区骨干培养的七个原则

（1）寻找居民所关心和利益受影响的事件；
（2）与居民分享被不公平地对待和不满的感受；
（3）行动的实践宜小不宜大；
（4）行动的实践宜少不宜多；
（5）每次的实践务求有所成果；
（6）实践的深化必须面向增强社区骨干参与的动机和加强其能力与技巧；
（7）实践的深化必须把社区骨干的责任感渐次加强。

2. 社区骨干培养的工作技巧

（1）发动参与。参与是居民通向社区骨干的重要一环，故社会工作者应主动邀请有潜质的骨干参与组织工作。

（2）给予鼓励和肯定。工作者应在居民骨干实践的过程中对其表现较佳的地方给予鼓励和肯定。

（3）激发主人翁精神。工作者应不断培养社区骨干当家作主的精神，以建立自主和自立的意识。

（4）建立民主的氛围。居民骨干亦应受到监察和按居民意愿和利益而为。因此，工作者应积极向居民骨干培训民主意识。

（5）提供居民骨干学习机会。要居民骨干独当一面，工作者应按居民骨干的能力水平而给予适当的学习机会。

（6）养成反思的习惯。居民组织和居民骨干的成长，不单是从实践中学习和吸收知识与经验，也来自从实践中检讨成败得失，借以发挥所长，改进不足。

（7）建立居民骨干权责分工的意识。不少居民骨干不懂权责分工，往往弄得工作量集于一身，甚至分工不明，权责不清而令居民骨干间出现摩擦和令工作效率低下等。

3. 社区骨干培养的三个阶段目标

社区骨干首先在热心公益服务的社区居民中产生，有热心、有能力，期望在社区服务中做出贡献。但是从热心居民到社区骨干有一个过程，工作者的服务目标是采取优势视角，激发社区骨干潜能，促进责任担当。

（1）第一个阶段：促进社区骨干带领团队推进服务的实际过程。

第一步，工作者需要协助社区骨干组建团队，发挥社区骨干的凝聚力、号召力，将热心有服务意愿的居民团结起来组成团队，建立规章制度，从自组织走向初级社区社会组织团队。

第二步，工作者在协助社区骨干组建团队之后，开展团队建设和培训，通过团队讨论，协助社区骨干带领团队聚焦问题和需要，分析评估自身能力与资源，带领团队进行服务设计并实施，获得政府、社区、资源的支持以便开展服务。

第三步，工作者要协助社区骨干在服务推进中学习与团队分工合作，在讨论探索中克服各种困难，内外合作连接资源开展服务，同时促进团队的成长和成熟。社区骨干的认知与思考，领导力和亲和力的发挥在实操的过程中尤为重要。

第四步，工作者在项目服务过程和项目完成之后，需要不断鼓励社区骨干和团队，拓展服务和做出新的尝试。利用社区骨干和义工团队的各种经验和关系推进服务和拓宽资源。

（2）第二个阶段：促进社区骨干之间的经验传递与集体能力的提升。社区骨干培训是一个系统工程，更是一个群体目标。从社区自组织到社区组织，从自娱自乐兴趣参与到社区共治再走向社区自治，都需要有步骤地推进。

工作者采取主题活动或团建的形式，拓宽社区骨干的眼界和思路，用聚焦、讨论的方式引导社区骨干们通过互相交流、互相学习、互相碰撞促进彼此的成长。社区骨干群体的互相传递经验和分享服务心得的过程就是增能和互相支持提升的过程。

（3）第三个阶段：培育社区骨干及社会组织，延伸社会工作服务，使社区骨干、社会组织成为社会工作服务的合作伙伴。

首先，在培训形式的设计上，既可以采用通用的"个人培育"的社区培训形式，即定期或不定期地组织社区居民骨干开展专题学习与技能培训，社区居民骨干以个人身份参与其中；也可以采用"组织培育"的方式，即通过搭建"枢纽型"社区社会组织，将社区居民骨干"组织化"，安排常规能力提升课程，对组织成员开展培训，社区居民骨干以"组织身份"参与其中。

其次，在培训内容的筛选上，既要考虑社区居民骨干的学习特点与学习需求，也要结合社区自身特色，因地制宜选择培训课程和培训内容。总的来说，培育一位优秀的社区居民骨干应关注诸多方面，如人际关系技巧、开会技巧、演讲技巧、组织技巧、谈判技巧、游说技巧、政治技巧、与传媒接触技巧、资源动员技巧、沟通技巧、管理技巧、战略与战术技巧、检讨反思技巧、小组带领技巧等。

再次，在培训方式的选择上，应采用灵活多样、丰富活泼的培训方式，以提高社区居民骨干的学习兴趣。社会工作者可以选择互动性强、参与度高、趣味性强的培训方式，如角色扮演、工作坊、开放空间或实地参观、视频观看、实践模拟等，将游戏或活动作为传递知识的载体。

最后，在培训师资的甄选上，应侧重实务经验而非理论经验。社区居民骨干在参与社区服务的过程中，"是什么"和"为什么"的问题不言自明，他们更多地需要指导"怎么做"，实务经验丰富的培训师资能够提供更有针对性的实际操作指导。

综上所述，"人"是社区建设的基本单元，在创新社区治理、推动社区发展的过程中，社会工作者作为专业服务人员起到专业引领和带头作用，而社区居民骨干作为专业社区服务的有力补充，是社区建设与社区治理的重要人力资源之一。未来，搭建"共治共建共享"的新型社区治理格局时，应更加广泛地发现并挖掘社区居民骨干，通过多种方式提升社区居民骨干的各方面能力，充分发挥其在社区服务和社区管理方面的积极作用，为社区发展储备力量，保证社区能够获取源源不断的动力。

【典型案例】

案例资料

深圳××社区党群服务中心自成立以来，开始发展义工队伍，发展近五年，随着社区义工队的不断发展，××社区越来越多的爱心人士自发地组织和开展一些爱心志愿活动，随着社会的影响和义工队伍的不断扩大，服务义工人数达400多名。在义工的服务中，××社区每年注重义工骨干的培养，培育出一支志愿为社区居民服务、致力于社区发展的义工骨干。为了更好地发挥社区义工队的正能量，满足光明社区居民服务需求，提升社区服务效能，为社会提供无偿志愿服务，社工推动义工骨干成立了××社区××义工协会，并在民政局完成了登记注册，实现社会组织的独立运营。

操作流程与步骤

1. 社会组织培育之初：队伍建设

社工入驻社区，致力于社区义工队伍的组建。依据社区的情况，制定宣传计划，再通过广告宣传品的载体、外展宣传活动的开展、借助网络媒介的传播等各种宣传手法达致宣传效果，进行组织成员的招募。

2. 社会组织培育之发展阶段：管理制度建立及完善

随着义工队伍的不断壮大，义工如何管理，义工服务如何规范，如何更加有效地实现义工资源的整合？这些也都是义工发展阶段需要考虑的现实问题。

基于此，必然促使需要对义工进行规范化的管理，针对义工招募、义工加入、义工培训、义工服务、义工服务时数管理、义工团队建设、义工表彰以及义工退出等一一进行规范化管理，根据社区志愿队伍的发展特点，制定符合社区志愿服务组织发展的管理制度，实现对于社区义工的规范化、系统化管理。

3. 社会组织培育之推进阶段：社会组织骨干培育

以义工在不同阶段的发展需要为基本原则，针对义工骨干，将义工骨干培养分为三个发展阶段：一是针对义工骨干进行个人骨干素质培养；二是带动义工骨干进行社区参与，促进义工骨干对于社区治理的意识提升；三是促进义工骨干对于义工管理、义工服务发展意识的提升。通过义工骨干的培养方向的逐层进深，形成固定的义工骨干团队，这也是对社区的义工骨干进行赋能的过程，并逐步实现义工自主管理组织的目标。

4. 社会组织培育之雏形阶段：议事会机制

在义工组织成立之初，通过定期召开议事会议的形式，有效促进义工骨干成员的相互交流，树立义工组织的目标，完成义工组织的发展方向的确定，完成对义工组织理事成员的筛选。

形成固定的常规化的议事会机制，会议被赋权，能够促使义工骨干更好地处理义工组织事务，为后期义工组织的成立提供后方保障，这也是义工组织成立之后理事会议的雏形。

5. 社会组织培育之成型阶段：推动组织注册

开展社会组织会员大会，选举组织理事成员，并选出理事长、副理事长等，搭建社会组织的组织架构，按照民政局社会组织成立的要求，正式注册登记。

6. 社会组织培育之后期运作：业务常规化

根据义工协会的目标和发展方向，并结合义工理事的实际情况，进行职位及分工设定，形成以义工为实施主体的服务运作模式，订立几项常态化义工服务，促进义工组织的正常运作。例如××社区义工协会成立后，通过服务探索，形成持续的"探访—帮困"义工服务模式，定期有效的"探访—帮困"模式，为社区有需求的家庭建立起照顾平台，确定帮扶群体，实现了定向帮困，也让义工协会深得社区居民好评。

知识与技能拓展盛开在阳光下的"义"花
——浅谈社区志愿服务组织的孵化

义工,也称为"志愿者",在深圳市的"志愿者之城"大背景下,社区的志愿服务发展悄悄在变化着。深圳市 G 社区,义工人数从零开始,发展成现在 400 多名的义工组织;义工服务时数从零开始,经过 6 年发展,义工服务时数每年稳定在 5 000 小时以上;志愿服务从零开始,发展变成具有独立法人的义工组织;志愿服务从零开始,发展成为能够独立承接公益服务项目的组织。

本文总结了深圳市 G 社区的志愿服务组织孵化经验,讲述如何孵化社区的志愿服务组织。

第一篇 "志愿者之城"酝酿社区义工队伍建设

自社区工作者进驻以来,社区的义工慢慢被带动起来。义工服务引入初期,怎么带动义工活跃,义工服务怎么推进?

1. 义工服务引入,多渠道宣传

无论什么服务,都是宣传先行,义工服务也毫不例外,要从宣传工作做起。宣传工作如何开展?这便如我们的社区服务一样,在服务开始之初,需要通过各种渠道对服务进行宣传。依据社区的情况,制定宣传计划,再通过广告宣传品的载体、外展宣传活动的开展、借助网络媒介的传播等各种宣传手法达致宣传效果。

2. 义工面谈手法,助于义工管理

义工面谈十分必要和实用。通过义工面谈,第一可以初步了解居民加入义工的动机及目的,能够实现对义工群体初步的甄别与筛选;第二能够为新义工提供简单的入门培训,促进新义工对于社区志愿服务的了解;第三能够为社区工作者和义工建立互相认识的平台,一对一的面谈也促使社区工作者与义工建立初步的关系连接。

3. 义工队伍组建,义工服务同步

随着义工队伍的组建,义工服务也不能落于其后。义工加入后,社区需要为义工提供适量的义工服务机会,只有服务同步,才能将义工服务落实到位。所以,根据义工队伍发展的情况,社区工作者应该设置合适的义工服务岗位,通过服务的参与,可以提升义工对于公益服务的认知,促进义工对于团队的归属。

G 社区自社区工作者进驻以来,就开始在社区进行义工宣传,开展各种义工招募工作,安排义工协助开展妇女、家庭、儿童、社区领域等公益服务,不断吸引更多居民加入义工服务行列,让绝大部分的社区居民认识了"红马甲"。

第二篇 "社区工作者+义工联动"推动义工服务发展

义工队伍进入发展阶段,此阶段的任务是推动义工服务的发展,如何进行义工服务的推动?义工队伍应该往怎样的方向发展?

1. "社区工作者+义工"双工联动，完善义工管理

在义工社区服务开展上，组织义工参与社区各项事务，应该采用怎样的形式？G社区采用的是社区工作者与义工结合，实现互动合作，促进共同发展，并逐步形成以"社区工作者引领义工服务、义工协助社区工作者服务"的运行机制。

无论从社区服务以及志愿服务的双重领域的角度，抑或是社会工作专业发展中"社区工作者+义工联动"服务的角度，均有较大的实践意义，能够进一步促进社区志愿服务的管理完善，推动社区志愿服务专业化及系统化。

2. 义工管理的规范化，提升义工服务质量

随着义工队伍的不断壮大，义工如何管理，义工服务如何规范，如何更加有效地实现义工资源的整合？这些也都是义工发展阶段需要考虑的现实问题。

基于此，必然促使需要对义工进行规范化的管理，针对义工招募、义工加入、义工培训、义工服务、义工服务时数管理、义工团队建设、义工表彰以及义工退出等一一进行规范化管理，根据社区志愿队伍的发展特点，制定符合社区志愿服务组织发展的管理制度，实现对于社区义工的规范化、系统化管理，才能保证义工队伍发展的稳定性，才能提升义工的服务质量。

第三篇　用优势视角挖掘义工骨干潜能

任何一个组织的发展都需要一个强有力的骨干团队，义工组织亦是如此，一个优秀的义工骨干团队，才能将志愿服务带得更远，才能将志愿服务进行得更深。那么如何给义工组织打造一支有力的义工骨干团队？

1. 挖掘义工潜能，有计划地培养义工骨干

以义工在不同阶段的发展需要为基本原则，将义工骨干培养分为三个发展阶段：一是针对义工骨干进行个人骨干素质培养；二是带动义工骨干进行社区参与，促进义工骨干对于社区治理的意识提升；三是促进义工骨干对于义工管理、义工服务发展意识的提升。通过义工骨干的培养方向的逐层深入，形成固定的义工骨干团队，这也是对社区的义工骨干进行赋能的过程，并逐步实现义工自主管理组织的目标。

2. 社区工作者督导——提升服务专业技巧

在义工骨干培养的手法上，社区工作者督导也是行之有效的方法之一。如何让义工骨干对于服务的参与越来越深入？对此，可以逐渐让义工骨干学会自主策划及开展服务，通过义工自主开展服务，同时采用由社区工作者进行督导完成服务的形式，对义工骨干进行培养和能力提升。在服务的专业层次上，社区的社区工作者对于服务的专业层次较高，而社区工作者人数有限，义工人数庞大，采用社区工作者督导义工的形式，不仅能有效提高义工骨干的服务专业能力，也能进一步推动义工在社区服务上的参与。

第四篇　社区正能量的传播，正式成立义工组织

义工队伍经过几年的发展，日趋成熟，步入发展成熟阶段，已经具备了成为一个独

立组织的条件。如何促成义工队伍成立正式组织？这是此阶段的任务。

1. 义工骨干议事会提供后方保障

G社区在义工组织成立之初，通过定期召开议事会议的形式，有效促进了义工骨干成员的相互交流，树立了义工组织的目标，完成了义工组织的发展方向的确定，完成了对义工组织理事成员的筛选及分工。

形成固定的常规化的议事会机制，会议被赋权，能够促使义工骨干更好地处理义工组织事务，为后期义工组织的成立提供了后方保障，这也是义工组织成立之后理事会议的雏形。

2. 开展义工理事团队建设，促进团队融合

义工组织的理事成员，作为义工组织登记注册的发起人及义工组织发展的掌舵者，直接对义工组织的发展具有决定性的作用。而无论是什么样的团队，都存在团队管理的问题，加上义工理事团队具有公益性质，团队管理是个更大的挑战。所以，针对团队问题，开展定期的理事团队建设是很有必要的，定期的团队建设不但能够促进理事团队的融合，还能促进理事团队的团结。

3. 项目化运作，促进义工组织独立运作

在义工组织正式成立之后，如何实现正常运作？项目化运作也是值得一试的方法，以义工为实施主体的项目化服务运作模式，形成几项常态化义工服务，促进义工组织的正常运作。G社区在义工协会成立后，通过项目化的运作，形成持续的"探访—帮困"义工服务模式，定期有效的"探访—帮困"模式，为社区有需求的家庭建立起照顾平台，确定帮扶群体，实现了定向帮困，也让义工协会深得社区居民好评。

第五篇 未来展望——义工组织实现社区服务自助

义工成立独立组织后的服务空间是很广阔的，作为基层的志愿服务组织，其团队成员是真正扎根于社区的居民义工，他们才是最了解社区的群体，组织具备了独立性，能够更加有效地促进社区服务自助化的实现，促使"社区问题—社区解决"目标的实现。就像目前G社区的志愿服务，无论是社区层面，还是个人层面，都具备了解决的能力。针对社区老年人、残障人士、困难家庭等特殊家庭群体较多的问题，以可持续的"探访—帮扶"的服务模式，为社区的特殊群体搭建照顾平台，这是以一项常规化服务实现社区问题自助解决的过程。而针对社区里有个别问题的家庭，义工组织也能整合社区资源，共同为弱势群体助力，比如在社区里发现的失学儿童，义工组织合力为儿童募捐学费，让儿童顺利返回学堂。

义工组织成立之后，可以对义工资源进行更有效的利用，针对社区的问题、社区需求，提供相应的义工服务，真正实现义工服务的自助化。组织正式成立后的任务重点在于扶持，社区工作者需致力于义工组织的独立性的建立，促进义工组织的社区服务自助化的完成。这也是社区工作者孵化社区组织的意义所在，即提升社区的自助能力，促进社区的融合。

随着义工组织每一个阶段的发展，社区工作者工作的重点都在发生变化，义工组织孵化的工作并不容易，G社区在义工组织孵化的路上也是磕磕碰碰。在孵化的过程中会遇到各种各样的困难，比如"义工流动性高，增加义工管理难度"，"义工服务形式创新性不强，义工参与度降低"，"义工理事团队的团队管理问题"等。但是，最重要的是，无论是社区工作者还是义工，都能够因为"公益"坚持，并一路相扶相持。

【巩固与提高】

一、单项选择题（每题的备选项中，只有1个最符合题意）

1. 在发动居民参与社区活动时，以下哪一项不属于发动的过程？（ ）
   A. 活动宣传页准备　　　　　　B. 入户家访宣传
   C. 与参与者分享收获　　　　　D. 对于比较熟悉的居民不用去发动

2. 对志愿者的激励和表彰，应该是（ ）。
   A. 重视物质方面的奖励　　　　B. 以志愿者互相激励为主
   C. 既奖励结果又奖励过程　　　D. 只需要奖励过程，可以省略结果的奖励

3. 按照社区社会组织职能分类，社区法律援助中心属于哪种类型的社区社会组织？（ ）
   A. 社区服务类　　　　　　　　B. 文体娱乐活动类
   C. 维护权益类　　　　　　　　D. 社区体育活动类

二、多项选择题（每题的备选项中，有2个或2个以上符合题意）

1. 社会工作者准备在社区开展长者健康讲座，提升社区长者健康意识，协助社区长者了解慢性疾病的预防和治疗知识，社会工作者应该如何发动社区长者参与呢？（ ）
   A. 在社区居民群宣传发动　　　B. 社区入户家访发动
   C. 社区定点宣传发动　　　　　D. 社区宣传栏宣传发动
   E. 在微博发布活动信息

2. 社会工作者小马与A社区工作站合作，使用老年活动中心的场地，请社康中心的医务人员为社区居民开展健康讲堂，在这项工作中，小马链接了哪些资源（ ）。
   A. 场地资源　　　　　B. 人力资源　　　　　C. 财力资源
   D. 文化资源　　　　　E. 组织资源

3. 社区社会组织是社区建设的主体之一，也是社区内部的重要资源，在社区建设中发挥着日益重要的作用。主要体现的功能有（ ）。
   A. 社区动员　　　　　　　　　B. 满足居民个性化需求
   C. 政社互动桥梁　　　　　　　D. 挖掘和整合社区资源
   E. 拓宽资源的来源渠道

三、判断题（判断下列描述是否正确，正确的打"√"，错误的打"×"）

1. 在召开会议时，如果遇到多人发言的情况，主持人要有意识地将声音提高，并反复强调发言规则，让参会者认识到这一现象，运用约定方式让大家先听别人的发言。（   ）

2. 自助小组是指由一群有共同需要、面临共同问题与困难的个人组成的小组，小组的实施是由社工自上而下完成的。（   ）

3. 社区居民骨干是在社区发展过程中自发形成的或经社区居民推荐、社区组织挖掘培养，在社会组织中有影响力，能够团结和带领社区居民在社区参与中发挥作用的群体。（   ）

四、实训题

某社工机构刚刚拿到了一个拆迁安置社区的社区居民融合项目，如果你是该机构的社工，你该如何着手实施该社区的社区社会工作计划呢？请给出一个工作方案。

【参考答案】

一、单项选择题

1. D   2. C   3. C

二、多项选择题

1. ABCD   2. ABE   3. ABCD

三、判断题

1. √   2. ×   3. √

四、实训题

略

项目七　开展社区社会工作评估

【项目导学】

　　评估是一个持续的过程，贯穿于社区社会工作的整个过程，从资料收集、问题确定、需求分析、资源评定到计划制订和实施，再到结果产出，无不渗透着评估。同时，评估作为整个介入过程的一部分，也是评判社区社会工作介入是否达成预设目标的一种手段。当我们根据计划开展社区社会工作时，怎样才能知道工作的内容和方式是否恰当？服务和资源是否按照预期目标被传送给社区居民了呢？而当服务结束时，我们怎样才知道社会工作的介入是否达到预期目标？对社区和社区居民产生了多大影响呢？要回答这些问题，就需要对社区社会工作的介入过程和介入效果进行评估。

　　从社区社会工作评估的类型上来讲，可以分为过程评估和结果评估。前者是对整个介入过程的评估；后者是对产出结果的评估，通常在介入工作结束时进行。评估不仅可以检查工作者介入的效果，反思介入过程的成败得失，找到未来工作的方向，而且对工作者本身也是一个总结和提高的过程。本项目将从过程评估和结果评估两个方面介绍社区社会工作评估的内容、步骤、指标和方法。

【思维导图】

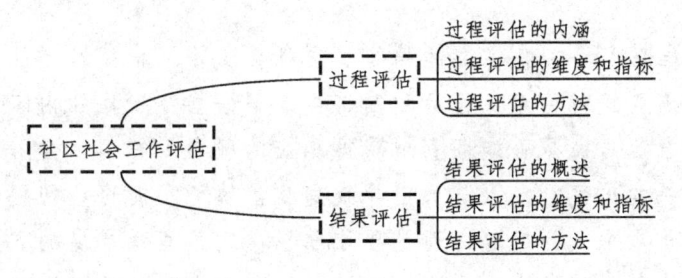

```
                    ┌── 过程评估的内涵
            过程评估 ├── 过程评估的维度和指标
            │       └── 过程评估的方法
社区社会工作评估 ┤
            │       ┌── 结果评估的概述
            结果评估 ├── 结果评估的维度和指标
                    └── 结果评估的方法
```

【学习目标】

● 理解社区社会工作评估的意义和目标，辨认社区社会工作过程评估和结果评估的维度、指标和方法。

● 评价社区社会工作过程评估和结果评估的重要性。

● 尝试制订社区社会工作评估计划，并撰写社区社会工作评估报告。

任务一 过程评估

【任务卡】

任务情境

某机构在一个临时房屋安置区开展了"咨询台"的计划。机构每周在临时房屋安置区的空地设立一个"咨询台","咨询台"的任务是收集居民的申诉和回答居民提出的问题。"咨询台"的计划实施半年后,机构想要知道该计划的进程,因此收集了如下资料:

- 提供了多少服务?
- 有多少居民接受服务,他们的背景如何?
- 受助者所提问题的类型是什么?
- 社会工作者在这个计划中有哪些投入?

……

请问,您知道机构为什么要收集这些资料吗?他们是怎么收集资料的呢?这些资料反映出什么情况呢?

任务要求

- 明确针对社区及社区居民改变的过程评估的内容和指标。
- 明确针对社区社会工作计划执行的过程评估的内容和指标。
- 掌握社区社会工作过程评估的方法。

【必备知识】

评估贯穿在社区社会工作实务的始终。在社会工作者根据社区社会工作计划开展工作的过程中,需要随时留意工作计划制订得是否恰当?工作的内容和方式是否能满足居民的服务需求?居民是否能顺利地获得相应的服务和资源?介入过程中的哪些因素导致了期望结果的出现?介入是如何导致变化出现的?对这些问题的反思和回答,不能仅凭社会工作者个人的感觉,而是要依靠科学的流程和严谨的方法进行评估,这种对社区社会工作介入过程的评估就是接下来我们要学习的过程评估。

一、过程评估的内涵

(一)过程评估的含义

过程评估也叫形成性评估,是在社区社会工作服务提供过程中开展的一种评估活动,其主要宗旨是"证明服务项目是什么和是否按照预期被送达给既定的服务接受者"[1]。与结果评估关注社区社会工作服务计划的介入效果不同，过程评估关注的是社区社会工作服务计划实施的过程，关注社会工作的介入能否达成预期效果，是如何达成预期效果的？

过程评估通过对服务过程和形式的评估，了解服务是如何提供的，服务是否实现了预期目标，服务手法对目标完成是否具有效能与效率，从而发现服务执行过程的优点和缺点，以便制定解决问题的策略，帮助社会工作者改进和完善社区社会工作服务计划。

（二）过程评估的意义

1. 说明公信度

无论是服务的出资方、执行方还是受益方，都希望知道社区社会工作服务计划是否实现了其预期的目标。比如，政府部门购买了某个社区服务计划，他们希望服务机构提供足够的证据，证明资金是按照预期的方式和目标来合理使用的。服务接受者、他们的家人及大众希望社会服务机构能善用社会资源，为有需求者提供需要的、合适的、足够的服务。服务机构自身更希望通过评估证明自己的工作效率、机构管理能力和公信度，从而为以后获得更多的社会资源奠定基础。

2. 发展和改善服务计划

过程评估能提供丰富的资料来说明社区社会工作服务计划的运作机制和程序，还可以提出进一步改进之处，从而完善整个计划。过程评估是对社区社会工作服务计划的执行动态实施高效的过程控制，机构和社会工作者可以依据过程评估的反馈信息实时调整社区社会工作服务计划和策略，努力确保服务目标顺利达成。

3. 复制推广成功经验

如果某项社区工作计划是卓有成效的，社会工作者希望把这项计划在其他社区进行推广，以使更多的社区和社区居民受益。那么，别的社区在引进这项计划时，如果要使这项计划发挥同样的效果，是不是也应当按照同样的运行机制和程序去执行这项计划呢？而计划如何执行就涉及过程评估所反馈的信息。反之，如果某项社区工作计划是失败的，社会工作者也需要通过过程评估去了解为什么社区社会工作介入没有达到预期目标，明确在介入的过程中，哪些环节出现了纰漏而影响最终的效果，并为今后类似计划的制订和执行提供参考。

（三）过程评估的类型

从不同的角度进行分类，过程评估可以分为以下类型。

---

[1] 顾东辉：《社会工作评估》，高等教育出版社，2019年版。

1. 按照评估执行者分类

（1）内部评估者的过程评估。内部评估者的过程评估是指由社区或机构的内部人员对服务执行过程进行的评估，也叫内部评估或服务监管。其优点在于：评估者对社区或机构非常熟悉，能改进社区社会工作服务计划，因为他们自身就是社区或机构的一部分；评估者有更高的可信性，很了解社区或机构的情况，因此不需要再花时间寻找档案记录；评估者了解为什么做出某些决策，其中很多人可能在社区或机构中占据一定地位，从而他们能监督和跟进评估后的建议实施。其缺点在于：评估者可能缺乏独立性，带有主观偏见；可能会遇到伦理问题，因为他们认识甚至非常熟悉社区或机构中每位职员和很多当事人；此外，评估作为额外任务，会增加他们的工作负担。

（2）外部评估者的过程评估。外部评估者的过程评估就是由外来人士完成对服务过程的评判，也称外部评估。其优点在于：评估者的评估技术比较专业，他们可能有新的想法和视角，他们会保持独立性和客观性，他们所处的地位可以帮助社区社会工作服务计划具有更好的问责性。其缺点在于：外来评估者对社区或机构了解不多，对某些信息和关键人物的接近途径有限，没有能力进行服务跟进。

2. 按照评估焦点分类

（1）社区及居民改变的过程评估。这种过程评估关注服务过程中，社会工作者通过什么手段和途径提供服务，社会工作者采用了什么技术导致服务对象的改变。因此，它关注的是服务对象的变化过程是怎样产生的。

（2）社区社会工作服务计划执行的过程评估。这种过程评估强调确认方案执行过程中的长处和劣势，并适时提出改进的建议。它关注服务方案实施中服务对象对服务的利用以及服务机构的服务送达系统的情况。通过对这个过程的研究，可以了解社区社会工作服务计划是否能满足服务对象的需求、是否能有效地传递服务、服务过程中存在的问题及服务方案应该如何修订等。

二、过程评估的维度和指标

根据过程评估的类型，我们从评估焦点这一层面出发，可以把过程评估的对象分为对服务对象改变的过程评估和对服务计划执行的过程评估两个维度，并从以下指标开展评估。

（一）社区及社区居民改变的过程评估

针对社区及社区居民改变的过程评估，其关注重点是服务对象变化的产生过程，因此，要弄清是什么因素导致或阻碍了期望的目标行为的改变。

1. 服务对象的基本情况

评估服务对象的改变，要知道服务对象的基本情况。通常，我们可以从以下方面获得对服务对象的基本认识：

> * 服务对象是谁？
> * 共有多少人接受了这项服务？
> * 有多少人中途退出？
> * 有多少人在逐渐减少参与水平？
> * 服务对象的特点是什么（性别、年龄、民族、宗教、婚姻状况、身心健康状况、就业状况、教育程度、收入水平等）？
> * 他们的共同点是什么？
> * 他们面临的危险因素是什么？
> * 他们是怎样接受服务的？
> * 服务对象的满意度如何？

2. 服务提供者的基本情况

需要对服务提供者的相关情况进行评估，以了解其资质和能力，并进而评估服务提供者对服务对象改变的影响。

> * 谁在提供服务？
> * 他们的背景是怎样的？
> * 有什么样的职业资格？
> * 他们得到怎样的支持？
> * 服务提供者的特点是怎样的？
> * 服务提供者与服务对象之间的关系怎样？

3. 服务过程的基本情况

对服务过程的评估则主要从服务内容、服务提供的时间、服务提供的地点和服务设计的理念等方面收集资料。

> 服务内容
> * 介入过程是怎样的？
> * 真正提供的服务是什么？
> * 提供服务的方式怎样？
> * 是否有标准化的操作程序？
> * 工作人员运用了什么模式和方法？
> * 介入过程是怎样组织的？
> * 怎样确保保密性、安全性以及其他工作原则？

> **服务提供的时间**
> * 介入是什么时候开始的？
> * 服务或活动的间隔频率怎样？
> * 具体时间的安排是怎样的？
> * 每次服务或活动的时间长度如何？
>
> **服务提供的地点**
> * 介入服务或活动是在哪里进行的？
> * 运用了哪些设施设备？
> * 设施设备的新旧程度和条件怎样？
> * 设施设备距离服务对象的远近？
> * 是否需要为服务对象安排交通服务？
> * 附近的交通是否方便？
> * 在服务提供的地点，是否提供照顾儿童的服务？
>
> **服务设计的理念**
> * 为什么设计了这样的介入计划和内容？
> * 为什么没有选择其他的模式和方法？
> * 为什么干预计划在面对不同的服务对象时会有差异？
> * 为什么服务对象参与（或没有参与）服务方案的设计？
> * 为什么服务计划的提供放在某个时间点或按照某种频率来进行？

（二）社区社会工作计划执行的过程评估

针对社区社会工作计划执行的过程评估，其关注重点是服务方案实施中服务对象对服务的利用以及服务机构的服务送达系统的情况，因此，要弄清楚计划的运行机制和程序。

1. 服务对象的信息

在做社区工作计划执行的过程评估时，我们首先要了解服务对象的基本情况，以评判服务对象对该计划的利用情况和满意度，由此推断服务计划对该人群的适用性。

> * 针对那些真正需要某类服务的人群而言，到底有多少人接受了这样的服务？
> * 服务内容真的满足了潜在服务对象的需求吗？为什么？
> * 这些服务对象的人口学特征（包括：性别、年龄、民族、宗教、婚姻状况、身心健康状况、就业状况、教育程度、收入水平等）是什么？
> * 有多少服务对象自始至终接受了某个服务？
> * 为什么有人中途退出？
> * 是否存在应该接受服务而没有接受的人？
> * 服务对象对服务的满意度怎样？
> * 服务对象在接受服务后是否发生了期望的改变？

2. 服务提供机构的信息

另外，我们还需要考虑执行计划的机构和工作者的相关情况，评估他们能否满足计划执行的要求。

* 机构的性质、目标和使命是什么？
* 机构提供的服务基本情况如何？
* 工作者的专业背景怎样？工作效率怎样？
* 工作者自身的满意度怎样？
* 服务提供是否满足专业伦理规范？
* 与服务对象之间的互动是怎样的？

3. 计划实施的过程

此外，还需要重点评估计划实施的过程，通常从服务获取的渠道、对服务内容的评价、对服务方案的管理、对服务方案的财务管理等方面进行。

渠道
* 服务对象通过什么渠道了解到了本服务方案？
* 转介服务的过程是怎样的？
* 本机构与其他机构之间是否建立了转介关系？
* 服务对象为什么选择来本机构接受本项服务？

服务内容的评价
* 在服务提供过程中，实际提供的服务是什么？
* 服务提供的数量、类型和质量是怎样的？
* 服务方案是怎样满足服务对象的需求的？

服务方案的管理
* 服务方案的设计过程是怎样的？
* 服务方案的管理结构是怎样的？
* 与机构中其他服务方案以及其他机构中类似服务方案之间的关系如何？

服务方案的财务管理
* 是否有足够的资金、人力和物力来支持服务提供？
* 资源是否有效利用？
* 服务提供的成本和费用之间的关系如何？
* 服务提供以来是否有变化？为什么？

三、过程评估的方法

过程评估的过程也是资料收集和分析的过程，为了详细收集以上内容和指标的相关资料，通常，我们可以采用以下几种方法来开展过程评估。

（一）参与式观察

参与式观察是指观察者参与被观察者的工作、学习以及生活，与被观察者建立比较密切的关系，在相互接触与直接体验中倾听和观察被观察者的言行。具体而言，就是评估者长期住在当地社区，将自己融入所要观察的社区居民的生活中，在与他们密切的接触中通过观察描述、样本记录，获取各种有价值的资料。

一般而言，采用参与式观察法开展过程评估，评估者可以通过观察社区活动或服务开展的时间、开展的地点、运用了哪些设施设备、设施设备的新旧程度以及功能发挥、服务或活动地点的交通情况、社会工作的介入过程、社会工作者为居民提供的服务类型和内容、提供服务的方式、社会工作者运用的工作模式和方法、居民的参加人数和参与程度等，分析促成或阻碍预期目标实现的因素。

（二）深度访谈

参与式观察通常只能观察到服务的时间、地点、频次、环境、人数、行为等外在的信息，而对服务提供者和服务对象的内在动机、态度、认知等无从得知。因此，我们还可以通过深度访谈进一步获取相关资料。

作为一种定性研究方法，深度访谈主要是指半结构的、一对一的直接访问方式。在访问过程中，访问者和受访者围绕访谈提纲，可以就相关问题、现象，从事件起因、行为动机、行为人以及社会环境进行深入交流和讨论，充分发挥双方互动的灵活性。

一般而言，我们可以运用深度访谈法，了解社区居民通过什么渠道知晓社区社会工作、对社会工作者的态度和接纳程度、对社会工作服务内容和介入方式的看法和评价、为什么中途退出了服务、对服务的满意度如何。同时，还可以了解社会工作者的职业资质、工作过程中获得了怎样的支持、是否有标准化的操作程序、为什么设计了这样的介入计划和内容、为什么没有选择其他的介入模式和方法、为什么要在某个时间或按照某种频率来执行服务计划以及是否有足够的资金、人力和物力来支持服务的提供等。

（三）焦点小组

焦点小组也叫小组访谈，是 1~2 名评估者同时对一组人进行访谈的方法，通过组员之间的互动对研究问题进行探讨。焦点小组访谈的问题通常集中在一个焦点上，评估者组织组员就焦点问题进行讨论。参与访谈的人员一般控制在 10 人左右，这些受访者一般是与研究内容有某种特定联系的目标群体或利益相关群体，访谈时间通常维持在 1~1.5 小时。这种方法能够在较短的时间内收集到较多的信息，节省时间与人力。

比如，评估者观察到某项社区活动一开始参与的居民非常踊跃，但是 2 周后，大量的居民中途退出。针对这个现象，就可以组织焦点小组，让居民讨论是哪些因素降低了他们的参与热情，怎样才能激发他们的参与动机。

（四）满意度调查

社会工作是以人为本的专业助人工作，因此，服务对象对于社会工作介入过程的满意程度是过程评估的一个重要方面。评估者可以通过问卷调查、访谈等方法询问居民对特定服务或活动的看法。通常，可以设置以下指标：

* 您对提供服务的时间满意吗？
* 您对开展服务的地点满意吗？
* 您对提供服务的工作人员满意吗？
* 您对服务的提供频次满意吗？
* 您对服务的内容满意吗？
* 您对提供服务的方式满意吗？

……

【典型案例】

案例资料

某地流浪儿童援助中心根据辖区实际情况申报"流浪乞讨人员回归温馨家园"项目并成功获批。该项目由中央财政支持，项目资金共 30 万元。该项目把服务对象分为两类，设计了四个子项目：一是针对中心城区正在流浪乞讨的人员设计"爱心救助，真情回归流浪乞讨人员"子项目；二是对该地中心城区曾经外出流浪人员、留守儿童、空巢老人与特困家庭四类服务对象设计"源头治理留守儿童成为流浪乞讨人员的防护机制"子项目、"关爱老人、爱满空巢"子项目与"真情帮扶、爱心助困"子项目。通过整合资源，组织文化小课堂、技能培训，为服务对象提供生活、心理、技能、就业等方面的服务，达到帮助其重拾信心、回归社会，实现社会工作助人自助的专业理念的目标。

项目运作一段时间后，该地组织相关人员开展了过程评估。

操作流程与步骤

1. 评估主体

"流浪乞讨人员回归温馨家园"项目的过程评估由项目督导统筹，子项目负责人具体实施。

2. 评估内容

项目委托方即政府关注项目实施进度、经费使用与项目目标完成等情况；社会工作机构关注服务对象数量、服务过程中的图文材料等；社会工作者关注服务对象需求的满足、资源的链接等；服务对象关注的是自身问题的解决情况。

3. 评估指标

主要以服务对象的数量、开展的活动数量等量化指标为主。

4. 评估对象

为便于评估主体完成评估工作，流浪乞讨人员中大量的精神障碍者没有参与评估；另外，选取了取得较好服务效果的案例作为评估对象，以提升项目整体的满意度。

5. 评估方法

评估过程多以文字与图片材料为依据，没有开展实地调研。

6. 评估结果的运用

过程评估结束后召开了项目中期评估会议，各子项目负责人整理了评估材料并分别就负责项目进行了汇报，而后形成评估报告。但项目实施方并没有针对评估报告中指出的问题调整实施方案。

从上述过程评估情况可以看到，该项目的过程评估采用了内部评估的方式，评估者在一定程度上难以保持客观中立；评估较多关注材料收集与制作，较少关注服务对象的需求满足情况以及服务的送达情况；在评估对象的选取上缺乏随机性；评估方法以查阅现有资料为主，缺少深入的实地调研，存在行政性倾向；而过程评估的目的在于把评估过程中发现的问题与建议反馈给计划执行方，协助其及时调整方案，促进计划顺利实施，但项目的执行方对评估结果无所作为。由此可见，针对该项目的过程评估设计是非常不恰当的。

任务二　结果评估

【任务卡】

任务情境

X街道地处北京旧城区，辖区总面积3.7平方千米。该街道社区类型多样，包括传统街坊式的胡同平房区、单位式社区以及一些混合式的社区。社区居民的需求日益个性化，单靠政府的力量难以满足社区居民多样化的需求。街道和社区也逐渐意识到社区社会组织在回应居民多样化需求方面有着较大助力作用，因此对社区社会组织的发展也给予了大量支持。2017年和2018年X街道办事处与Y社工机构合作开展了"新苗计划"组织培育项目，计划通过社区公益创投、能力提升培训等多种培育策略，逐步提升X街道社区社会组织的规范化和专业化程度，促进社区社会组织更加健康蓬勃发展。

当这个计划结束时，我们怎么去评估服务的品质和成果呢？比如，服务是否有效？服务是否能做得更好？或者是否可能通过较低的开支或活动类型来达到同样的目标？

任务要求

- 理解结果评估的内涵；
- 掌握结果评估的内容和指标；
- 运用计数法、基线测量法、标准化测量法、功能水平量表法等进行结果评估。

【必备知识】

当社区社会工作计划执行完毕时,我们需要知道社区社会工作的介入是否取得了预期目标,需要知道社会工作者的工作是否卓有成效,因此,需要对社区社会工作计划的干预结果进行评估,这也是社区社会工作的最后一个环节,它对于全面评价社区社会工作介入的绩效、改善服务方式、提升服务质量、确保服务达成预期目标都具有重要意义。

一、结果评估概述

(一)结果评估的含义

在社会工作评估中,产出和结果是截然不同的两个概念。产出指服务活动的直接产物,如活动次数、服务时间、服务人次等。结果指服务对象在参与服务之中或之后获得的收益或发生的改变。可见,结果不同于产出,是指服务活动和产出给服务对象带来的变化和收益;也就是说,结果不是服务活动本身,而是其产生的后果。

结果评估是社区社会工作服务计划结束之后对服务结果的评估,社区社会工作介入的结果即社区社会工作介入给社区和居民带来的改变。对社区社会工作的介入结果进行评估,不仅是社会工作者与社区居民共同确认服务成效的要求,是社会服务机构向政府、社会、支持者进行交代的要求,而且是社会工作者总结反思自己工作的基本要求。

(二)结果评估的意义

结果评估是对资助社区社会工作服务计划的公共资金的一种交代,也是改善服务质量的一种工具,具有重要意义。

1. 检视工作所带来的改变

结果评估是对社区社会工作的实施效果的评定,通过对社区居民以及社区所获得的改变的评估,社区居民能够明确地知道自己面对问题的真实情况、问题是否解决及解决的程度,能够评定社会工作者所采取的工作模式和方法的适切性以及介入目标的达成度。

2. 学习经验

通过结果评估,社区居民可以从中学到解决问题的策略,增强社会功能;社会工作者能从中反思服务过程、总结服务经验,从而提高专业能力、促成专业的发展;对机构来说,可以更好地把握社会工作者服务的成效,以便为衡量社会工作者的工作效果和改进机构服务质量提供依据。

3. 对出资者的交代

通常,社会工作机构的资金大多来自政府、基金组织以及一些社会捐赠,出资者提供了资金支持,必然希望了解服务或项目是否达到预期目的、取得了何种收益。因此,结果评估也是对出资者的一个交代,是对服务质量、效果的客观评判,以此检验及证明服务机构和社会工作者的服务品质,从而为取信于社会大众及以后获得新的资助奠定基础。

(三)结果的类型

对社会工作介入结果的评估一般从效果和效率两个方面进行。效果评估是对社会工作介入所达到的效果的评估,考察社区社会工作在帮助服务对象方面产生的作用。效率评估是对社区社会工作投入与产出之间关系的评估,旨在了解和确定社会服务资源的使用效率。

根据结果显现的时间,社区社会工作干预结果还可以分为初始结果、中间结果和长远结果。比如,针对流浪乞讨人员的送餐服务,其初始结果是受助者吃饱饭,但长远结果可能是其生理健康水平的维持和提升。在结果评估时,既要评估初始结果和中间结果,也要重视长远结果,而且后者对于评价社会工作干预的功效意义更为重要。需要注意的是,服务的最终结果可能需要一段时间才能显现出来,即存在所谓"沉睡者效应",指服务的结果在一段时间内无法发挥出来,如同睡着一样。因此,在评估服务结果时必须对此现象加以重视,如果操之过急,则可能无法准确和客观地反映服务实际产生的结果。

另外,服务结果还可以分为预期结果和未预期结果。前者指服务设计所期待产生的结果,后者则是服务设计时不期待产生的结果。比如,仍以针对流浪乞讨人员的送餐服务为例,流浪乞讨人员生理健康水平的维持和提升是项目的预期结果,而在送餐服务中,流浪乞讨人员感到自己受到重视,自我形象改变了,这个结果就是未预期结果。未预期结果既可能是积极的,也可能是消极的。

二、结果评估的维度和指标

(一)效果评估

在社区社会工作中,介入效果的承担主体一般有两个,即社区居民和社区本身,而介入效果指的是服务给社区居民带来的变化以及对社区产生的影响[1]。因此,我们在做社区社会工作的效果评估时,不仅要了解社区居民的个人变化,而且要关注社区本身因服务而产生的反应。

1. 社区居民层面

社区社会工作是以人为本的专业,因此,对社区社会工作服务效果的理解一般也

---

[1] 张东海:《如何在社区做好服务成效评估》,《中国社会工作》2015年第9期。

采用以人为本的视角，把介入效果视为促进了社区居民生活质量的变化。具体而言，体现为社区居民在以下几个方面的改变，即通过评估社区居民在这些维度的改变来体现服务的效果。

- 认知。如服务对象的自尊感程度上升。
- 态度。如有偏差行为的青少年对教育的重视程度上升。
- 知识。如老年人获得了防跌倒的知识。
- 技巧。如服务对象的应对技能提高。
- 情绪。如居民的敌对情绪下降。
- 行为。如有偏差行为的青少年学校出勤率上升。

2. 社区层面

在社区层面，评估维度则可以从社区关系、社区环境、社区文化、社区治理等维度进行考量，从而检视服务过程中对社区产生的影响。我们可以从以下维度建立具体的评估指标：

社区关系
- 居民之间的交往情况。
- 居民的信任度。
- 居民对社区的认同感。
- 居民对社区的归属感。

社区环境
- 社区自然环境的改变。
- 社区治安环境的改变。
- 社区公共设施的改变。

社区文化
- 社区价值观。
- 社区公共意识。
- 社区氛围。

社区治理
- 社区骨干居民发掘情况。
- 社区社会组织培育和作用发挥。
- 社区志愿者规模及参与情况。
- 社区参与水平。
- 居民议事水平。

（二）效率评估

有时候，有些社区社会工作服务确实具有较好的效果，但是在花费巨大的情况下实现的，这样的服务是不是好的项目呢？或者，不同的服务具有相同的效果，但它们的成本是否一样呢？这就需要通过效率评估来回答。社区社会工作服务可以分解为投入（inputs）、项目活动（activities）、产出（outputs）和结果（outcomes）四个组成部分，投入包括服务对象投入和机构投入，活动指的是机构提供给服务对象的干预过程，产出指服务对象实际上接受的服务或者干预（如就业指导培训次数），结果指由干预而发生的积极改变。效率评估关注服务的效率即投入和产出、结果的比例。效率评估是对社区社会工作服务的投入—产出比进行评估，以此判断服务是否善用资源，在此基础上通过分析对比考虑服务是否可以优化。在这种评估中，我们一般考察以下指标：

- 服务结果是否达到期望目标。
- 该服务的资源是否都被合理利用，能否以更低的成本或更少的资源来实现类似的结果。
- 比较两个或多个服务于相同人群且有相同目标的服务，如要取得同样结果，哪个服务所用资源最为节约。
- 和其他竞争服务相比较。

三、结果评估的方法

（一）计数法

计数法是结果评估中最简单的一种。首先，将结果状况进行二分，如：变化与没有变化，达到目标与没有达到目标。其次，分别计算人头数并以此来反映结果。比如，在结果评估时，可以将干预后的居民分为两类：就业和没有就业；然后计算就业的居民人数，人数越多表明干预效果越好。

案例：某社区就业服务的目标是促进100名目标人群的再就业。

评估：（1）服务结束后，仅有2人实现了再就业，服务效果不明显。

（2）服务结束后，有53人实现了再就业，服务效果较好。

（3）服务结束后，有95人实现了再就业，服务效果非常显著。

在评估一些大型的社区社会工作项目时，往往会在计数的基础上计算比率，将之作为衡量干预效果的指标。比如，在评估预防青少年犯罪项目时采用犯罪率，在评估就业援助项目时采用再就业率等。

计数法是成本相对较低、简单易行的结果测量方法，但是，计数法也有其局限性。首先，计数法不能反映社会工作干预对在基线之下的服务对象改变所起的效果，比如，通过就业援助服务，某居民的就业技能和意识得到提升，积极寻找工作的行为明显增多，这属于干预效果。但其在就业前不被计入结果计数中，也就是说，社区社会工作干预的这部分效果不被承认。其次，计数法不能反映干预效果的程度和质量。比如，就业援助项目 A 促成 10 名居民再就业，但工作薪水较低，劳动保护差；项目 B 同样促成 10 名居民再就业，但都是工作待遇水平较高的劳动。采用计数法进行结果评估，这两个项目的效果是相同的，但实际上并非如此，一般认为项目 B 要优于项目 A。

（二）基线测量法

1. 基线测量法的定义

基线测量法是社会工作者在介入开始时对服务对象的状况进行测量，建立一个基线作为对介入效果进行衡量的标准，以评估介入前后的变化，并以此判断介入目标实现的程度。基线测量法定义需要从两个方面进行说明：第一，对服务对象的状况进行测量并不是对服务对象的全部状况进行测量，而是针对服务对象当前存在的问题进行测量；第二，衡量的标准是指社会工作者介入前在对服务对象的问题进行测量的基础上，建立一个基本的数据线，这个数据线就是所说的基线。它就成为对社会工作者介入之后工作成效进行衡量的标准。如果介入后，测得的数据与基线数据相比，朝好的方面发生了变化，就可以表明社会工作者的工作是有成效的；相反，社会工作者的工作则是没有成效的或者成效不明显。

2. 基线测量法的操作程序

（1）建立基线。建立基线是基线测量法的基础和前提，它由三部分组成：

第一，确定介入的目标，如服务对象行为、思想、感觉、社会关系或社会环境的变化及指标。

第二，选择测量工具，包括直接观察或使用标准化问卷及量表。

第三，对目标行为进行测量并记录目标行为（或者思想、感觉、社会关系或社会环境）的情况。

这个过程建立的是基线数据，此过程也称为基线期。

（2）介入期测量。介入期测量是基线评估法的关键步骤，这一过程中要对案主实施介入，并掌握记录案主变化的数据，有了这些数据，就可以与基线数据进行对比。介入测量需要注意两点：一是保持介入前后测量工具的一致性；二是保持介入前后测量目标的同一性。

（3）比较和分析。将基线期和介入期的数据按测量时间和顺序制成图表，将每个时期的数据资料进行连接，呈现数据的变化轨迹和变化趋势，并将基线期和介入期的数据进行对比，如果两个数据不同，一般可以认为是介入本身作用的过程。

比较和分析是基线测量法的最后一步，也是最重要的一步，它既可以监控到某一时段服务对象的变化和社会工作者的服务状况，又能够从整体上把握服务对象的变化趋势和社会工作者的服务成效。

案例：某社区停车位非常紧张，居民因争抢停车位经常发生争吵，甚至引发肢体冲突，随后社会工作者进行了介入。

评估：

（1）建立基线。根据社区的记录，最近3个月，该社区每月因争抢停车位引发的居民纠纷分别为6、7、5起。

（2）介入期测量。社会工作者介入后，当月因争抢车位发生的居民纠纷为2起，介入后第2、第3个月分别为0、1起。

（3）比较和分析。社会工作者介入后，居民纠纷有了显著下降，表明社会工作者介入成效明显，如图7-1所示。

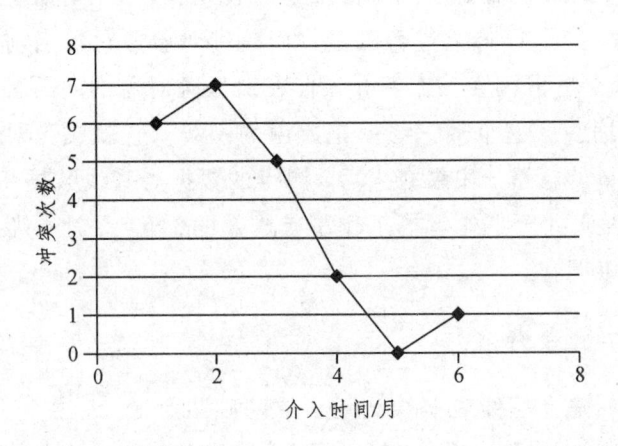

图7-1　社会工作者介入前后居民冲突次数折线图

（三）标准化测量法

在结果评估中，如果需要测量一些比较抽象和复杂的概念，可以采用标准化的测量工具，常见的是各类量表。这些量表由相关条目组成，一般需要服务对象、社会工作者或评估者根据这些条目分别进行评定，最后进行计算。

比如，某社区健康干预项目试图提高居民的健康水平，在测量居民健康状况时可考虑选择"自测健康评定量表"（self-rated health measurement scale，SRHMS）。"自测健康评定量表"由48个条目组成，涉及个体健康的生理、心理和社会三个方面。根据规定计算方法，社区居民自评后可进行总分计算，得分越高表明健康状况越好，如表7-1所示。

表 7-1　自测健康评定量表（部分）

填表要求：

本量表由 48 个问题组成，问的都是您过去四周内的有关情况。每个问题下面有一个划分为 10 个刻度的标尺，请逐条在您认为适当的位置以"*"号在标尺上作出标记。（请注意每个标尺上只能画上一个"*"号）

例如：您的睡眠怎么样？

非常差 0——1——2——3——4——5——6——7——8——9——10 非常好

0：表示睡眠非常差；10 表示睡眠非常好；在 0～10 间：越靠近 0 表示睡眠越差，越靠近 10 表明睡眠越好；5 表示睡眠一般。

请逐条阅读并认真作出回答。

1. 您的视力怎么样？

非常差 ├─┼─┼─┼─┼─┼─┼─┼─┼─┼─┤ 非常好
　　　　0　1　2　3　4　5　6　7　8　9　10

2. 您的听力怎么样？

非常差 ├─┼─┼─┼─┼─┼─┼─┼─┼─┼─┤ 非常好
　　　　0　1　2　3　4　5　6　7　8　9　10

3. 您的食欲怎么样？

非常差 ├─┼─┼─┼─┼─┼─┼─┼─┼─┼─┤ 非常好
　　　　0　1　2　3　4　5　6　7　8　9　10

4. 您的肠胃经常不适（如腹胀、拉肚子、便秘等）吗？

从来没有 ├─┼─┼─┼─┼─┼─┼─┼─┼─┼─┤ 一直有
　　　　0　1　2　3　4　5　6　7　8　9　10

5. 您容易感到累吗？

非常不容易 ├─┼─┼─┼─┼─┼─┼─┼─┼─┼─┤ 非常容易
　　　　0　1　2　3　4　5　6　7　8　9　10

……

21. 您对自己有信心吗？

根本没信心 ├─┼─┼─┼─┼─┼─┼─┼─┼─┼─┤ 非常有信心
　　　　0　1　2　3　4　5　6　7　8　9　10

22. 您对自己的日常生活环境感到安全吗？

根本不安全 ├─┼─┼─┼─┼─┼─┼─┼─┼─┼─┤ 非常安全
　　　　0　1　2　3　4　5　6　7　8　9　10

23. 您有幸福感吗？

从来没有 ├─┼─┼─┼─┼─┼─┼─┼─┼─┼─┤ 一直有
　　　　0　1　2　3　4　5　6　7　8　9　10

24. 您感到精神紧张吗？

根本不紧张 ├─┼─┼─┼─┼─┼─┼─┼─┼─┼─┤ 非常紧张
　　　　0　1　2　3　4　5　6　7　8　9　10

25. 您感到心情不好、情绪低落吗？

从来没有 ├─┼─┼─┼─┼─┼─┼─┼─┼─┼─┤ 一直有
　　　　0　1　2　3　4　5　6　7　8　9　10

……

通常，我们会把这种方法与基线测量法结合起来运用。也就是说，我们可以在社会工作者进行介入前，让居民先填写"自测健康评定量表"，以了解他们健康的初始水平。然后，在社会工作者进行介入后，让这些居民填写一次。两次自评的情况进行比较，如果得分有显著的提高，排除其他干扰因素后，说明社区的健康干预是有效的。

由于量表一般属于定序或定距测量，相对于计数法的定类测量而言，可以反映出干预的程度，因而是被广泛采用的结果测量方法，尤其适合于测量如自尊感、归属感、生命意义等抽象的心理学和行为学概念。不过，并不是所有的抽象概念都有对应的、成熟的标准化量表，并且一些标准化量表由于适用对象、语言和文化等因素也未必具有普遍适用性。在这种情况下可以采用自制的功能水平量表。

（四）功能水平量表法

功能水平量表是由评估者根据服务的实际情况设计出来的一种对服务对象特定功能进行前后测量的工具。首先，评估者通过定义和描述等技术对社区社会工作干预所指向的服务对象功能进行水平等级划分，如：划分为等级1至等级5（等级1最低，等级5最高）。其次，分别对案主在干预前后的功能状态等级进行评定，如果等级发生了预期变化，那么表明社会工作干预是有效果的。

比如，在某社区社工站，社会工作者试图通过社区活动促进居民的社区参与，那么，针对"社区参与"这一功能，可以划分为以下五个水平等级：

等级1：完全不参加任何社区事务和活动。
等级2：很少参加社区事务和活动。
等级3：会参加社区事务和活动，但表现不积极。
等级4：积极参加社区事务和活动。
等级5：不仅积极参加社区事务和活动，而且热心筹备、协助组织。

如果在社会工作介入前，社区居民的功能水平等级评定为2，即很少参加社区事务和活动，而在社会工作进行介入后开始积极参加社区事务和活动，功能水平等级评定为4，则可以认为社会工作的干预在这方面是有效的。

功能水平量表具有操作简便的优点，适合于测量一些小型和简单的干预结果。但是，制定功能水平量表有两个关键要素：一是对特定功能水平等级划分的定义或描述必须准确，等级数量必须适当；二是一项特定干预可能对服务对象的多项功能都会发生影响，在测量干预结果时只测量一个维度往往是不够的，必须对所要测量的功能进行维度细分。

（五）效率评估的方法

1. 效率评估的含义

传统上，在效率评估中会将服务效果折算成货币值，作为服务的收益，然后用收益除以成本计算收益—成本比率，或是收益减去成本计算收益—成本差。当收益—成本比率=1时，服务的收益和成本相当，"不赔不赚"；当收益—成本比率＞1时，表明服务的收益低于成本，是好的项目；当收益—成本比率＜1时，表明服务的收益小于成本，是差的项目。而对于收益—成本差而言，如其为正值，则其绝对值越大，项目越好。

另外，采用收益—成本比率后，由于比率是不带单位的标准化值，不同类型服务之间就可以进行比较了。比如，社区预防老年痴呆项目的收益—成本比率是1:2，而社区老年痴呆症患者长期照顾项目的收益—成本比率是1:1，这在一定程度上表明前者优于后者。

2. 效率评估的步骤

效率评估的关键是用货币值计算服务的成本和收益。大致步骤如下：

（1）计算服务成本。要计算清楚项目的所有投入，包括人力、物力、财力等，并把它们转换为货币值。这个转换相对简单，因为劳动力和物资都有一定的市场价值。

（2）计算服务收益。就是将服务转换为货币值，这是一个相对困难的工作，因为很多服务所带来的变化，如居民对社区的归属感提升，没有量化的标准，难以转换成货币值。

（3）计算收益—成本比率或收益—成本差。将项目的收益除以成本，或将收益减去成本，然后据此对服务进行评价：收益—成本比率大于1，或者收益—成本差为正值的项目是好的项目。

（六）满意度调查

满意度调查既是过程评估的方法，也是结果评估的方法。如果用此方法评估服务对象对服务过程的满意度，那么是在开展过程评估，如果用此方法评估服务对象对服务结果的满意度，那么就是在开展结果评估。常用的满意度调查工具有案主满意度问卷（client satisfaction questionnaire，CSQ）、服务满意度量表（service satisfaction scale，SSS）、案主满意度调查（customer satisfaction index，CSI）等。

接下来，我们重点介绍一下案主满意度问卷（CSQ）。

CSQ是用来评估案主对健康服务、人类服务、政府与公共服务满意度的一套量表，根据其评估指标的数量分为CSQ-3，CSQ-4，CSQ-8，CSQ-18A和CSQ-18B，而其中以CSQ-8较为常用。CSQ-8有8项评估指标，每项指标采用4级评分标准，即从非常不满意到非常满意分为4个等级，分别计为1~4分。采用案主自我评估的方式，参与填写的案主须在3~8分钟内完成评估，评分完毕后，由社会工作者把每项指标的分值相加即得出总分，总分的范围是8~32分，得分越高，说明案主的满意度越高。如表7-2所示。

表 7-2　CSQ-8

1. 您如何评价您所获得的服务的质量？ 　　4　　　　　3　　　　　2　　　　　1 非常好□　　比较好□　　一般□　　较差□
2. 您获得您想要的服务了吗？ 　　1　　　　　　2　　　　　　3　　　　　　4 完全没有□　　获得很少□　　基本获得□　　完全获得□
3. 我们的服务在多大程度上满足了您的需求？ 　　4　　　　　　3　　　　　　2　　　　　　1 所有需求　　　大部分需　　　小部分需　　　需求都没 都被满足□　　求被满足□　　求被满足□　　被满足□
4. 如果您有朋友需要相似的帮助，您愿意把我们的服务计划推荐给他/她吗？ 　　1　　　　　　2　　　　　　3　　　　　　4 肯定不会□　　可能不会□　　可能会□　　肯定会□
5. 您对获得的服务数量满意吗？ 　　1　　　　　　2　　　　　　3　　　　　　4 很不满意□　　不太满意□　　比较满意□　　非常满意□
6. 您所获得的服务能否帮您更有效地处理问题？ 　　4　　　　　　3　　　　　　2　　　　　　1 帮助很大□　　有一些帮助□　　没有帮助□　　使问题更糟糕□
7. 总的来说，您对获得的服务满意度如何？ 　　4　　　　　　3　　　　　　2　　　　　　1 非常满意□　　比较满意□　　不太满意□　　很不满意□
8. 如果您今后寻求帮助，您会再考虑我们吗？ 　　1　　　　　　2　　　　　　3　　　　　　4 肯定不会□　　可能不会□　　可能会□　　肯定会□

【典型案例】

案例资料

"5·12"汶川大地震的暴发给四川省都江堰市造成了空前的灾难，社会福利及公共服务需求大增。为此，某高校社会工作学系共派遣7批53人次的社会工作服务队，进驻都江堰市灌口镇C安置点，以居民需求为导向，以专业服务项目为介入点，以社区重建、社会关系重塑以及恢复、完善社会功能为目标，为4 000~5 000名社区居民开展了长达6个月不间断的社会工作服务。服务内容主要涵盖个体、小组与社区三大层面。在社区社会工作层面，与当地政府及基层政权组织紧密联系，整合社区内外资源，提供救援与帮困物资，促动社区居民开展互助合作，重整社会网络，主动参与社区事务，从而建立社区居民对临时社区的认同感和凝聚力，为社区重建提供支持和保障。与此同时，通过专业培训与帮带工作，培养与发展本地社会工作者和志愿者，形成促进其自我发展的社会工作人力资源体系，共同参与灾后重建工作。

操作流程与步骤

结合灾后重建社会工作服务项目所设立的宗旨、目标、服务架构、实施内容，确定构建以下服务评估体系，如图7-2所示。

（1）输入评估。①人力投入：参与直接服务的人数，参与间接服务的人数。②物力投入：为服务而筹备与耗费的物资。③时间投入：服务的时间成本。④经费投入：服务的资金成本。

（2）输出评估。①服务单元：如推荐就业人次、推荐资助人次等。②服务完成量：如社区活动数量、资助总人次、成功就业人次等。③能力建设单元：如志愿者培训人次、社会工作者培训人次等。

（3）效果与影响评估。①对个人的影响：一是精神健康指标，通过心理量表测量，比较服务前后其精神状态的改变，如抑郁、焦虑、自尊等；二是行为指标，通过行为观察记录，比较服务前后的变化，如对社区活动的主动参与等；三是态度指标，通过访谈、问卷等社会调查，比较服务前后态度的变化，如对外界援助的态度、对生活前景的态度等。②对环境的影响：一是家庭环境，家庭的变化，包括家庭气氛、家庭沟通等；二是社区环境，社区环境及居委会的变化，如社区互助组织的建立等；三是社会环境，管委会、镇政府，以及制度、政策环境的变化等。

（4）效能评估。①主观评价：一是个人对服务的评价；二是家庭单位对服务的评价；三是社区对服务的评价；四是政府对服务的评价。②客观指标：如服务前后社会冲突事件的对比、投诉人次的对比等。

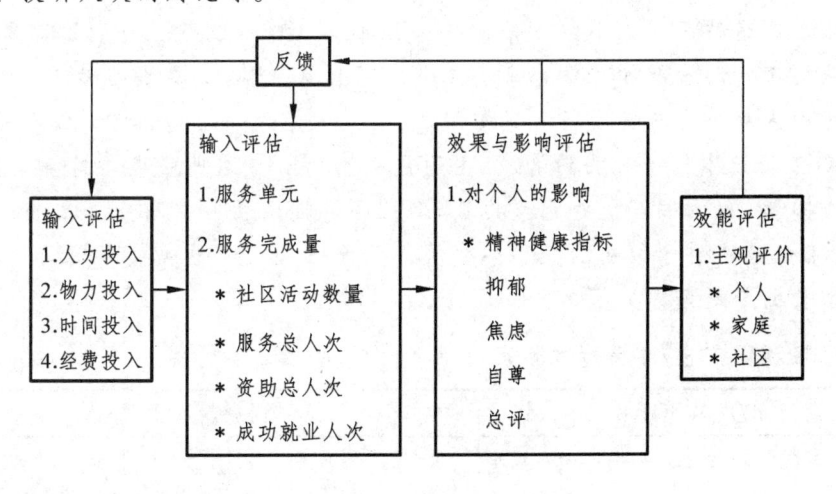

图7-2 社会工作服务评估指标体系[①]

[①] 朱晨海、曾群：《结果导向的社会工作评估指标体系建构研究——以都江堰市城北馨居灾后重建服务为例》，《西北师大学报（社会科学版）》2009年第3期。

知识与技能拓展

评估报告的撰写

在对评估资料进行收集和分析完毕后,就需要撰写评估报告。评估报告一般包括以下几个方面内容:

(1)标题:一般包括被评估项目的名称以及评估的焦点,如××社区××项目过程评估/结果评估/综合评估报告。

(2)背景:概述被评估项目的目标、内容、进展等基本情况;介绍评估的起因、目的和具体要求。

(3)评估设计:包括评估的人员构成、评估方法、评估的范围、评估的问题、评估的时间安排和行程等。

(4)评估发现:针对评估的焦点,描述评估结果。

(5)建议和启发:对评估发现进行总结,并据此提出下一步工作如何改进的建议。

(6)附录:评估中涉及的重要文献、评估工具等内容。

评估报告示例

南风·南水社区服务中心"心享悦读"项目结项报告[①]

一、项目总体回顾

南风驻南水社区服务中心运营的"心享悦读"项目针对6~12岁来深建设者的随迁子女开展阅读悦享会、演讲与口才、主题故事剧场和义读小分队等形式开展为期半年周末故事会等服务,项目日期为2015年4月11日—8月31日。项目历时5个月,开展了6个主题共32节活动,包括项目启动仪式1节、阅读悦享会工作坊5节、义读小分队之阅读技巧训练小组4节、周末故事会4节、话剧工坊及道具制作12节、义读小分队义读行动5节和总结分享会1节。项目共37名儿童直接参与,共出席541人次。通过周末故事会与义读行动直接影响24名项目外的儿童和20名长者参与。项目成功排练2场绘本剧《石头汤》《公主的月亮》,共17名儿童参与排练演出;"悦读之约"完成阅读10本书以上的儿童共34名;项目期间图书借阅量405册;成功组建一支由15名义读小种子组成的义读小分队,并评出4名"最美故事妈妈"。项目获得了儿童及家长的广泛好评!

二、项目预期产出/成果达成情况

项目预期产出/成果(项目目标)	达成情况及描述
1.1 项目期间内至少24名(80%)随迁儿童阅读了10本书以上	达成。项目期间内阅读10本书以上的儿童共34名,占37名儿童中的91.9%,超过原定目标

[①] 李怀玲、佟林娣:《南风·南水社区服务中心"心享悦读"项目结项报告》,深圳市南山区南风社会工作服务社。

续表

项目预期产出/成果（项目目标）	达成情况及描述
1.2 项目期间内至少24名（80%）儿童可简要、清晰地表述所读图书的内容	达成。项目期间内设置阅读分享的环节，项目的37名成员中，通过分享环节与周末故事会分享，80%以上的儿童能将自己阅读图书的主要内容与其他成员分享
2.1 15名随迁儿童成为"图图小种子"，组成义读小分队	达成。项目建立了一支由15名儿童组成的义读小分队，并颁发了证书，100%完成
2.2 至少12名（80%）"图图小种子"敢于在陌生人面前表演话剧和推广阅读项目	达成。15名"图图小种子"中有12名参与了本次话剧的排练与演出，在总结分享会中勇敢地在陌生观众前进行话剧演出，展现趣味阅读的魅力
2.3 每个"图图小种子"至少给7人次义读	达成。周末故事会和义读行动中，"图图小种子"共为24名儿童和20名长者进行义读，平均每名"图图小种子"为10人次以上义读

三、项目执行情况

序号	项目工作/活动名称	时间、地点	执行情况、产出/成果、相关说明
1	"心享悦读"青少年社区阅读计划启动仪式	2015年4月11日 南水社区服务中心	邀请招募到的随迁儿童以及家长前来参加启动仪式，社工详尽地介绍项目内容、意义、目标，参与者间相互认识，签订项目"悦读之约"，了解项目的规范，注意事项和具体安排。项目共招募37名儿童，签订37份"悦读之约"
2	"阅读悦享会"青少年阅读分享工作坊	2015年4月18日、25日；5月9日、16日、23日 南水社区服务中心	面向招募到的30名随迁儿童开展"阅读悦享会"活动，主要包括组员之间认识与交流、结合节庆的故事收集与分享、图书借阅的分享、听义工讲故事与扩展的才艺表演等。活动共5节，累计出席125人次，累计借阅图书405册，选拔义读小种子15名
3	"心享悦读"之义读小分队阅读技巧训练小组	2015年6月7日、13日、14日；7月4日 南水社区服务中心	面向15名随迁儿童开展小组活动，通过团队建设、胆量与勇气的培养，以及如何为长者朗读报纸和带领幼儿绘本故事阅读技巧的训练，初步建立一支有良好合作并掌握一定技巧的义读小分队。活动共4节，累计出席54人次

续表

序号	项目工作/活动名称	时间、地点	执行情况、产出/成果、相关说明
4	"心享悦读"之周末故事会	2015年6月7日、13日、14日；7月4日 南水社区服务中心	"心享悦读"中未参加义读小分队的成员参加周末故事会，并从社区中招募一些幼儿来参与，由项目成员的家长作为义工带领阅读，并邀请部分儿童讲故事。活动共四节，共32人次参与，义工使用7人次
5	"心享悦读"之话剧工坊	2015年7月9日、14日、16日、21日、23日、28日、30日；8月19日、24日、26日、27日、28日、31日 南水社区服务中心	话剧工坊因排练与制作道具所需时间较长，因此开展的时间相对较多。从话剧的基本知识、与阅读的关系、话剧表演的基本站位与舞台技巧，到确定绘本《石头汤》《公主的月亮》，再到最后排练出来并成功演出，共12次节活动，167人次参与。成功排练话剧2场
6	"心享悦读"之义读行动	2015年8月4日、11日、13日、18日、20日 南水社区服务中心	义读行动包括行动前的技巧回温、同伴之间进行绘本阅读带领、探访养老院和义读后的总结等。共51人次参与了本次义读行动，约40人次直接受益
7	"心享悦读"总结分享会	2015年8月29日 南水社区服务中心	项目总结分享会邀请了所有参加过项目的儿童及其家长、幸福会项目专员以及南风总干事、项目总监等列席活动。活动对心享悦读进行了整体的回顾、儿童话剧成果演出以及项目颁奖仪式等。活动当天逾50人次参与，家长们表示希望项目能够持续开展

四、预算完成情况

序号	支出项目	预算费用	支出费用	备注
略				

五、项目自评方式说明

（1）测量法：通过"活动意见反馈表"的填写和统计，了解项目成员及其家长对项目各部分的评价，以及对项目的意见建议。项目执行过程中，随机选取了两次活动进行活动满意度问卷调查。

（2）访谈法：通过随机抽取部分儿童及家长进行访谈，了解儿童自身对活动的看法以及在活动中的变化；了解家长看到的孩子的表现和变化。家长所能看到的孩子的表现能够更直观地反映项目的成效。

（3）观察法：社工从始至终跟进项目的每一次活动，在活动中观察儿童的表现和变化，包括儿童从不爱护图书到保护图书、从偶尔的阅读到每周的定期阅读行为、在活动中从不敢在人前讲话到成功地在同伴面前讲故事、从不敢上台演出到成功地参与话剧表演等，在社工的观察中，发现和见证儿童在很多行为上发生的一点点的变化。

六、项目经验教训及策略总结

（一）经验

（1）项目各项活动内容紧密联系、层层递进，有助于项目成员从中获益，真正有效地、系统地改善阅读的习惯和行为，体验阅读的乐趣和意义。

（2）项目充分发挥了成员家长的作用，建立了家长联络群，家长协助与社工一起督促儿童进行有效阅读；部分家长担任项目义工——故事妈妈，带领成员和部分社区儿童进行阅读。

（3）项目的每节活动均有朗读《悦读约章》环节，一是规范项目成员的行为，明确规范行为的重要性，养成良好的阅读习惯和遵守规范的意识；二是通过每个人单独上台带领阅读，锻炼成员的胆量和提高自信心。

（二）教训

（1）项目周期短，各项活动的时间安排过于紧密，平均每个月6场活动，间隔时间较短，阅读图书的时间较短，某种程度上影响了活动的出席率以及阅读的质量；项目设计时应适当留出部分时间，避免安排过于紧密。

（2）项目执行中，义读行动被放在话剧工坊之后，致使义读行动中要有专门的时间来回顾在阅读技巧训练小组中的带领阅读技巧；而话剧工坊也因义读行动而断层，在总结分享会成果展示前需要花几次课的时间进行话剧排练和彩排；项目设计和活动安排时应注意内容的连贯性和逻辑性。

（3）项目筹备工作还需更加细致和完善，比如基线测量的问卷设计以及项目执行团队成员分工的细化等。

（三）策略总结

（1）服务对象管理和需求管理策略：项目以服务对象为本，立足于需求的满足，适时进行时间和频率的适当调整。项目的"周末故事会"原定每周开展，各项活动根据实际执行情况将间隔时间延长至两周，使得成员可以在不开展活动时解决好自己的事情，促进出席率的提升，提高对所阅读绘本知识的吸收和理解，增加亲子共同阅读的时间，同时也保证执行社工有足够的时间准备各项活动以保证项目更加顺利、有效地推进。

（2）分期分阶段上线策略。项目负责人应做好分期分阶段项目规划，对项目的各项工作做好整体的统筹及人员安排，使活动能够有条不紊地按计划进行。虽然各项活动都是紧密联系层层递进的，但是考虑到实际活动的需要及减少重复工作，可将义读行动与话剧工坊两个板块的位置调换。

（3）项目验收策略。做好项目的中期评估、终期评估、项目开展过程中部分活动的评估、专款专用的财务监测，并及时根据评估结果对项目进行总结反思和改进，有助于项目成效的达成。

七、项目下一步的设想

（1）项目的持续性：持续开展义读学习及实践活动，使义读小种子能够将阅读传播给更多社区儿童。

（2）项目的复制：充分发挥义读小种子的作用，并将项目扩展复制到蛇口街道另外一个城中村。

（3）项目的拓展：拓展阅读计划的人群，开展"亲子阅读班"；扩展义工人群，招募时间充裕的妈妈建立妈妈剧场。

（4）项目的推广和品牌效应：将项目打造成南水或南风的品牌项目，在南风的其他社区服务中心或是其他领域进行推广，使"心享悦读"能够帮助更多有需要的城中村的随迁儿童。

八、附件

略。

【巩固与提高】

一、单项选择题（每题的备选项中，只有1个最符合题意）

1.（　　）是一个持续的过程，贯穿于从社区探访到计划执行的整个过程。

　　A. 计划　　　　B. 评估　　　　C. 预估　　　　D. 介入

2.（　　）是1~2名评估者同时对一组人进行访谈的方法，通过组员之间的互动对研究问题进行探讨。

　　A. 参与式观察　　B. 深度访谈　　C. 焦点小组　　D. 满意度调查

3.（　　）是将结果状况进行二分，然后分别计算人头数来反映结果。

　　A. 计数法　　　　　　　　　B. 基线测量法
　　C. 标准化测量法　　　　　　D. 功能水平量表

4. 以下哪项不是结果评估的意义？（　　）

　　A. 检视工作所带来的改变　　B. 学习经验
　　C. 说明公信度　　　　　　　D. 对出资者的交代

5.（　　）是对社会工作服务的投入—产出比进行评估，以判断项目是否善用资源，通过有限投入获得最大产出。

　　A. 需求评估　　　　　　　　B. 过程评估
　　C. 效果评估　　　　　　　　D. 效率评估

二、多项选择题（每题的备选项中，有2个或2个以上符合题意）

1. 通过过程评估，我们可以知道（　　）。

A. 工作的内容和方式是否恰当

B. 服务和资源是否按预期目标被传送给居民

C. 社会工作的介入是否达到预期目标

D. 社会工作的介入对社区和居民产生了多大影响

E. 社会工作的介入效果如何

2. 通过结果评估，我们可以知道（　　　）。

A. 工作的内容和方式是否恰当

B. 服务和资源是否按预期目标被传送给居民

C. 社会工作的介入是否达到预期目标

D. 社会工作的介入对社区和居民产生了多大影响

E. 居民对服务方式是否满意

3. 过程评估的意义有哪些？（　　　）

A. 学习经验　　　　　　B. 说明公信度

C. 发展和改善服务计划　　D. 复制推广成功经验

E. 获得项目经费

4. 以下哪些是内部评估的优点？（　　　）

A. 评估者对社区或机构非常熟悉，能改进服务计划

B. 评估者会保持独立性和客观性

C. 评估者有更高的可信性，不需要再花时间寻找档案记录

D. 能监督和跟进评估后的建议实施

E. 评估者的评估技术更专业

5. 根据结果显示的时间，社会工作干预结果可以分为（　　　）。

A. 初始效果　　　　B. 中间效果　　　　C. 长期效果

D. 最终效果　　　　E. 短期效果

三、判断题（判断下列描述是否正确，正确的打"√"，错误的打"×"）

1. 过程评估又叫形成性评估。（　　　）

2. 结果评估关注社会工作的介入能不能达到预期效果。（　　　）

3. 社会工作的服务结果就是服务的产出。（　　　）

4. 满意度调查法可以用作过程评估，也可以用作结果评估。（　　　）

5. 基线是对社会工作介入之后的工作成效进行衡量的标准。（　　　）

四、实训题

某社工机构在一个老旧居民小区为该社区的老人实施了一项社区照顾计划，旨在为生活在社区的老人组建一个社区互助小组，以关注居家不能外出的老人的需求，并为老人提供社区照顾服务。请策划一个可以恰当地评估这个计划的方案。

【参考答案】

三、单项选择题

1. B   2. C   3. A   4. C   5. D

四、多项选择题

1. AB   2. CD   3. BCD   4. ACD   5. ABD

三、判断题

1. √   2. ×   3. ×   4. √   5. √

四、实训题

略

参考文献

[1] 王思斌. 社会工作导论（第三版）[M]. 北京：北京大学出版社，2021.

[2] 周沛. 社区社会工作（第二版）[M]. 北京：社会科学文献出版社，2019年.

[3] 范明林. 社会工作实务：过程、方法和技巧（社会工作研究文库）[M]. 北京：社会科学文献出版社，2018.

[4] 全国社会工作者职业水平考试教材编委会. 2022社会工作综合能力（中级）[M]. 北京：中国社会出版社，2022.

[5] 顾东辉. 社会工作评估[M]. 北京：高等教育出版社，2019.

[6] 高琪，李卫华. 社区工作案例教程[M]. 北京：中国人民大学出版社，2014.

[7] 项目臭皮匠. 项目百子柜[M]. 北京：中国社会出版社，2016.

[8] 张兆球，等. 活动程序：计划、执行和评鉴[M]. 香港：香港城市大学出版社，2015.

[9] 殷妙仲，高鉴国. 社区社会工作——中外视野中的交流[M]. 北京：中国社会科学出版社，2006.

[10] 甘炳光、梁祖彬，等. 社区工作——理论与实践[M]. 香港：香港中文大学出版社，1994.

[11] 朱晨海，曾群. 结果导向的社会工作评估指标体系建构研究——以都江堰市城北馨居灾后重建服务为例[J]. 西北师大学报（社会科学版），2009（3）.

[12] 张佳安. 社区工作模式[J]. 社会福利，2003（12）.

[13] KIEST-ASHMAN K K, HULL G H Jr. Generalist Practice with organizations and Communities[G]. Nelson-Hill, Inc. p. 260.

[14] 王妍. 地区发展模式视角的楼道微自治的社区工作介入[D]. 苏州：苏州大学，2021.

[15] 王凤林. 社会策划模式在老旧社区治理中的运用研究[D]. 武汉：华中师范大学，2021.

[16] 林子珺. 认知障碍症长者社区照顾模式探索[D]. 广州：华南理工大学，2018.